厦门大学百年校庆系列出版物 · 编委会

主　任：张　彦　张　荣

副主任：邓朝晖　李建发　叶世满　邱伟杰

委　员：（按姓氏笔画排序）

王瑞芳　邓朝晖　石慧霞　叶世满　白锡能　朱水涌
江云宝　孙　理　李建发　李智勇　杨　斌　吴立武
邱伟杰　张　荣　张　彦　张建霖　陈　光　陈支平
林　辉　郑文礼　钞晓鸿　洪峻峰　徐进功　蒋东明
韩家淮　赖虹凯　谭绍滨　黎永强　戴　岩

学术总协调人：陈支平

百年校史编纂组　组长：陈支平

百年院系史编纂组　组长：朱水涌

百年组织机构史编纂组　组长：白锡能

百年精神文化系列编纂组　组长：蒋东明

百年学术论著选刊编纂组　组长：洪峻峰

校史资料汇编（第十辑）与学生名录编纂组　组长：石慧霞

厦门大学百年校庆系列出版物

20世纪20年代厦门大学国学研究院学术集萃

陈支平　孟兆鑫　编

厦门大学出版社　国家一级出版社
XIAMEN UNIVERSITY PRESS　全国百佳图书出版单位

图书在版编目（CIP）数据

20世纪20年代厦门大学国学研究院学术集萃 / 陈支平，孟兆鑫编. -- 厦门：厦门大学出版社，2023.12
ISBN 978-7-5615-9280-9

Ⅰ．①2… Ⅱ．①陈… ②孟… Ⅲ．①国学-研究 Ⅳ．①Z126

中国国家版本馆CIP数据核字(2024)第030456号

责任编辑	薛鹏志
美术编辑	蒋卓群
技术编辑	朱　楷

出版发行	厦门大学出版社
社　　址	厦门市软件园二期望海路39号
邮政编码	361008
总　　机	0592-2181111　0592-2181406(传真)
营销中心	0592-2184458　0592-2181365
网　　址	http://www.xmupress.com
邮　　箱	xmup@xmupress.com
印　　刷	厦门市明亮彩印有限公司

开本	720 mm×1 000 mm　1/16
印张	14.75
插页	2
字数	250千字
版次	2023年12月第1版
印次	2023年12月第1次印刷
定价	60.00元

本书如有印装质量问题请直接寄承印厂调换

厦门大学出版社
微信二维码

厦门大学出版社
微博二维码

 # 总　序

厦门大学　｜　党委书记　张　彦
　　　　　　｜　校　　长　张　荣

2021年4月6日，厦门大学百年华诞。百载风雨，十秩辉煌，这是厦门大学发展的里程碑，继往开来的新起点。全校师生员工和海内外校友满怀深情地期盼这一荣耀时刻的到来。

为迎接百年校庆，学校在三年前就启动了"百年校庆系列出版工程"的筹备工作，专门成立"厦门大学百年校庆系列出版物编委会"，加强领导，统一部署。各院系、部门通力合作，众多专家学者和相关单位的工作人员全身心地参与到这项工作之中。同志们满怀高度的责任感和紧迫感，以"提升质量，确保进度，打造精品"为目标，争分夺秒，全力以赴，使这项出版工程得以快速顺利地进行。在这个重要的历史时刻，总结厦大百年奋斗历史，阐扬百年厦大"四种精神"，抒写厦大为伟大祖国所做出的突出贡献，激发厦大人的自豪感和使命感，无疑是献给百岁厦大最好的生日礼物。

"百年校庆系列出版工程"包括组织编撰百年校史、百年组织机构史、百年院系史、百年精神文化、百年学术论著选刊、校史资料与学生名录……有多个系列近150种图书将与广大读者见面。从图书规模、涉及领域、参编人员等角度看，此项出版工程极为浩大。这些出版物的问世，将为学校留下大量珍贵的历史资料，为学校深入开展校史教育提供丰富生动的素材，也将为弘扬厦门大学"自强不息，止于至善"校训精神注入时代的新鲜血液，帮助人们透过"中国最美大学校园"

的山海空间和历史回响，更加清晰地理解厦门大学在中国发展进程中发挥的独特作用、扮演的重要角色，领略"南方之强"的文化与精神魅力。

百年校庆系列出版物将多方呈现百年厦大的精彩历史画卷。这些凝聚全校师生员工心血的出版物，让我们感受到厦大人弦歌不辍的精神风貌。图文并茂的《厦门大学百年校史》，穿越历史长廊，带领我们聆听厦大不平凡百年岁月的历史足音。《为吾国放一异彩——厦门大学与伟大祖国》浓墨重彩地记述厦门大学与全国34个省级行政区以及福建省九市一区一县血浓于水的校地情缘，从中可以读出厦门大学在中华民族伟大复兴征程中留下的深深烙印。参与面最广的"厦门大学百年院系史系列"、《厦门大学百年组织机构史》，共有30多个学院和直属单位参与编写，通过对厦门大学各学院和组织机构发展脉络、演变轨迹的细致梳理，深入介绍厦门大学的党建工作、学科建设、人才培养、组织管理、社会服务等方面的发展历程，展示办学成就，彰显办学特色。《厦门大学校史资料选编（1992—2017）》和《南强之星——厦门大学学生名录（2010—2019）》，连同已经出版的同类史料，将较完整、翔实地展现学校发展轨迹，记录下每位厦大学子的荣耀。"厦门大学百年精神文化系列"涵盖人物传记和校园风采两大主题，其中《陈嘉庚传》在搜集大量史料的基础上，以时代精神和崭新视角，生动展现了校主陈嘉庚先生的丰功伟绩。此次推出《林文庆传》《萨本栋传》《汪德耀传》《王亚南传》四部厦门大学老校长传记，是对他们为厦大发展所做出的突出贡献的深切缅怀。厦大校友、红军会计制度创始人、中国共产党金融事业奠基人之一高捷成的传记《我的祖父高捷成》，则是首次全面地介绍这位为中国人民解放事业做出杰出贡献的烈士的事迹。新版《陈景润传》，把这位"最美奋斗者"、"感动中国人物"、令厦大人骄傲的杰出校友、世界著名数学家不平凡的人生再次展现在我们眼前。抒写校园风采的《厦门大学百年建筑》、《厦门大学餐饮百年》、《建南大舞台》、《芙蓉园里尽芳菲》、《我的厦大老师》（百年华诞纪念专辑）、《创新创业厦大人2》、

《志愿之光》、《让建南钟声传响大山深处》、《我的厦大范儿》以及潘维廉的《我在厦大三十年》等，都从不同的角度，引领我们去品读厦门大学的真正内涵，感受厦门大学浓郁的人文精神和科学精神。

此次出版的"厦门大学百年学术论著选刊"，由专家学者精选，重刊一批厦大已故著名学者在校工作期间完成的、具有重要价值的学术论著（包括讲义、未刊印的论著稿本等），目的在于反映和宣传厦门大学百年来的学术成就和贡献，挖掘百年来厦门大学丰厚的历史积淀和传统资源，展示厦门大学的学术底蕴，重建"厦大学派"，为学校"双一流"建设提供学术传统的支撑。学校将把这项工作列入长期规划，在百年校庆时出版第一辑共40种，今后还将陆续出版。

"自强！自强！学海何洋洋！" 100年前，陈嘉庚先生于民族危难之际，抱着"教育为立国之本，兴学乃国民天职"的信念，创办了厦门大学这所中国历史上第一所由华侨独资建设的大学。100年来，厦大人秉承"研究高深学术，养成专门人才，阐扬世界文化"的办学宗旨，在实现中华民族伟大复兴的征程上书写自己的精彩篇章。我们相信，当百年校庆的欢庆浪潮归于平静时，这些出版物将会是一串串熠熠生辉的耀眼珍珠，成为记录厦门大学百年奋斗之旅的永恒坐标，成为流淌在人们心中的美好记忆，并将不断激励我们不忘初心继承传统，牢记使命乘风破浪，向着中国特色世界一流大学目标奋勇前行！

张彦　张荣

2020年12月

前　言

厦门大学国学研究院始创于1926年10月10日，是继北京大学研究所国学门和清华研究院国学院之后，我国高校建立的又一重要的国学研究机构。它的创办，体现了厦门大学注重学术研究，兼顾中学与西学而以整顿国学为重的办学宗旨，也是初创时期的厦门大学对当时整理国故的学术潮流的积极回应。

厦门大学国学研究院是厦门大学发展史上的辉煌篇章。初创的厦门大学国学研究院由当时的校长林文庆任院长，语言文学家林语堂任总秘书，语言学家沈兼士任研究主任。学院聚集了鲁迅、林语堂、沈兼士、顾颉刚、张星烺、孙伏园、陈万里、俄国人类学家史禄国、法国汉学家戴密微等中外著名学者。时媒体称其"大有北大南移之势"。厦门大学国学院建立时确立的研究理念是："研究古学必得地质学、人类学、考古学、古生物学等作为参考。"注意研究对象所蕴藏的区域，注意调查和研究"闽南各种方言社会以及民间一切风俗习惯"，并学欧西的科学精神，对研究对象条分缕析、悉心研究。它虽然只存在短短几个月，但所开辟的研究领域已为厦门大学诸多学科的发展奠定了基础，而它所开创的学术传统则影响了一代代厦大学人。

2006年，适逢党和国家大力提倡继承弘扬中华优秀传统文化的大好时光里，厦门大学复办了国学研究院。为了展示20世纪80年代前厦门大学国学研究院在短短的半年多时间里所取得的骄人成绩，我们搜集整理了那个时期国学研究院研究教授们的部分著作，编辑出版《厦门大学国学研究院集刊》一书。现在，厦门大学迎来了建校百年大庆，我们搜集散见于各种报刊著作中有关这一时期的国学研究院研究教授们的著述，整理成书，予以重新出版，定名为《20世纪20年代厦门大学国学研究院学术集萃》。

前辈们为我们留下了的遗产是极其珍贵的,复办后的厦门大学国学研究院以"萃取国学精华,弘扬中华文化"为宗旨,《20世纪20年代厦门大学国学研究院学术集萃》的整理出版,必将为当前国学研究院的学术传承提供坚强的精神动力,从而把厦门大学的国学学术研究不断推进向前。在此,我要借此机会,向厦门大学国学研究院的复办以及本书的出版始终予以大力支持和鼓励的福建省原副省长汪毅夫先生,致以崇高的谢意!

陈支平
2021年元旦

目 录

魏晋间的天文观念 ··· 容肇祖(1)
风俗调查计划书 ··· 林　幽(5)
泉州的土地神 ··· 顾颉刚(8)
司马迁经济思想阐微 ··· 王肇鼎(14)
《平闽十八洞》所载的古迹 ··· 林语堂(25)
太王亶父嫁女葱岭考 ··· 张星烺(28)
云霄的械斗 ··· 高子化(30)
沈兼士国学研究院成立大会演讲纪要 ································· 沈兼士(33)
林语堂国学研究院成立大会演讲纪要 ································· 林语堂(34)
张星烺国学研究院成立大会演讲纪要 ································· 张星烺(35)
鲁迅先生演讲 ··· 鲁　迅(36)
张、陈两先生调查泉州古迹及关于中外交通史料
　　之报告 ··· 张星烺　陈万里(37)
问孔子学说何以适应于秦汉以来的社会书(致程憬) ····················· 顾颉刚(39)
答书 ··· 程　憬(40)
问孔子学说何以适应于秦汉以来的社会书(致傅斯年) ··················· 顾颉刚(44)
顾颉刚致胡适书 ··· 顾颉刚(45)
《周易·卦爻辞》中的故事 ··· 顾颉刚(49)
关于《三藏取经记》等 ··· 鲁　迅(78)
文妓说 ··· 林语堂(81)
冢国絮语解题 ··· 林语堂(82)
谈文化侵略 ··· 林语堂(84)
汉字末笔索引法(节选) ··· 林语堂(86)

诗　赋……………………………………………郝立权（禺蘅）(88)
朱熹对于闽南风俗的影响…………………………………罗常培(90)
清源山上的戍卒诗………………………………莘　田（罗常培）(97)
闽南游记…………………………………………………陈万里(100)
伏园游记…………………………………………………孙伏园(129)
北方通古斯的社会组织（节选）…………………（俄）史禄国(178)
关于"家庭"的汉语词汇…………………………………丁　山(225)

魏晋间的天文观念

容肇祖

一、地圆及天裹地球说

魏晋尚玄谈，然其理解，时有道著之处。其时的天文观念，已有地圆及天包地球之说，惜徒为理想而未有充分之证明，故不免受攻击而不能成为确定的学说，今录他方攻击之论，以见其说之为何。吴姚信《昕天论》云：

若使天裹地如卵含鸡，地何所倚立而自安固？（见《太平御览》卷二，《吴淑事类赋》卷一，并见马国翰《玉函山房辑佚书》）

晋虞喜《安天论》云：

愚谓若必天裹地似卵含黄，则地是天中一物，圣人何别为名而配乎？（《太平御览》卷二，并见《玉函山房辑佚书》）

足见魏晋时有一辈大文学家，以为地是圆的，而且由天包地，即所谓"天裹地如卵含鸡"及"天裹地似卵含黄"是也。当时引力之律未发明，故姚信驳论谓"地何所倚立而自安固"尚有理由。至如虞喜的驳论，以为"地是天中一物，圣人何别为名为配乎"。盲目的作古人思想的奴隶，真不值得一笑了。

二、天为积气而无体说

天为积气而无体，魏晋间已有其说。晋杨泉《物理论》云：

杨雄非浑天而作盖天，圆其盖，左转，日月星辰随而东西。桓谭难之，雄不解此。盖天者，复难知也。元气皓大，则称皓天。皓天，元气也，皓然而已，无他物焉。（见《太平御览》卷一所引）

又云：

浑天说天，言如车轮而轮，日月旦从上过，夜从下过，故得出卯入酉。咸以斗极难之,故作盖天,言天左转,日月右行,皆缘边为道。就浑天之说,则斗极不正。若用盖天,则日月出入不定。夫天,元气也,皓然而已,无他物焉。(见《太平御览》卷二所列)

可见浑天,盖天之说,俱不免泥于有天之体而为说,故以轮、以盖为譬,俱皆失之。杨泉既以斗极及日月出入破浑天盖天有天体之说,以天为皓然无他物。与虞喜所谓"地是天中一物,圣人何别为名而配乎?"真大不相同了。又《抱朴子》曰:

宣夜之书亡,而郄萌记先师相传"宣夜说"云,天无质,仰而瞻之,高远无极,眼瞀精极苍苍然也。譬旁望远道,黄山而皆青;俯察千仞之谷而黝黑。夫青冥色黑,非有体也。日月星象,浮空中行止,皆积气焉。(见《北堂书钞》一百四十九,《太平御览》卷二,并见行素堂校刊本《抱朴子·外篇》逸文)

又《列子》一书,近人多疑为魏晋间人伪作,其《天瑞篇》有云:

杞国有人,忧天崩坠,身亡所寄,废于寝食。又有忧彼忧者,因晓之曰"天积气耳,若屈伸呼吸,终日在天中行止,奈何忧崩坠乎?

足见天为积气而无体之说虽不必始于魏晋,而在魏晋间盛行,可以见了。

三、天有体与天的形状诸说

晋杨泉一辈,主张天无体,然其时说天,主张天有体者亦不乏人,故拟议天为各种的形状。杨泉《物理论》谓:

儒家立浑天以追天形,从车轮焉。周髀立盖天言天气循边而行,从磨石焉。(见《太平御览》卷二所引)

葛洪《抱朴子》谓:

周髀家云:"天圆如张盖,地方如棋局。天旁转如推磨而左行。日月右行,随天左转,天牵之西没。譬如蚁行磨石之上,磨石旋而蚁右去,磨疾而蚁迟,故蚁不得不随磨以左回焉。"(见《白孔六帖》八十四,《御览》七百六十二、九百四十七,并见《抱朴子·外篇》逸文)

足见拟议天的形体,有浑天的"如车轮"及盖天的"如磨石"的二说。贺道养《浑天记》云:

昔记天体者有三。浑仪莫知其始,书"以齐七政",盖浑体也。二曰宣夜，夏殷之法也。三曰周髀，当周髀之所造，非周家术也。近世复有四术：一曰方天，兴于王充；二曰轩天，起于姚信；三曰穹天，由于虞喜。皆以抑断浮说，不足观也。惟浑天之事，征验不疑。（见《太平御览》卷二引，案穹字当为安字之误。或喜字为耸字之误，见下）

轩天，穹天的二说，创始于魏晋间。此外有安天论，又有吴葛道的浑天仪。今分述如下：

(1) 浑　天

晋阳秋说道：

吴有葛道，字思真，改作浑天，使地居中，以机转之，天转而地止。（见《太平御览》卷二所引）

这是浑天，天转而地不动的见解。

(2) 昕　天

姚信有《昕天论》，《隋志》已记其亡。《唐志》后著其目，云一卷。马国翰序其所辑《昕天论》，释之曰：

昕读若轩。言天北高南下，若车之轩也。此论主盖天之论。

《昕天论》云：

今地形立于下，天象运乎上。人为灵虫，形最似天。（《御览》无"人为灵虫"二句，作"譬人颐移临胸"）今人颐前多临胸，而项不能（《御览》无"能"字）覆背，近取诸身，故知天之（《御览》无"之"字）体南入地，北则偏高。（《御览》作"北则高也"）又冬至极低，而天运近南（《御览》无"又"字"而"字），故日去人远而斗去人近，北天气至，故冰寒也。夏至极起而（《御览》无"而"字）天运近北，故斗去人远而日去人近，南天气至，故蒸热也。极之高（《晋志》作"立"）时，日行（《御览》行上有"所"字）地中浅，故夜短，天去地高，故昼长也。极之低时，日行（《御览》行上有"所"字）地中深，故夜长。天去地下浅，（《御览》无"浅"字）故昼短也。（见《太平御览》卷二，《晋书·天文志》无首十一字，并见《玉函山房辑佚书》。）

(3) 穹　天

晋虞耸著《穹天论》，说道：天形穹窿如鸡子幕，其际周接四海之表，浮于元气之上。譬如覆奁以抑水而不没者，气充其中故也。日绕辰极没西而远（当作"还"）东，不出入地中。（见《晋书·天文志》。《太平御览》卷二，引虞昺《穹天论》云："天形穹窿如笠，而冒地之表，浮元气之上，譬覆奁以抑水而不没者，气充其中也。日绕辰极，没西而还东，不入地中也。"《穹天论》隋唐志皆不录。其佚已久。虞耸与虞昺当即一人,传闻异辞,未知何者为是也。)

(4) 安　天

虞喜(《晋书·天文志》云虞喜族祖河间相耸,则喜为耸之族孙)有《安天论》,《隋志》云梁有六卷亡。《唐志》复以一卷著目。其论曰:

> 天高穷于无穷,地深深于不测。天确乎在上,有常安之形;地魄焉在下,有居静之体。当相覆冒。方则俱方,圆则俱圆,无方圆不同之义也。其光曜布列,各自运行,犹江海之有潮汐,万品之有行藏也。(见《晋书·天文志》,并《玉函山房辑佚书》。《太平御览》卷二所引,与此微异。)

虞喜之论,晋葛洪讥之,曰:

> 苟辰宿不丽于天,天为无用,便可言无,何必复云有之而不动乎?

(见马国翰《序安天论》所引)

然葛洪之论天,更有可笑者,其说如下:

> 若天果如浑者,则天之出入,行于水中为必然矣。故黄帝书曰:"天在地外,水在天外。水浮天而载地者也。"又《易》曰"时乘六龙。"夫阳爻称龙,龙者居水之物,以喻天。天,阳物也,又出入水中,与龙相似,故比以龙也。圣人仰观俯察,审其如此。故晋卦,坤下离上,以证日出于地也。又明夷之卦,离下坤上,以证日入于地也。又需卦,乾下坎上,此亦天入水中之象也。天为金,金水相生之物也,天出入水中,当有何损,而谓不可乎? 然则天之出入水中,无复疑矣。(《隋书·天文志》上,《初学记》一,并见《抱朴子·外篇》佚文。)

看上可见葛道之说天转而地止,姚信之说天北高南下,虞耸之说天如鸡子幕,虞喜之说天地覆冒,方则俱方,圆则俱圆,葛洪之说天出入水中,俱由沿于习惯上之天地相俪的名词,以为天如地之有其体,故不免于谬误。盖即培根(Racon)所谓"市场的偶像",受古代辞语上意义的拘束,而不免于作古人思想之奴隶者。至如葛洪之从黄帝书及《易》书,以推证天之出入水中,不从实际的审查,而据不可靠之书籍以证明其说,培根所谓"舞台的偶像",葛洪更不犯免这毛病了。

录自《厦门大学国学研究院周刊》第 1 卷第 1 期,1927 年

风俗调查计划书

林　幽

风俗是什么？是公众的习惯。人跟着风俗做事时，并不是由于自由的意志所主动，是受着一种潜势力的指使，所以人不知其所以然而然，像习惯一样。但是习惯是个人所私有的，而风俗的势力则及于全社会；所以说——风俗是公众的习惯，是人在社会上做事的惯例，是把个人变成社会人的社会模型，是一种的势力，是群众的意志，是群众心理的反映。又，人在某种情形底下用最经济的行为去适应，这种情形时常发现就该行行变成习惯，关于群众的我叫风俗。所以从它的来源看去，风俗是群众经验的结晶，简直就是文化——如果我们说文化时不是指物质文明，是指人生的信仰、态度。这当然有研究的价值，调查不过是研究的第一步。

我们希望这调查不仅供给我们自己的研究，还能把新的靠得住的材料供给人种学家和社会学家，把社会现在实际的情形供给研究社会问题和社会改造的人，以为他们研究改造的根据。

近几年来，我国的风俗渐渐地变了，这正是一个研究风俗的变化的好机会。又，旧风俗有的恐怕不久将要消灭，所以我们觉得有调查记载保藏它，使后代的人对于我们现在生活的状况可以有个明白的了解之必要。

上边所说的是我们所以要调查风俗的三个原因；以下便是我们调查的计划。

如上边说，调查只是研究的预备，风俗研究最重要的几个问题是——某种风俗如何发生如何传递？各地风俗不同的原因在什么地方？风俗与物质环境有何种的关系？风俗如何变化？问题的性质是这样，所以调查的范围比风俗自身广。调查范围的大概如下：

（一）地理——地位，地势，气候，土地的肥瘠，物产，地方历史，居民的迁移，人口的增减

（二）物质生活——粮食、房屋、道路、衣服、制造、工业、工具

（三）社会和政治组织——家族制度，政治机关，产业制度（遗产，雇主与工人等制度），卫生与教育事业，各种会社。

（四）宗教——宗教观念，对于世界的观念，人神的关系，道教佛教及其他的迷信，人与神交通（占卜、风水、下神、问药、扶乩、觋巫等）的行为。

（五）礼节——家庭中及应接间的礼节，婚事、生子、寿辰、丧事、祭祀及其他宗教的礼节，音乐，歌词咒语，跳舞。

（六）习俗——道德观念，凶悍或和平，勤俭或奢侈，重气节或趋势利等种种的习气，阶级，过节，娱乐（包括戏剧、打拳、儿童的游戏、嫖、赌等）。

（七）美术——图绘、雕刻、装饰，样式的解释，宗教的美术。

（八）传说——神话、故事。

（九）文艺——歌谣、唱本、谜语、格言。

（十）杂录。

因为地方关系，我们拟先从闽南入手，然后推广到福建全省，以后再推广到南方各省。但同时我们也极希望南北各地的同志都来共同调查研究各地的风俗。又，我们与北大风俗调查会合作：我们要研究北方的风俗可以托他们代调查，同时我们也代他们调查他们所要研究南方的风俗。

我们的调查虽注重普通人民的风俗，但是对于有特别文化的人群（如曲蹄、畲民等），我们也极想调查。

所要收集的材料除用文字记载的以外，还有许多须采置保留的，如赌具玩具等，或是须影照的，如赛会时的情景装服等。

我们调查，有时候会题目做单位去征求各地方的某项风俗如何相同或如何不相同；有时候会用地方为单位，调查某市镇或某乡各项的风俗。

关于以题目为单位的调查，有时候我们会将该项风俗细细地分析，祈使调查的人有所根据而调查的结果不至于太空、太泛，太不切实。

经验告诉我们，送表格请人填写所得的效果很少，许多的材料，非到各地方去，是找不出来的。又，研究的问题叫我们把各项的材料依着地方区域类分，所以我们计划到各地调查去并要请各地的同志帮助采集材料。

地方区域要分得准确、合用，须先到各地方旅行一次，作个大概的调查，才可以画定文化区域，规定各区域的代表乡村或市镇，并找出有特别文化的人群，以供较精密的调查研究。在文化区域还没画定以前，拟先以一条河

（或是某河的一大支流）的流域为一区域。

　　我们最深的希望是——有许多的同志不吝惜他们的时间来相帮助，尤其是这一类的帮助，我们的计划有未尽善处或是调查报告有疏漏不准确处，诸位都肯随时逐一指正。

　　录自《厦门大学国学研究院周刊》第 1 卷第 1 期，1927 年

泉州的土地神

（泉州风俗调查记之一）

顾颉刚

数年来，因为我辩论古史，注意到禹，又注意到社，又注意到社中奉祀的土地神。只缘这个问题太大了，一时不能得到一个研究的结果。

江苏南部的土地神是各各不同的，有的是有名的古人，有的是离奇怪诞的封号。但北方的土地神似乎不是这样的复杂，或为白胡须的无姓名的神（即正式的土地神），或为韩文公，说是韩湘子要度他成仙，不幸他过蓝关时走入了一所小庙，于是他只得成为小庙的神了。

自来厦门，看看厦门的土地神，似和江苏的相近。但是此地很不一律，有的是一间小屋，塑上一尊白须神像，题为"福德正神"；有的祀奉保生大帝、协天大帝、金府王爷、黄大帝等，而福德正神仅仅是配享。

这回到泉州，进了不少的铺神祠，使我对于泉州的土地神有一个浅近的观察。

泉州城内和附郭的地方，共分为三十六铺。据《晋江县志》卷一《舆地志》，页八都里内所载铺名如下：

城东隅——五铺

(1)中华 (2)行春 (3)衮绣 (4)胜果(以上城内)

(5)驿路(城外) 城西隅——十铺 (6)清平 (7)文锦

(8)曾井 (9)奉圣 (10)铁炉 (11)三朝 (12)万厚

(13)华仕 (14)节孝(以上城内) (15)锦墩(城外)

城南隅——十四铺

(16)阳义 (17)崇名 (18)大门 (19)溪亭 (20)登贤

(21)集贤 (22)三教 (23)宽仁 (24)惠义 (25)文山

(26)胜得 (27)善济 (28)育才(以上城内) (29)浯渡(城外)

城北隅——五铺

（30）云山　（31）葶辉　（32）清源　（33）盛贤（以上城内）

（34）泉山（城外）

新门外——一铺

（35）柳通

水门外——一铺

（36）慈济

凡是一铺中地方大一点的，又分为数境（大约二个至三个），例如中华铺就分为中和与妙华两境。只因县志中没有登载境名，所以我们也不容易详细知道。然而我们看了神祠中粘贴的红片子，还可以知道一个分铺分境的约略。

这些红片子，是神灵出巡经过别的神祠的时候投递的，正如我们活人谒客的名片。片上写的是宫名（此地称神祠为"宫"，也称为"古地"和"福地"），底下是一个"敬"字。就我所抄得的有以下诸宫：

镇西紫云　镇西奉圣　镇北彩华　真济　镇东桂坛　镇新文胜
华里奇仕　会通　镇新佑圣　三朝容传　三教厚诚　甲第
浦东一堡　厂口后山　镇南紫江　熙春龙宫　龙潭　仙店
小泉涧　生韩　孝悌　通津　蓝桥　凤阁

（以上从城内祠中抄出）

锦溪　潘山宫霞　正延陵　延陵　过掘　金榜　妙因　水仙
龙步　董浦　圣公　南后衡山　忠义　石坑　桂香

（以上从城外祠中抄出）

假使城外的神不到城内去，城内的也不出来，倒可就上面诸名分出城内外的境名来。但可惜这一点没有问明。

这里所说的"镇东"、"镇西"，就是上面所说的"城东隅"、"城西隅"。"三朝容传"就是三朝铺中的容传境。"华里奇仕"恐怕就是华仕铺中的两境。文胜和佑圣既均标为"镇新"，大约是新门外柳通铺的两境。

听说这许多城内的神祠又分为"东佛"和"西佛"。这并不是就城的东西分列的，乃是地方上的两个大党派。这党派起于两个大户人家。清初，泉州城内有两个名人，一是打平台湾封为靖海侯的施琅，一是翰林富鸿基。富鸿基嫁女于施家，问施琅行民礼呢，还是行官礼。施琅是位极人臣的人，听了此话很生气，在婚娶的那天，他便供了皇上的黄衣，使富鸿基见了不能不跪。哪里知道富鸿基家中有"五日权君"的铁鼻，施琅去的时候，他也高高供着，施琅也只得跪了。从此两家交恶,亲家变成了怨家。他们俩一文一武,很得地方上人民的信仰,就各各植起党来:富家在西,施家在东,因此把各铺境分成了东佛和西佛两派。每逢迎神赛会的时候,东西两派遇见,各不相让,常至打架,以至流血毙命。

泉州人对于铺境看得很重,所以门牌上只写铺名而不写街巷名。在这一点上,可以知道他们对于铺祠中神灵的信仰心。不像我们苏州,虽也由土地祠分了乡隅(我家在东北隅道义乡,属于任大明王土地),但除了写疏之外是没有用处的。

这些祠里所祀的神,种类很不同。可惜这次住泉州的日子不多,不能作详细的调查。就所见的写出来,有以下诸神:

郑大帝及苏夫人(奏魁)　秦大帝(生韩)　吴大帝(紫云)
温圣君及苏夫人(古榕)　杨大帝(约所)　文武尊王(津瀛)
通天文武尊王(通天)　西坡大元帅(西坡)　义全大元帅(义全)
广泽尊王(西坡)　高桂大元帅(古榕)　天霆吴大人(古榕)
太子爷(溥泉)　方官爷(紫云及东鲁)　赵天君(古榕)
勤氏仙姑(真济)　广灵万氏娘娘(衮绣)　顺天圣母(奇仕)
临水娘娘(奇仕)　黄狄李三夫人(西坡)　狄娘娘(约所)
刘星官(许坑)　七大巡(许坑)　古灵殿四王(许坑及安海)
张文照七王(安海)　祀公、祀公妈(灵水)

此外又有"佛祖"(一峰书)、"关圣夫子"(约所)、"福德正神"(淇园)等。

这许多神,我们一望而知是没有历史的根据的。里面当然有许多是有民众的传说做背景的(例如张文照七王等,闻临水娘娘是古田人),有的恐怕只有学人家的样,随便立出一个神道而已(例如西坡大元帅、义全大元帅等)。

通天文武尊王,这个名目是怎样来的呢?当洪承畴降了清廷之后,他的弟弟洪承畯瞧他不起,以忠节自守,在宅旁盖了一所唐忠烈祠,祀张巡、许远。道光年间,有人上一匾额,文为"道通天地"。但这祠成了铺神祠之后,民众不能知道张巡和许远是何如人,而他们所要求的乃是圣神文武萃于一身的神,于是上他的尊号为文武尊王。但文武尊王是一个普通的尊号,何以分别于他处的文武尊王呢?于是又在匾额上摘下了"通天"二字加在上面,而这一个境也就名为通天境了。

读者看了以上许多话,说不定要怀疑道:"这些神只是民间的杂祀,或者竟可以说淫祀。至于土地神,自有福德正神在。如何可以把这些神归在土地神的范围之内呢?"这个怀疑确是很有理的,但民众的信仰本不能适合于我们的理性。我们要解释它,原只能顺了它的演进的历史去解释,而不能用了我们的理性去解释。

社本是古代的庙宇,除了祭地以外含有很多的任务,其中的一项是附祀有功德于民的贤人。古书上所见甚多,兹举两例:

> 畏垒之民相与言曰:"庚桑子……庶几其圣人乎?子胡不相与尸而祝之,社而稷之乎?"……庚桑子曰:"……今以畏垒之细民而窃窃焉欲俎豆予于贤人之间。……"(《庄子·庚桑楚篇》)

> 为颍川太守,市无二价,道不拾遗。病免,卒于家。汝阴人配社祀之。(《后汉书·宋登传》)

不知何时社庙变成了土地庙,社神变成了土地神,更规定尊号为福德正神。我们从历史上看土地神的原有的地位是很高的,他是后土,是和皇天上帝受同等的崇奉的神。安海的鳌头宫有一副对联,叫做:

> 天下无双大老　世间第一正神

这实在不是过分的称誉。但自从变成了土地庙之后,学士大夫是不屑过问的了,凡是应该配祀于社的名贤,都由学士大夫替他建立专祠,或合设乡贤祠和名宦祠。在民众方面呢,他们的知识是很浅薄的,除了口耳相传的传说之外不能再有历史。但是他们虽没有历史的知识,而他们一样的要求有配社的名贤,所以他们除了福德正神以外,还有他们的某大帝、某圣贤、某元帅和某夫人。这些大帝、圣君,原是配祀于土地庙的,意义甚为显著。只因福德正神的样子太柔懦了,神迹太平庸了,他虽然为民众所托命,但终不能获得民众的热烈的信仰,配祀的神既为民众的自由想象所建立,当然极适合于民众的脾胃。威严的是大帝,雄武的是元帅,俊秀的是太子,美丽的是仙姑,神的个性既甚发展,人的感情也自然满足。于是民众信仰土地庙中的配祀的神比正神深切得多,寖假而配祀的神占夺了正神的地位,升为土地庙中的主祀,把正式的土地神排挤到庑间或阶下去了。久假不归,由来久矣!但是我们何必替福德正神抱不平呢,新鬼大而故鬼小,原是世界上的一条公理。知道了这一点,便可明白这些大帝元帅他们所以不能和土地神分家的缘故。

泉州的土地庙,在热闹的市街上的都修得殿庭严整,两庑有"班头爷"(皂隶)二十四名,而在荒丘败园之间的仅仅是一所小屋,除了一尊小偶像之外什么都没有。有几处大庙是有碑记的，摘录一些以见他们崇奉的大概：

(1)《重修奏魁宫记》

吾泉附郭四隅分为各铺，每铺皆有祀神之所，春秋于此祈报焉。其区域稍大者，一铺之中复分数境，或境自为祀，或附于铺中之所祀，规制不一。奏魁宫即宽仁铺之主。神宫之举废可觇乎铺之兴衰，安可坐视倾圮而不重为葺修乎！……（民国十年黄鹤撰）

(2)《重修溥泉宫记》

溥泉古地，崇祀中坛太子神像，由来旧矣。里之人休咎必祷，水旱必祈，朔望签卜，岁时祭祀，荷神庥者几二百年，而未悉其崇祀之缘起也。及采故老传闻，乃知宫地为兵宪故衙之福德祠，后因郡中大水，祠之对门。左畔有井，俗呼溥泉井。方水涌时，神像从井中浮出，里人收而置之祠中。犹未有以崇奉也。而神乃数化为人，以医药疗人疾病，并自募资塑新其像，神灵由是赫焉。香火云集，有求必应，里中人于是仍其初地，为宫而祀之。……（咸丰丁巳黄廷赞撰）

有几座庙里，收藏地方上的古物。如奏魁宫中有古代天主教徒坟上的天使石像，砌入左庑。这块石像，本来流落在奏魁宫附近，有一个美国人肯出五百元买去，宽仁铺中人不肯，乘重修的机会索性砌入壁中，与关圣一龛相对。现在烧香到天使像前的也颇有其人了。又如西坡宫墙壁上嵌有古刻石佛像一方，也是在附近荒烟蔓草中找来的。生韩宫里藏有韩琦出胎时的血迹石，固然未必可信，但民众要在土地庙里保存古迹的心即此可见。

这些庙中，常有建醮、演剧、宴神的事。我们近回到泉州，也碰到了几次，非常热闹。今把墙壁上粘贴的狭长红条子抄出几张，以见一斑：

(1)奉铺主郑大帝示，阳月初三四日叩答天恩，各家交天金九金神金黄红钞，是夜各家门首犒赏神兵，以昭诚敬，谨白。

(2)泉郡许坑古灵殿四王府刘星官七大巡择十月十四日寅时起鼓，演唱《目莲》全部，谨白。

(3)涓阳月初三日，演唱庆司五名家全台，叩答天恩。铺中诸蝼蚁叩答。

(4)本月念八日，喜敬邢朱李三王府大筵一席，掌中班一台。弟子某某同敬。

(5)义泉唐陵烟阁功臣张真君示谕，择十月初六七日建设保安清确,并叩管上苍。铺中各家交桶金,男丁一桶,九金一千,黄红钞各三千,代人名一身;女人随愿。是夜各家门首犒党神兵,以昭诚敬。

在这些条子上,很可见民众对于铺主的信仰的热烈。他们每一铺里的人能够团结,恐怕也是铺主的力量呢。

铺主与铺主之间怎么称呼,这也是很有趣的一个问题。我初到奏魁宫,看见殿上的楹联写道:

奏鼓迎府,重新庙貌。
魁杓献瑞,上应奎星。
　　　　　民国辛酉仲冬,弟孝悌敬贺
庙貌仰巍峨,轮奂常新垂万世。
神灵昭赫濯,宽仁大道美千秋。
　　　　　中华民国壬戌年正月旦,弟生韩敬

这颇使我发呆:如何郑大帝有了弟兄呢?如何他的弟兄是民国时代的人呢?问了一问,才知道孝悌和生韩都是宫名,因为它们和奏魁宫的地位平等,所以称起弟兄来了。生韩宫的神是秦大帝,为什么不写"弟秦大帝敬贺"呢?

祀神的杂乱,看奏魁宫就可知。宫名奏魁,联上又说"魁杓献瑞",则阁上应祀魁星。但是我们上去一看,祀的神却是观音,桌围上写的字也是"奏魁大慈悲"。祀观音也罢了,而神龛的匾额却又是"蕊榜文衡",难道他们去请观音大士看文章吗?

这一次的游览,全仗刘谷苇先生的领导;他又告我许多传说。这文中的材料有许多是从刘先生的口中得到的,我真是非常的感谢。但写出之后,不知道有没有错误。周刊发刊在即,不及寄去审览,敬在此志歉。希望刘先生和泉州同志肯加以切实的指正和增补!

(民国)十五年十二月廿六日

录自《厦门大学国学研究院周刊》第1卷第1期,第1卷第2期,1927年

司马迁经济思想阐微

王肇鼎

我们知道人类欲望（Human Wants）是经济活动的立足点和发动点。试翻阅任何一部讨论经济学的专书，有哪一个经济学者敢抛弃了人类欲望而立论的。太史公——司马迁关于这一层，早认得十分清楚，所以他说：

> 皆中国人民所喜好，谣俗被服饮食奉生送死之具也。故待农而食之，虞而出之，工而成之，商而通之，此宁有政教发征期会哉？人各任其能，竭其力，以得所欲。（《史记·货殖列传》）

他不但指出欲望是人类经济活动的起点，并且告诉我们经济活动的结果也无非是要归宿到满足欲望。先有欲望，此所谓"欲"，便想去满足这欲望，此所谓"得所欲"；但是如何可以达到道"得所欲"的目的呢，便非用他们固有的才能和体力去求取不可，此所谓"任其能，竭其力"。在这里头一个"任"字和一个"竭"字是很值得我们注意的。太史公的意思以为在经济活动中间，欲望的产生是绝对自然的，完全超越乎人权之外的，——即产生欲望的人的本身也没有方法可以去限制它。唯一的解决方法，只有随其能之所能及，奋其力之所能达，设法去满足它、应付它。亚丹斯密士 Adam Smith(1727—1790)的个人主义 Individualism 和马克思 Karl Marx(1818—1883)的社会主义 Socialism，都归结到一种必然论。[①] 谁知这一种必然论，在纪元前我国的大经济思想家已早和我们说破了。他对于这必然论的描写是：

> 各劝其业，乐其事，若水之趋下，日夜无休时，不召而自来，不求而民出之。（《史记·货殖列传》）

他对于这必然论的结语是：

> 岂非道之所符而自然之验耶？（《史记·货殖列传》）

[①] 参考李译日本河上肇氏著《近世经济思想史论》。

又亚丹斯密士所说的"改善自己生活之各人的自然努力"[①],后人以为确是"看透人性"之论[②],较之太史公在一个"任"字和一个"竭"字里所给我们的意义,不是反觉得浅了一层么。

此外值得我们注意的还有一个"各"字,在这一个"各"字里头,太史公包含有三层意义。第一,太史公对于农和商绝对不主张有所偏重或是有所偏废。所以他对于农商总是相提而并论。不但上面他所说的:

> 故待农而食之,商而通之。

可以做个明证。看他好容易又引了《周书》上的成语,使他见解格外有力。他说:

> 《周书》曰:"农不出则乏其食,工不出则乏其事,商不出则三宝绝,虞不出则财匮少,财匮少则山泽不辟矣。"此四者民所衣食之原也。原大则饶,原小则鲜,上则富国,下则富家,贫富之道,莫之夺予。(《史记·货殖列传》)

他犹恐人家不能明白白地了解他的意思,故再引了计然之言,来为它加一重更完固的保障。他说:

> 计然曰:"……夫粜二十病农,九十病末,末病则财不出,农病则草不辟矣。上不过八十,下不减三十,则农末俱利。平粜齐物,关市不乏,治国之道也。"(《史记·货殖列传》)

现在试看和太史公差不多同时的罗马雄辩家西塞录Cicero(106 B.C.—44 B.C.)对于农商的见解如何。西塞录是极端主张贱商的一个人,他认商人是人类中之最下贱者。他不承认商是生产的,并且诅咒经商是一种行骗的举动。

他说:

> Those who buy to sell again as soon as they can are to be accounted as vulgar; for they can make no profit except by a certain amount of falsehood and nothing is meaner than falsehood.[③]

观乎此,我们不由得不钦佩我国大经济思想家眼光的远大了。

第二太史公的主张农商应当并重,不是无理由而盲目的。他实在知道

---

① 参考李译日本河上肇氏著《近世经济思想史论》。
② 参考李译日本河上肇氏著《近世经济思想史论》。
③ 参考 Haney: *History of Economic Thought*.

商不是不生产的;商的生产和农的生产不但是毫无区别并且实无等第可分。他认为经济活动是人类全体的一个大工作。就中若农,若虞,若工,若商,不过各随其性之所近去制造工作的一部。把他们所成就的各部分,并合起来,便完全了这个大工作。所以他说:

> 皆中国人民所喜好,谣俗被服饮食奉送死之具也,故待农而食之,虞而出之,工而成之,商而通之。

这明明告诉我们说:农的工作是食之一部,虞的工作是出之一部,工的工作是成之一部,商的工作是通之一部,但看对于人民所喜好谣俗被服奉生送死之具,食之,出之,成之,通之这四部工作,有那一部是赘疣而可以废掉的,我们就可以知道太史公意有所属了。亚丹斯密士说:

> 农工商贾虽分四业而不可偏废,亡其一则三者不能独存,乱其一则三者不能独治,对待相生而后群理遂焉,此可累指而明吾说者也。①

太史公的见解,正与此同,所以互助 Cooperation 和分工 Division of Labor 制度在太史公理想上已见胚胎,希腊哲学家柏拉图 Plato(429B.C.? —348B.C.?)岂得专美于前。

第三,因为农商本当并重,太史公认为为农为商不过是人民职业上的一种选择,这种选择,应该予人民以绝对的自由权。因此,他对于朝廷种种轻商的设施,极表不满。可是他自己先已受着为李陵说话的冤屈,身受宫刑,再不便向武帝有所谏奏。所以用一个"各"字和"此宁有政教发征期会哉"一句来昭示后人,使后人知道汉代种种轻商的设施是完全不合理的。

用简明的话来表达他的意思是:欲望的产生是经济活动的起源,欲望的满足是经济活动的归宿;欲望的产生绝对是自然而非人为的,故若农,若虞,若工,若商亦不过在自然的趋势中,于其自愿而能力所能及的范围内,担任一部分的工作,互相协助,以在任意求得其欲望的满足而已。此种事实的发生,与政教的发征期会,完全无关,且实亦无需乎政教的发征期会。

由此可见太史公关于政府对于人民所采用的经济政策是极端主张放任主义的。他说:

> 故善者因之,其次利道之,其次教诲之,其次整齐之,最下者与之争。(《史记·货殖列传》)

他罗列政府对于人民所采用的经济政策共有五种。第一种是纯粹的放

---

① 参考严译《原富》。

任主义。第二第三两种是并用放任主义和干涉主义。第四第五两种是纯粹的干涉主义。他所主张的正是第一种纯粹的放任主义。他痛驳政教征发期会的缘故,就因为这是政府的干涉。在此,我不得不把他"善者因之"的"因"字解释一下。我用放任主义来表达它的意义,实有欠缺为地方。原来"因"字的意义比"放任"两字的意义还要深一层。譬如治水,水向下流去的时候,治水的人非但不去左逆它流的方向,并且反在它的原方向上,帮助它扫除一切障碍,让它在原方向上可以舒舒畅畅地适性的流。这叫做"因"。所以"因"字含有"放任而外并应相助"的意义。换句话讲,就是政府对于人民的经济活动,任其自由发展而外,并应供给种种保障人民在经济活动中有自由发展可能的工具。亚丹斯密士在他的《自由放任论》①Laiser-faire Policy 里说:

> All systems, either of preference or restraint…being taken away, the obvious and simple system of natural liberty establishes itself of its own accord. Every man, as long as he does not violate the laws of justice, is left perfectly free to pursue his own interest in his own way, and to bring both his industry and capital into competition with those of any other man or order of men…Accor ding to the system of natural liberty, the sovereign has only three duties to attend to; …first, the duty of protecting the society from the violence and invasion of other independent societies; secondly, the duty of protecting, as far as possible, every member of the society from the injustice or oppression of every other member of it, or the duty of establishing an exact administration of justice; and, thirdly, the duty of erecteng and maintaining certain public works and certain public institutions, which it can never be for the advantage of any individual or small number of individuals to erect and maintain; because the profit could never repay the expense to any individual or small number of individuals, though it may frequently do much more than repay it to a great society.②

---

① 参考李译日本河上肇氏著《近世经济思想史论》。
② 见 Adam Smith: *Inquiry into the Nature and Causes of the wealth of Nations*, Book IV, end of chapter IV; 并参考 Haney: *History of Economic Thought* 与 Seager: *Principles of Economics*.

这段大意便是：

  若此等保护或干涉之种种制度，果能尽脱而去之，则自然的自由制度必随之以兴矣。于此制度之下，若各个人不致违法犯纪，则自己之所欲者，即可以自由追求之也。不论他人之事业与资本，若以己之资本而与之竞争，必至全然准其自由放任矣。……盖自然的自由主义制度之下，主权者当为之任务仅有三焉，第一，……使此国无受他国之侵略，是之谓保护的任务；第二，……务使社会各员脱离社会与他人之压制，是之谓建立正谊之任务；第三，……个人以及少数个人之事业，须互相维持如公共事业者而维持之，是之谓互助之任务。①

正与太史公用"因"字的意思相合。由是而知亚丹斯密士所阐发的自由放任论，太史公已早给我们提倡了。

其次关于值和价的估计问题，太史公也有极大的贡献。他以为一种货物值和价贵贱的估定，全要看该物求需 Demand 和供给 Supply 的怎样支配。如求过于供，则为不足，不足则贵。如供过于求，则为有余，有余则贱。所以他说：

  论其有余不足，则知贵贱。（《史记·货殖列传》）

是经济学中极重要的求供律（Law of Demand and Supply）太史公早经发明。试看欧洲在十七世纪以前中古时代公正价格（Just-price）的学说②，犹占有一大部分的势力。即亚丹斯密士继重商派（Mercantilists）和重农派（Physiocratists）之后，于讨论真值和市价的时候，竟亦遗求供而不谈，卒不免受严氏"智者一失"之讥。③ 以是相较，则太史公思想的深沉周密，亦可想见。

值和价的估计，完全要用求供来做标准，太史公已经明明白白地告诉我们了。于是他复引伸出商业上的一条大原理来。他说：

  贵上极则反贱，贱下极则反贵。（《史记·货殖列传》）

物贵本由不足而来，不足的意思，是求多而供少。可是在贵到极点的时候，该物的供给，一定由少而多，同时该物的求需一定由多而少。那么，以前不足的地位，就站不住了，一定跌下来变为有余。既然有余，按以上面所说

---

① 参考李译日本河上肇氏著《近世经济思想史论》。
② 参考 Honey: *History of Economic Thought*.
③ 参考严译《原富》。

的求供律,物价不要反贱么。故曰"贵上极则反贱"。

又物贱本由有余而来,有余的意思,是求少而供多。可是在贱到极点的时候,该物的求需一定由少而多;同时该物的供给一定由多而少。那么,以前有余的地位,也就站不住了,一定紧上去变为不足。既然不足,按以上面所说的求供律,物价不要反贵么。故曰"贱下极则反贵"。

这两句分解的意义是如是。现在把这两句合起来讲。我们先要知道,求供相当,价格乃定,交易乃成。① 在物因不足而贵上极和因有余而贱下极的时候,求供既不相等,物价自亦未能固定。可是因为贵上极了便有贱的反动,贱下极了便有贵的反动,所以价格到底可以固定在一点上。这一点就是求供相当的地方。由是而谓太史公"贵上极则反贱,贱下极则反贵"。

两句已把价格涨落 Fluctuation of Prices 的统计和原理不用线表而描写出来了,谁曰不可?

不过上面所论的,全以整个社会为根据。太史公既找出了这一条原理来,他又知道个人经商图利,非于这种机会上去着手用力不可。所以他告诉我们经商谋利的方法是:

　　贵出如粪土,贱取如珠玉。(《史记·货殖列传》)

值和价估计的讨论,既如上述。同时太史公对于钱币方面的见解,也很值得我们钦佩的。钱币也是货物的一种,不过这是一种标准货物。它的职责,便是完成其他货物的相互交易,此亦太史公所深知者。因是他又知道价格的估计,求供而外并与钱币流通的数量有很密切的关系。他在《平准书》里说:

　　钱益多而轻,物益少而贵。

这两句虽系当时一种事实的记载,然而由此我们可以知道在太史公理想上,货币数量律 Quantity Theory of money 当已粗具雏形。所谓价格,不过是全社会上存在的货物和流通的钱币两者数量多寡的一个比例罢了。现在一方面钱币的数量增多,一方面货物的数量减少。那么,以数量多的钱币,去和数量少的货物相互较量,自然钱币要贱,货物要贵了。换言之,物价涨了。因为他于以上所说的原理,已有彻底的了解,所以他在当时社会经济活动现象的中间,能够说出一句"商贾以币之变,多积货逐利。"(《史记·平准书》)切中时弊的话来。

---

① 参考 Seager: *Principles of Economics*, Chapter Ⅶ.

于此我敢大胆地说太史公是最富有经济思想的一个人。他虽极力主张农商应当并重，然于不合经济原理的商业则始终不愿提倡。不但如此，他极力主张农商应当并重的道理正是为的要抵抗这不合经济原理的商业。他在当时社会的经济活动中间，曾发现一种恶劣的现象，即所谓垄断 Monopoly 是。《平准书》上说：

> 约法省禁，而不轨逐利之民蓄积余业以稽市物，物踊腾粜。

是货物的垄断为第一种。又：

> 而富商大贾，或蹛财役贫，转毂百数，废居居邑，封君皆低首仰给，冶铸煮盐，财或累万金而不佐国家之急，黎民重困。

是资本的垄断为第二种。有了货物的垄断，贸易就容易不稳定。有了资本的垄断，分配就容易不均平。而且这两种垄断，又属相为因果的。以其相为因果故，若长此以往，不思一个补救的方法，遗害社会实非浅鲜。他明明知道这两种垄断完全是由于钱币过多超乎所需所产生的结果，可是他并不因此而即主张减少钱币。他的不主张减少钱币，是有极坚强的理由的。他觉得要是钱币不集中企业上多竞争 Competition，则钱币虽多，于社会实无大害。钱币如不集中于一处，则物价比较上就可以稳定些，各时各地亦不致相差太远。如是这两种垄断就不易产生了。进一层讲，在企业上如多竞争，则如美国哥伦比亚大学经济学教授栖革 Seager 所说：

> The possibility of competition which may deprive the monopoly of its control over the supply.①

这两种垄断虽已产生而亦不能持久。

无奈当时朝廷的种种设施，都是背道而行，乖谬已极！试看：

> 而府库余货财，京师之钱累巨，贯朽而不可校；太仓之粟，陈陈相因，充溢露积于外，至腐败不可食。（《史记·平准书》）

似此，不特足以影响社会，并且实在是太不经济了。所以他说：

> 务完物，无息币。（《史记·货殖列传》）

凡是稍研究过经济学的人都知道金融停顿、周转不灵是经济界中最坏的一件事。并且在资本货物（Capital goods）中，钱币要算是最流动的一件东西，这是几个近代欧美经济学者都如此说。② 最流动的东西，竟不使之流

---

① 参考 Seager：*Principles of Economics*.
② 参考 Seager：*Principles of Economics*.

动了。无怪太史公要三令五申再加重一句说：

  钱币欲其行如流水……（《史记·货殖列传》）

更看：

  天下已平，高祖乃令贾人不得衣丝乘车，重租税以困辱之。孝惠高后时，为天下初定，复弛商贾之律，然市井子孙亦不得仕宦为吏。……（《史记·平准书》）

这是贱商。又：

  于是大农陈藏钱经耗，赋税既竭，犹不足以奉战士，有司言天子曰："……北边未安，朕甚悼之！日者大将军攻匈奴，斩首虏万九千级，留蹛无所食。议令民得买爵，赎禁锢，免减罪，请置赏官，命曰'武功爵'。"（《史记·平准书》）

  从建元以来，用少，县官往往即多铜山而铸钱，民亦间盗铸钱，不可胜数（《史记·平准书》）

  郡不出铁者，置小铁官；便属在所县，使孔仅东郭咸阳乘传举行天下盐铁作官府，除故盐铁家富者为吏，吏益杂而多贾人矣！商贾以币之变，多积货逐利……（《史记·平准书》）

这却又是励商了。明是贱商，暗是励商，不是政府自相矛盾了么？太史公以为矛盾是不妨的，只是影响于社会，结果太坏。其结果就是在经营商业上，使一般人民无均等发展的机会，而一任少数不轨逐利之民专利去。所以在当时社会经济活动现象的中间，企业上的竞争可称是绝对没有的事。因为知道暗中尚有这两种恶劣的现象——钱币集中和企业上无竞争——在那里作怪，太史公觉得单是减少钱币，不是一个补救的好方法。于是他就提出一个积极的根本办法来。他说：

  农工商交易之路通，而龟贝金钱刀布之币兴焉。（《史记·平准书》）

  农工商交易之路既通，则第一，钱币是不致于集中的了；第二，人民都有均等的机会，可以任意去经营各种事业，企业上的竞争一定也不少了。同时因为农工商交易之路已通，国家经济事业渐形发达，过量的钱币也都有适当的用处了，故曰：

  而龟贝金银刀布之币兴焉。

  这是何等的伟大，一举而万事尽理！由经济原理方面看来，这真是一个无上的妙策。我国今日经济不是已到了最紊乱的时期么？有如太史公其人者出而清理，虽为执鞭，我亦忻慕！

太史公对于当时社会经济方面的观察是如是。他觉得社会经济所以紊乱到如此地步的缘故，与国家理财问题有很重大的关系。所以他对于当时国家理财制度也有一种不满意的表示。在此，我们不可不知道西汉时代的会计制度是量出为入。《平准书》上说：

> 量吏禄，度官用，以赋于民。

我们更不可不知道西汉时代的公家支出太不俭节。在《平准书》上可以看到的是：

> 当是时，汉通西南夷，道作者数万人，千里负担馈粮，率十余钟致一石，散币于邛僰以集之。数岁道不通，蛮夷因以数攻，吏发兵诛之，悉巴蜀租赋不足以更之。……又兴十万余人，筑卫朔方，转漕甚辽，远自山东，咸被其劳，费数十百巨万，府库益虚。……

> 其后四年，……明年，大将军将六将军仍再出击胡，得首虏万九千级，捕斩首虏之士，受赐黄金二十余万斤，虏数万人，皆得厚赏，衣食仰给县官，而汉军之士马死者十领万，兵甲之财，转漕之费，不与焉。……

> 其明年，骠骑仍再出击胡，获首四万。其秋，浑邪王率数万之众来降，于是汉发车二万乘迎之。既至，受赏赐及有功之士，是岁费凡百余巨万。初，先是往十余岁，河决观，梁楚之地，固已数困，而缘河之郡，堤塞，河辄决坏，费不可胜计。其后番系欲省砥柱之漕，穿汾河渠以为溉田，作者数万人。郑当时为渭漕渠回远，凿直渠，自长安至华阴，作者数万人。朔方亦穿渠，作者数万人。各历二三期，功未就，费亦各巨万十数。天子为伐胡，盛养马，马之来食长安者数万匹，卒牵掌者，关中不足，乃调旁近郡而胡降者，皆衣食县官……

> ……作昆明池。其明年，大将军骠骑大出击胡，得首虏八九万级，赏赐五十万金，汉军马死者十余万匹，转漕车甲之费不与焉。……

> 是时，越欲与汉用船战逐，乃大修昆明池，列观环之，治楼船高十余丈，旗帜加其上，甚壮！于是天子感之，乃作柏梁台，高数十丈。宫室之修，由此日丽。……

> 于是天子北至朔方，东到太山，巡海上并北边以归。所过赏赐用帛百余万匹，钱金以巨万计。

如此浪费，国用自不足，于是而滥铸钱币，增加赋税，买爵，赎罪等不正当的开源就相继而来了。以历史上过去的事实为根据，太史公以为公家取诸人民赋税数目的多寡,应以全社会人民能力的大小为准。换言之,在财政学"赋税的度量"(The measure of taxaction)①上,他是一个"能力学说"(The Faculty Theory)②提倡者。他说:

> 禹贡九州各因其土地所宜,人民所多少而纳职焉。汤武承币易变,使民不倦;各兢兢所以为治而稍陵迟衰微。齐桓公用管仲之谋,通输重之权,徼山海之业,以朝诸侯,用区区之齐,显成霸名。魏用李克,尽地力,为强君。自是之后,天下争,于战国,贵诈力而贱仁义,先富有而后推让,故庶人之富,或累巨万,而贫者或不厌糟糠;有国疆者,或并群小,以臣诸侯;而弱国或绝祀而灭世。(《史记·平准书》)

我们知道以全社会人民能力高低为准所收入的赋税,数目一定是固定的。所以公家的支出只能在这数目以内支配,实为当然的事。由此可知太史公对于国家理财制度,主张采用量入为出的意思,也就包含在其中了。

此外在这一番言论里,太史公又表示给我们关于道德问题和经济问题相互关系的一些意见。秦汉以前,论王道和谈霸道是绝不相容的。孔孟先仁义而后富利,主行王道。管、商先富利而后仁义,主行霸道。说得明了些,行王道者主从道德问题上着手解决一切,行霸道者主从经济问题上着手解决一切。太史公也承认道德问题可以因经济问题解决而解决。所以他说:

> 故曰:"仓廪实而知礼节,衣食足而知荣辱。"礼生于有而废于无,故君子富好行其德,小人富以适其力。渊深而鱼生之,山深而兽往之,人富而仁义附焉。(《史记·货殖列传》)

不过,他以为要是经济问题解决而不得其当,则社会道德将因之而益形堕落。历史上的证据他已说过。在他那时的证据便是:

> 财络衰耗而不赡,入物者补官,出货者除罪,选举陵迟,廉耻相冒,武力进用,法严令具,兴利之臣自此始也。

他的意思以为道德和经济两问题的关系恰如连环。只须处理得当,则解决其一,余亦随之。不然双方必至同行堕落。其重点不在道德与经济的本质,而在处理这两项问题的方略如何。所以他对于当时朝廷所采用"与之争"的下策要极力反对。不但如此,他认为管仲、李克所采用的政策,亦不适当,也有反对的必要。

---

① 参考 Carl C. Plehn: *Introduction to Public Finance*.
② 参考 Carl C. Plehn: *Introduction to Public Finance*.

最后太史公告诉我们要做一个正当的商人不是一件容易的事。为人要能耐苦,处事要能敏捷,要机警,要果敢,量要宽大,心要恒静,这六个条件缺一不可。看他引了白圭来做左证是何等的慎重:

……能薄饮食,忍嗜欲,节衣服,与用事僮仆同苦乐。趋时若猛兽挚鸟之发,故曰:"吾治生产,犹伊尹、吕尚之谋,孙吴用兵,商鞅行法是也。是故其智不足与权变,勇不足以决断,仁不能以取予,疆不能有所守,虽欲学吾术,终不告之矣。"(《史记·货殖列传》)

近世言经济学,动推亚丹斯密士。我国今日经济学的幼稚,固亦无容讳言。二三好学之士,以为我国以数千年历史的遗传,竟无科学上可靠之材料,足资参考,古人的辜负后人,未免太甚。不知古时行文,例尚简明。后人误于借题写感之说,复等闲视之。即如太史公的《货殖列传》后人颇多以为系龙门一时的牢骚语者,不知何所据而云然。今特择其重要的字句,参证之以《平准书》,竟成一数千字的长文。属稿既竟,每谓古人所遗于后人者甚厚,并深以后人辜负古人为可慨!

(民国)十五年十一月二十五日初稿

录自《厦门大学国学研究院周刊》第1卷第2期,第1卷第3期,1927年

《平闽十八洞》所载的古迹

林语堂

　　《平闽十八洞》为流行福建的传说,现通行本为厦门会文堂所印,内有会文堂主人序,作于民国十一年。但是平闽十八洞的传说流行已久,村中父老多能熟记其中所载杨文广、抱月公主、纪仙姑、金精娘娘的事迹。此传说之起于何时尚待调查。但是我们很可以把这个故事当做福建民间传说的一种。

　　书中所讲的为宋仁宗时(见第一回)杨文广平南闽王蓝凤高及十八洞洞主事。内有"宋人"及"番兵"为相对的名称,其所谓番兵,就是指尚未属化的南闽。书中最有趣的部分就是关于十八洞的传说,十八洞各有洞主、番兵、偏将屯守,也有府库钱粮,为南闽屯兵守卫之地。这一点也许藏着一点历史的痕迹。自然福建之开化远在宋以前,但是以此为关于中国平闽的故事看,自有他研究的价值。书中所记尤多神异的人物及仙人的妖术(例如碧水洞主姚玉之战败即吐烟腾空而逃,及飞霞夫人之五行旗门遁甲法等)也可见民间传说的好述妖异。

　　按《宋史·杨文广传(附业传)》并无奉诏征闽之事。只有随狄青南征广源州蛮为广西钤辖,后历任兴州防御使及秦凤副总管。据书中,文广出于累代忠良家门,与史所载合(即杨业之孙,延昭之子),惟书中则以为文广廿三岁时化鹤逃回无佞府,隐名不出,至四十三岁时始任征闽事。史所载狄青平广南贼亦为宋仁宗时事(皇祐元年广源州蛮侬智高反,屡陷邕、横、滨、广等州,至五年为狄青所灭),侬智高与蓝凤高姓名亦相仿佛。

　　十八洞的传说自然多不可靠,书中所载洞的地点也有的多属附会。但是闽地险峻多山,山峒之间常留原民的遗迹,此为考古者所应注意。恐怕各地的洞部有关于那洞的传说,这是我们所喜欢知道的。现录书中所载十八洞的地点以供大家的研究。凡有证实,正误或补足的记录及一切相类的传说都是我们所欢迎的。

按十八洞第一第二是城池（即吴州城及越州城），所以真正的洞府只有十六个。（用号码证明者为小说回目）

第一洞吴州城　依书中记载在"汀州府归化县,离连江五十里"。（3）

第二洞越州城　"此城在汀州上杭县,永定地界,古迹犹存"。由吴州来行了六日。（3）

第三洞碧水洞　"此洞在建宁府浦城县,离城五十里之地,古迹犹存"。由越州来行了五日。（4）

第四洞天山洞　"此洞在建宁府,建朝县,离城五十五里,古迹尚在"。由碧水洞行了数日。（5）

第五洞红砂洞　未详。行了五日来到红砂洞。（7）

第六洞天魔洞　"此洞在延平府南平县外,五十里之地"。（8）

第七洞飞龙洞　"此洞在漳州平和县,离城八十里,即今龙乡便是"。由天魔洞行了五日。（9）

第八洞鹭江洞　书中未明言地点。按鹭江为厦门通用别名。第十一回,杨元帅由飞龙洞杀奔鹭江洞而来,"行了十日,忽见水势洋洋,浪起滔天,乃一片茫茫大海"。第十二回,王定六曰:"欲攻彼洞当从北岸,然北岸离此不远,无须造船……为今之计,可造木筏,便可渡江。"所言与厦岛形势相符,鹭江洞主为铁头禅师。

第九洞天吴洞　未明言。第十三回番兵跪禀天吴洞主金真曰:"启将军,宋朝兵攻破鹭江洞,铁头禅师阵亡,今战船木三千余只,三日前祭江,大兵已下船了,等候好风,要杀从天吴洞而来。"则所指天吴洞与鹭江水道相通。又第十四回,金真说:"天吴洞地方三十里,四处并无阻险。"

第十洞漳仙洞　"此洞即今漳州",由天吴洞来,船行二日。"宋兵报曰:'启元帅,此处地名通津港,就此可倚岸,陆地三十里就是漳仙洞了。'"（14）

第十一洞寿山洞　"此洞即今泉州府南安县外,沙地五里外,古迹尚存",（20）由漳仙洞来,行了五日。又"高明曰:'此洞末将却知其详,前通漳仙洞,左通铁松洞,右后俱是靠海……此去南十里之遥,地名槛江,路旁大海,若从此处掘一河沟近海,其水充入浸淹洞府,不战自败。'"（20）

第十二洞铁松洞　书未详,惟谓与寿山洞通,则系与寿山洞相近。（21）

第十三洞镇山洞　"此洞在仙游县十里,古迹尚存"。（23）

第十四洞水晶洞　"此洞即今莆田县外五十里"。（24）由镇山洞而来,路过剑门山,离剑门山十里有勾连谷。（26）

第十五黄草洞　"此黄草洞在莆田县壶公山,古迹犹在"。(27)

第十六洞清峰洞　"此清峰洞在莆田县百丈山,古迹犹存"。(28)

第十七洞蜈蚣洞　"其蜈蚣洞在福清县蜈蚣山,古迹尚存"。(29)

第十八洞蝶仔洞　"此洞在镇海岐尾海滩上,十五里外,此洞现存,在南势海坪上"。(46)

此外有飞鹅洞为金精娘娘掌教之所。第一回"此飞鹅山,系在漳浦县城外,离城一百里,地名娘仔寨便是"。又有"百丈穴","在海澄县管下后井社尾,离社四里有一座山,山中有蜜婆洞(按即蝙蝠),今时天气清和,即有大蝙蝠飞出,其翅如簸箕。……此蝙蝠精则姚玉是也,自宋朝至今,安守穴中"。(6)

录自《厦门大学国学研究院周刊》第1卷第2期,1927年

太王亶父嫁女葱岭考

张星烺

赤乌氏先出自周宗。太王亶父之始作西土，封其元子吴太伯于东吴。诏以金丹之刑，贿用周室之璧。封其璧臣长季绰于春山之虱，妻以元女。诏以玉石之刑，以为周室主。（见《穆天子传》卷二）

《穆天子传》此节之赤乌氏，丁谦谓即唐时之护蜜国，（见丁谦《大唐西域记地理考证》）其说可信。据《西域记》，与达摩悉铁帝国（即护蜜国）为邻者，为竭盘陀国。玄奘有长篇记载，述古代波剌斯国王娶妇汉土事。与《穆天子传》此卷"太王亶父之始作西土……封其璧臣长季绰于春山之虱，妻以元女"必为一事也。玄奘记载如下：

建国已来，多历年所。其自称云，是至那提婆瞿咀罗。（唐言汉日天种）此国之先葱岭中荒川也。昔波剌斯国王娶妇汉土，迎归至此，时属兵乱，东西路绝，遂以王女置于孤峰，极危峻，梯崖而上。下设周卫，警昼巡夜。时经三月，寇贼方静，欲趣归路，女已有娠。使臣惶惧，谓徒属曰："王命迎妇，属斯寇乱，野次荒川，朝不谋夕。吾王德威，妖氛已静，今将归国，王妇有娠，顾此为忧，不知死地。宜推首恶，或以后诛。"讯问喧哗，莫究其实。时彼侍儿，谓使臣曰："忽相尤也，乃神会耳。每日正中，有一丈夫，从日轮中，乘马会此。"使臣曰："若然，何以雪罪？归必见诛，留亦来讨。进退若是，何所宜行。"佥曰："斯事不细，谁就深诛。待罪境外，且推旦夕。"于是即石峰止，筑宫起馆，周三百余步。环宫筑城，立女为主。建宫垂宪，至期产男。容貌妍丽。母摄政事，子孙称号。飞行空虚，控驭风云。威德遐被，声教远洽。邻域异国，莫不称臣。其王寿终，葬于此城东南百余里，大山岩石室中。其尸干腊，今犹不坏。状羸瘠人，俨然如睡。时易衣服，恒置香花。子孙奕世，以迄于今。以其先祖之世，母则汉土之人，父乃日天之种。故其自称"汉日天种"。然其王族貌同中国。首饰方冠，身衣胡服。后嗣陵夷，见迫强国。（见《大

唐西域记》卷十二）

玄奘于下节又云：

  无忧王命世，即其宫中，建窣堵波。其王在后，迁居宫东北隅。

印度孔雀王朝之无忧王（King Asoka）即位于耶稣纪元前二百七十二年（周赧王四十三年），卒于二百三十二年（秦始皇十五年），喝盘陁国王始祖之母，生于无忧王之先，已甚明了。其为周室公主，似亦无可疑议。波斯史家费杜西（Firdusi）之《帝纪》（*Shahnameh*）载波斯王哲姆锡（Jamshid）娶马秦国（Machim）王马韩（Mahang，Mahenk）之女为妻。生二女，名贝吐尔及胡玛（Betoualet，Humayun）云。

说者谓"马秦"即中国，"马韩"即穆王之转音云。波斯人谓"大"曰"马"，"马秦"犹云"大秦"。马韩或即太王之译义。果若是，则中国、印度（玄奘所闻，必得自印度人者）、波斯三种文字中皆有同一记载，而其事之可信，亦无疑矣。

录自《厦门大学国学研究院周刊》第 1 卷第 3 期，1927 年

云霄的械斗

高子化

(一)原因及其宗旨

  闽省东南的地势,虽然不如闽北闽西的大山连亘数十里,然各县还是以山脉为天然界限。一切公路未通的区域的居民,各自各计他们的生活,绝少过界联婚结友的创闻,甚且有排外代异的恶例。所以风气闭塞,民智不开,不合潮流的教化,强悍好斗的习惯,日重一日,难以改除。每于百里外的民情风俗,便差得很多。就漳州所属九县说起,即可略知一二。教育未能普及,固为其最大的原因;然教育之所以未能普及,亦可说是交通不利便所致。

  交通利便的地方,因侨外营业的居民较多,见闻广远,生活容易,很罕发生争斗之事;且于家庭亲戚间聚少离多,家族观念亦一代一代的轻淡。如海澄为最近厦门的边海县,船舶来厦最早,到南洋群岛经商。漳属华侨,也以海澄人居多,家产达几十万,算很普通。其次如龙溪、南靖、长泰,亦有很近的水路可到厦门。自江东迄嵩屿铁路告竣以来,出境的,侨居的,越变越多了。至民国七年陈炯明入漳,开漳码浮宫的公路,及通南靖浦南的支路,行驶汽车,差不多要把漳码澄厦等县合为一家。这几县的民情风俗,就渐渐地变迁,至于生活方面向外县外埠发展的,亦日多一日,再也没有因少数人的争端,闹出连乡连姓死几十命的械斗案。

  交通不便的地方,因举首峰峦,朝出暮返,生活简单,事事循古法照老例,绝没有改良翻新的提倡。除由水路冒险到外埠经商的资本家,与少数学界中眼识略高的优秀分子外,余的都是胸怀狭窄,思想有限。如漳浦、云霄、诏安、平和都是如此,四县中尤其是平和为最不利便,因四面山岭重重,溪水短浅,舟楫难通,民性尚觉朴实,都有些"入山多古意"的遗风。其他三县虽各有条小河得通外海,可惜于实际上仅供本区的乡民运土产入城市而已。年代既久,难免有沧桑之变,越来越浅,行小汽轮,还须潮涨方能入港。小气轮既不能自由行驶,不得不沿用帆船,坐待天时,或北上厦门、福州至浙江之温、台等州,或南下广东之汕头、澳门、香港,东出东山、澎湖等处。但此种生活极艰苦极危险,为数亦少。还是以跋涉山川、抛离故里为畏途,非至出于迫不得已时,从无如漳北四县那种少年辞家白首还乡,或举家出游一去不返,使十几龄童子归国传嗣的习惯。所以远渡重洋发展的侨民百无一二。对于富侨有"一边棺木,一边洋楼"①,"开龛门辞祖宗"②的谚语。漳浦居海澄之下,到厦门还是容易,诏安与广东隔界,到厦门虽远些,但南下汕头亦不难。惟有云霄界在两县中,无论上下水陆都是比浦诏加倍难苦,所以出外的侨民自觉少数,各人能在族中握大权维持族事,使本族的人丁经济,较他族增加发展,他族不敢有点侮辱,遇事尽可占胜点,博得族人敬重,便算是很了不得的人物了。再进一步,地方上无论结什么团体,开什么会社,有把交椅可坐,粉牌上或束帖上有他的名字,就是乡老、绅士,更是以夸耀一时,显祖荣宗。此种情形有"其宁为乡下老,不作富侨翁"之大志愿。

　　各姓均有乡下老绅士。以乡下老绅士自居的,为自己的面子计不得不竭力拓张本族的势力以固地盘。因是或将地势,或将人丁,或将经济,互相压迫,互相倾轧。势均力敌,各不退让,每一事发生,经第三者调停不和,即掳掠对方人畜,摧残田园果蔬,引出刀枪的击杀,牵动全乡断绝交通,起了乡与乡的械斗。此风既长,一乡斗败,即联同姓各乡以图报复。双方联同姓之乡而斗,败即联"旗尾亲"③,战线愈展愈广,由乡间至水山市上。斗期越斗越长,由一月至半年至整年五七年,养成几十乡红白旗械斗的强悍民性。其所争的重要条件,起初无非为坟墓田水等事。后来怨结深了,即琐屑的口角,亦可以家族主义弄成械斗。丁多族强的大乡,即可为霸王,以号召邻近的弱小乡。家族主义的械斗因此越来越凶,弱小乡之受压迫亦越来越甚。总是"物极必反,理有固然",弱小乡受压迫的苦痛,忍至无可忍时,有暗联许多许多弱小的异姓弱小乡以图自卫,以抗大族。由势均力敌的大族械斗,变为联乡抵抗单大族的械斗。大族临时虽以众寡不敌败,停止侵略手段。然

---

① "一边棺木,一边洋楼":不死便富贵的意思。
② "开龛门辞祖宗":以孤注出门回期难料的意思。
③ "旗尾亲":各乡出战均有旗号以红白为标准,标黑者为红旗尾亲,标青者为白旗尾亲。

联乡的结合不能长久,盟约稍懈,势力分裂,终为大旗所征服。家族主义的血统关系,比较异姓受外界压迫的临时结合,尤为缜密绵远。所以无论那区那回的械斗,其结果均由大族占胜点。弱小乡受大族的压迫,见机的挈眷他迁谋生活,顽懦的低首降服待吞并,乡族遂不觉自形消灭。现在各大族乡中莫不有堂皇华丽的本姓宗庙,亦莫不有他姓门户颓废或仅存旧址的宗庙。每逢大节举行祭祖,于族众到庙时,常设起关于各姓的典襄,以鼓吹家族主义。

浦、云、诏的械斗风俗,固然是一样,然浦、诏以土地适够支配居民,犹不若云霄之人烟稠密,土地狭小,不上三年便发生斗案。甚至前案的尸骸才埋,苦主①之泪痕未干,后案的纠葛又起,枪声剥剥,断续可闻,红白旗亦飘扬于山野间。

（未完）

录自《厦门大学国学研究院周刊》第 1 卷第 3 期,1927 年

---

① "苦主":械斗死伤之家。

沈兼士国学研究院成立大会演讲纪要

沈兼士

本院设立宗旨业经院长说明，无庸鄙人赘述，所报告者不过本院进行方法及研究材料而已。在昔我国人士对于国学，除讲究八股文章而外，绝少贡献。虽有书院设立，其所研究材料，类皆偏颇不全，且无精确考证。迨书院改为学校，始渐次更变方针，但亦不过注重八家古文而已，初无所谓国学也。从前研究古学，态度不外两种，一则信人，一则信己。所谓信人，即凭各种传说，而持为考据；所谓信己，则又凭有限之常识而已。此种研究，在此科学昌明时代，殊无价值可言。如古代历史，宋罗泌曾著有《路史》一书，关于古历史述之綦详，而考其内容，殊难准确。故现时欲研究古学，必得地质学、人类学、考古学、古生物学等等，作为参考，始有真确之可言，否则，其结果与《路史》同。兹再举一例以明之，如宋人之《三礼图》，就清人眼光观之，其中即有种种讹误。及近今研究，其差异之处尤多。可见欲研究古学，非从书籍纪载之外，一方再以实物引证不为功。故本院因此二者之重要，特设图书部与陈列部，以资参考，期得完全明确之证据，而为近今人类之考镜。本院于研究考古学之外，并组织风俗调查会，调查各处民情、生活、习惯，与考古学同时并进。考古学则发掘各处古物，风俗调查则先从闽省入手云云。

录自《厦大周刊》第 159 期，1926 年 10 月

林语堂国学研究院成立大会演讲纪要

林语堂

本院宗旨及进行大概,院长及主任皆已述过,鄙人今日所欲补述者,欧西各国学者,对于各种科学之成功,虽至微之处,不敢稍事忽略。研究植物者,对于一草一木,必加深刻研究,而后植物学以成。研究动物者,虽片鳞只爪,亦必加精确研究,而后动物学以就。吾人研究考古学,亦必抱此精神,对于民间平常表现之一切动作,如歌谣等,皆当注意。考之从前孔子时代,对于民间多种歌谣,无不重视,不肯轻忽,故三百篇之流传,亦基于此。后人则渐次变而为诗为赋。吾人现在欲研究考古学,当仍效孔子时代之态度,从根本研究。今本院成立,聘请国内学者为研究教授,一方调查闽南各种方言社会以及民间一切风俗习惯,一面发掘各处古物。但古物大多在北方一带,近拟与北京大学联络进行。南方风俗则本校担任调查,北方发掘则请北大担任招待。如是既省经费而事实上亦利便多多。本院于调查发掘外,别有编辑部,编辑中国图书志,将中国所有各种图书目录,汇编成帙,以为将来研究国学之门径。此外又有定期刊物——季刊,亦将着手编辑,约十二月间可以出版云云。

录自《厦大周刊》第 159 期,1926 年 10 月

张星烺国学研究院成立大会演讲纪要

张星烺

从前中国各种学说,类多囫囵吞枣,不求甚解,不如西洋学说条分缕析,一目了然。即如医学,中国则以阴阳、寒暑、五行、五色,为抽象之比喻,而西洋则重解剖实验。由此类推,凡中国一事一物,欲求明确真正之标准,殊不易易。如从前中国历史,元朝征战,究至何地,类皆捉摸不定。迨清末洪钧之书出,始知彼时直战至欧洲。在此书未出现之前,颇多人疑系战至新疆而止。我国人如此糊涂,在此科学昌明优胜劣败时代,尚有吾人立足地耶?试观欧西各国,近今对于一切事物,无不悉心研究,力求明确,而于中国之事,尤考求不遗余力,我中国反自行忽视,将来危险,正未可量。吾忆及宋辽之时,宋对辽之情形,完全茫然,而辽则屡次派人至宋调查,一切情况,备极详晰,卒至宋败于辽。今顾我国现象,又无异于此。吾人如再不设法补救,后患诚难言喻。本院成立,从事研究国学,实为当今之急务也云云。

录自《厦大周刊》第 159 期,1926 年 10 月

鲁迅先生演讲

鲁　迅

世人对于好事之徒，每致不满，以为好事二字，一若有遇事生风之意，其实不然。我以为今之中国，却欲好事之徒之多。盖凡社会一切事物，维其有好事之人，而后可以推陈出新，日渐发达。试观科命布之探新大陆，南生之探北极，及各科学家之种种新发明，其成绩何一非由好事而得来。即如本校，本是一片荒芜之地，建屋以招学生，其实亦即好事。故我以为好事之徒，实不足病。尝见本校之运动场上常常有人，图书馆之中文阅览室阅者常座为之满，当然是好现象。而西文阅览室中之报纸杂志，阅者寥寥，一若不关重要者然，此即不知好事也。不知西文报纸杂志，虽无重大关系，然于课余偶一翻阅，实亦可增许多常识。故甚望诸位对于一切学科，皆随时留心。学甲科者，对于乙科书籍，亦可稍稍涉猎。学乙科者，对于甲科书籍，亦可稍加研究，但自然以不时正课为限。必如此，始能略知一切。毕业以后，可在社会上作事。惟各人之思想境遇不同，我不敢劝人人皆为甚大之好事者，但小小之好事，则不妨一尝试之。譬如对于凡可遇见之事物，小小匡正，小小改良便是。但虽此种小事，亦非平时常常留心不为功。万一不能，则吾人对于好事之徒，当不随俗而加笑骂，尤其是对于失败之好事之徒云云。

录自《厦大周刊》第 160 期，1926 年 11 月

张、陈两先生调查泉州古迹及关于中外交通史料之报告

张星烺　陈万里

本大学国学研究院张星烺、陈万里两教授于十月三十一日，联袂赴泉，调查泉州古迹及关于中外交通史料。业已调查完毕，于本月三日返校。兹觅得两先生致该院林院长报告书一件，特为照录如左（下），以饷阅者。

敬启者：此次星烺、万里等同往泉州调查古迹及关于中外交通史料事，于十月三十日启程，当日下午四时到泉，承天主教堂西班牙人任神父招待居留。十一月一日、二日往各处调查，后因校课羁身，不得已即于二日下午四时先回安海，三日由安海搭轮回校。两日内，在泉州调查所及者：

一、《通志》所载马哈点得所派遣来泉传教三贤、四贤之坟墓（唐武德中，纪元六百十八至六百廿六年间），在泉州东南郊外灵山。此次曾到该处摄影，并亲自拓得阿拉伯文字碑记一幅。同时，复发现明永乐十五年郑和遣使西洋忽鲁谟厮等国路经泉州时诣墓行香碑文，亦将该碑文抚拓一纸回校。

二、于城内奏魁铺奏魁宫内发现十字架古石，仅能摄影，未及抚拓。此古石碑为《真福和德理行实记》中所未载（按和德理氏为意大利人，于元仁宗延祐元年，即纪元一千三百十四年来华），是否与景教碑为同时代之石刻，在历史上颇有研究之价值。

三、城内清净寺中亚拉伯文石刻极多，曾亲拓一纸回校，拟日后充分为之摄影、抚拓。大门内有永乐保护该寺上谕石刻，此与发现郑和碑石有密切之关系，实为当时重要史料。同时，在南大街天主堂附近通衢发现阿拉伯文残石数处。

四、天主堂新院破屋中有留府郡王棺木七具，向未埋葬，尚须待考。

五、宋末降元之市舶司提举，阿拉伯人蒲寿庚，其后代已改姓吴，尚住南门外。

六、郑成功故乡在石井,离安海有二十里,彼处关于郑成功之传说颇多,并闻隔海白沙有郑成功遗留之铁炮,为英国所制造,有伦敦字样及纪元年号,此为郑成功后人之住居安海者郑君时雨所目睹,以后此处似有详细调查之必要。

七、开元寺东西两塔所有雕刻确系宋代作品,于东塔底层见有《释迦佛传图》雕刻四十幅,自应全拓,藉资比较研究(按大同云冈有北魏雕刻《佛传图》,南京栖霞山有隋代雕刻《佛传图》)。

以上均系此次调查之大概情形,详细记载当于旬日后缮呈。

钧鉴:至于深刻的系统的研究,非在泉州有比较长时间之调查工作,难得搜罗充分之材料,此不能不希望于后日者也。

此致
国学研究院林校长钧鉴

张星烺　陈万里　同上
十五,十一,五

《厦大周刊》第 165 期,1926 年 11 月

问孔子学说何以适应于秦汉以来的社会书(致程憬)

顾颉刚

仰之先生：

　　近来，我胸中常有许多对于孔子所发生的问题，自己竟解决不来。写出几个，请你指教。

　　(一)孔子时因经济情状的改变，故政治和道德随之改变，而孔子以保存旧道德为职志，何以他反成了新时代的适应者？

　　(二)秦汉以下直至清末，适用孔子一派的伦理学说，何以春秋时的道德观念竟会维持得这样长久？春秋时的时势与秦汉以下的时势毕竟不同，而终不能改变春秋时的道德，这是什么缘故？

　　(三)战国以来，创新道德和新政治的人还不少，例如商鞅、王安石，永嘉学派等，何以他们终不能在新时代中立一稳固之基础？何以他们终给传统的儒者打倒了？

　　以上的疑问，请随便给我以解答，愈详细愈好。

弟颉刚
十五，十一，十二

录自《古史辨》第二册，上海古籍出版社，1982年

答 书

程 憬

颉刚先生：

这几个问题，若能详细的观察、探索，一一搜集证据，可成一篇长文。现因手边无书，只随愚见所及，抽象地说了一点，自知理由是不充足的。尚祈先生有以教我！

（一）

秦汉时的新社会的经济构造和伴生的组织是在春秋战国时的社会的胎里孕育成的。因为凡是一个新社会的成立，必是它的物质的存在条件在旧社会里渐渐地演变而完成的时候。我们从中国经济史和中国社会组织史上去观察，知道从春秋中期以后直到秦时，那三百年是古代的旧社会的骨骼逐渐的毁坏而秦汉时的新社会的骨骼逐渐形成的时期。其生产关系由农奴制度渐渐地变为自由的佃户，其政治关系由封建制度渐渐的变为半封建的国家形式。此时的社会是渐渐的由地主和农奴之对立阶级而变为富的和贫的之对立阶级。

大概在一种特殊的经济基础与自然伴生的社会组织里，其形成的道德观念必自成一种特殊形式；因为所谓道德的意义只是在能吻合其社会的阶级关系所需求的行为上的裁制。所以到了社会的经济基础改变或动摇的时候，则建立其上而与之适应的法律、政治和道德也就相伴的改变或动摇了。

春秋中期以后，古代的封建社会便逐渐的动摇了，政治和法律也逐渐的变了（如管仲的变法，如邓析的竹刑）。于是古代的道德也根本不能立足了。要是严格的说来，古代的封建社会里是没有所谓政治，所谓法律，所谓道德的。土地的所有者（天子、诸侯、大夫）和农奴是主仆的关系，用不着政治的手段；至于天子与诸侯间，本来只是一种名义的连络，无真正政治上的统属。

（记得《公羊》有一节话可证，待查。其实，在春秋初期如周郑交质的事，完全是对等国的行为。孔子所羡慕的封建盛世，只是他的猜想而已。）至于法律，只有刑法，拿来制服奴隶的，不公开的。此时更无所谓礼法。（一部《春秋》可证明那时还是一个没有礼教的社会）古代的封建社会的维持秩序的东西，便是宗教：天意的政治，天罚的戒律，天命的人生观。人类兢兢战战的驯服于天威之下，敬奉天为支配主宰。权力者完全依靠这种恐怖观念来裁制被压迫者的一切行为。

到了春秋中期以后便不同了（《春秋左传》可证）。有了怀疑到天的威权的思想了，奴隶制的社会所形成的政治、刑法、伦理便渐渐地控制不住人心了。人从天意的约束里解放了出来。到了孔子时候，于是对于古代思想的反抗运动起来了。孔子的思想，一方面怀疑古代的传统思想，一方面创立一种适应于新生活的学说。所谓"德治"，所谓"礼化"，都和古代的传统思想冲突的。孔子在当时不是一个旧派，是一个能注重社会实际情况的改进家。他的思想在当时不能实现的原因，是因为他的主张过于空泛，而且他的理想所依据的物质条件还没有成立，只是在进行的过程中。（后来的新社会的阶级关系，那时还没有成熟，在萌芽中。）所以他一生到处游说，到处活动，终不能实现他的新理想。

从孔子到荀子这二百余年中，新社会的物质基础渐渐地完成了，旧社会的骨骼渐渐地毁灭了；小国并于大国，渐渐地有统一的趋向。这时儒家的主张也逐渐地完密了，尤其那所谓"礼"。到了秦的统一六国，是中国第一次大统一，但不久又崩坏了。汉的统一是表明在春秋战国间社会的胎里所孕育成的物质条件完全成熟后而形成的一种新式国家。那时，古代的旧社会所遗下的一切镣械完全破坏了，完全是一个簇新的社会了。

儒家的思想，尤其是那道德主张，所谓"礼"，在先秦的时代不能实行，而在秦、汉以后的时代能实行的唯一理由：因为那类主张在先时，其所依据的必要的存在条件没有完成，和不能引起当时权力阶级的注意；在春秋战国间，旧社会的遗形物并没有完全除去，而且当时权力阶级都是用全力注意于土地兼并（兼并的原因，由于经济的激进而促起的）；到了秦汉以后，其所依据的条件已成立，实际上且能应付当时的权力阶级（皇帝）所想象的需要，因为儒家的道德主张正是当时的权力阶级所卧寐求之的妙物（汉高祖的言论可证）。

（二）

　　秦汉以下直到清末，这二千年的社会是一个基础在同一的经济构造上建立而成的社会。我们从历史上去观察，看见这二千年的社会生活是时时变换的，最显著的便是政治上的朝代更换。其实，这种朝代的更换是表面的，枝叶的；在社会的经济构造和伴生的组织根本上，骨子里却没有改变。这么一个长久社会，是一个半封建的社会，组织在"富的"（皇帝、官僚、小地主、商人等）和"贫的"（佃户、佣工）两个阶级之上。在富的阶级里，富有小大的不同，其间也自然分成阶级。此时的贫的阶级，和古代的农奴不同了：他们是劳动力的零碎卖者，所以有自由的人格；同时，他们还有自然的，可以达到富的阶级的期望。

　　在这种社会状态里，其阶级间确有一种需求，一种能制裁阶级的争夺的道德。在富的阶级（权力者）的心理，盼望构成一种方法，一种政治的、法律的、道德的裁制方法，能够抑杀其对方夺争的心理，使其顺受于阶级的约束。换句话说，便是权力者为了自己的利益欲使利益失却者驯服于自己权力之下而已。儒家的思想主张之能受秦汉以后的权力者的欢迎，能够维持这么久远，其理由便是因为他们的学说非常的吻合这二千年的社会的权力派的需求耳。

　　儒家的道德主张（我们不能说是孔子的道德主张；儒家的道德主张是启发于孔子而大成于荀子的，秦汉以后的儒家亦有功于孔子的道德观的发挥）的骨子里，隐含有一个重要思想，便是"安名守分"。二千年的礼教便是建筑在这四个字上。原来儒家是根本的承认社会阶级的存在；凡是认阶级的存在为必然的人，没有不默认权力者所得的利益为正当的，没有不诚恳地替权力阶级制造种种有力的礼教文明的。孔子是第一个能赏识阶级社会的人，所以他首先为权力阶级制造了一大批护身宝物——所谓精神感化的道德律，即是礼教。他用礼教来做拘束行为的工具。他曾劝人要安贫贱，守礼义，其实只是劝人要默认权力阶级的权利而已。这句话并不是冤枉他的。我们试问：人为什么会有富贵和贫贱的区分？所谓礼义的标准是什么？他又说："天下有道，则礼乐自天子出。……"这种话的实际效用，不过是替"人君"造成一条控制"人民"的鞭子罢了。因为他承认阶级的社会，所以他要用"安名守分"来做道德的组织法。这个观念，到了荀子手里便玩得很完备了。

汉初的儒家也曾出过力来制造这种礼法。(高祖本来瞧不起儒生,后来儒生把这一套妙物玩了起来,而高祖也不能不心悦诚服道:"吾今乃知为皇帝之贵也!"所谓儒家重"辨上下,定民志",不过制造一些礼法来迎合权力者罢了!)从此儒家得势,把这二千年的阶级社会逐渐地造成一个层层相压的,严密的礼法社会。儒家的得势(即是孔子的得势),儒家的受各时代的权力阶级的欢迎,便是这个缘故。儒家的道德主张(即孔子的道德主张)竟会维持到这么长久,也是这个缘故。

(三)

关于第三个问题,现因手边没有他们的书,不能作答。但依我的观察,大凡一种新政治,一种新道德,要看他们能否在新时代中立一稳固的基础,须注意以下两点:

一、那些主张究竟是否能适应于当时社会的需求,尤其究竟和当时的权力阶级的期望有没有冲突之处(指过去的社会)。

二、那些主张的客观的存在条件(物质条件)有没有成立。凡是所谓空想的学说之终无实现的可能,原因都是由其依据的物质条件没有成立,或者是由于他们不注意于社会的实际的情况而只作不着边际的空想。大概创作一种学说,必须依据那社会的物质构造,适应其间的物质条件,而后才可望它成为事实。若是只"依自己所想起,或在自己所选择的条件之下创造它",那终是空想的。

王莽的失败,王安石的失败,一班井田论者的失败,其原因皆是如此。新道德论者的终成空想,终为孔子学派所打倒,亦可从这些地方着眼,以考求他们失败的真正原因。

弟憬
十五年十一月十四夜,南普陀

录自《古史辨》第二册,上海古籍出版社,1982年

问孔子学说何以适应于秦汉以来的社会书（致傅斯年）

顾颉刚

孟真兄：

  弟有一疑难问题乞兄一决：

  在《论语》上看，孔子只是旧文化的继续者而非新时代的开创者。但秦汉以后是一新时代，何以孔子竟成了这个时代的中心人物？

  用唯物史观来看孔子的学说，他的思想乃是封建社会的产物。秦汉以下不是封建社会了，何以他的学说竟会支配得这样长久？

  商鞅、赵武灵王、李斯一辈人，都是新时代的开创者，何以他们造成了新时代之后，反而成为新时代中的众矢之的？

  弟觉得对于此问题，除非作下列的解释才行：

  孔子不是完全为旧文化的继续者，多少含些新时代的理想，经他的弟子们的宣传，他遂甚适应于新时代的要求。

  商鞅们创造的新时代，因为太与旧社会相冲突，使民众不能安定，故汉代调和二者而立国。汉的国家不能脱离封建社会的气息，故孔子之道不会失败。汉后二千年，社会不曾改变，故孔子之道会得传衍得这样长久。

  兄觉得这样解释对吗？请批评，愈详愈好。

弟颉刚

十五，十一，十八

录自《古史辨》第二册，上海古籍出版社，1982年

顾颉刚致胡适书

顾颉刚

适之先生：

　　上次接到先生的信，适作泉州之游，未能即答。泉州归后，忙于年终结束，后来又起了风潮。风潮起后，我又作福州之游。前天回来，又接读先生的信，知道先生久不得我音问为念，闻之非常抱歉。

　　同游蒙古、新疆、甘肃的事情，万里极高兴，我也十分愿意。亮丞先生以身体肥胖，不便行动，故未敢加入。如果此事能成，下学年当尽力预备这方面的知识。

　　厦大的风潮，起于理科与文科的倾轧，而成于鲁迅先生的辞职。这事说来很长，我们到此地来，原以为此间有许我们研究的诚意。到后知道陈嘉庚先生营业不佳，百事节缩，遂致百事停顿，当时亦只有自叹命运不济而已。那知事后我们知道，国学院经常费每月五千元，林校长是具条向陈嘉庚公司照领的，只是领来不给我们，又要我们体谅陈嘉庚先生，任何事不要做。甚而至于薪水之外，每月只给办公费四百元。林语堂先生因此愤而辞职。虽经校长挽留，并说明此后仍照预算办理，然校长与语堂先生之间已经种了一种恶感。

　　理科主任刘楚青先生，五六年前我已在先生处知道。此次来后，总以为他是可以和我们合作的，那知并不然。他是理科主任，怂恿理科教员秉农山先生等出来要求收回房屋（国学院房屋尚未建造，暂借生物学院三层楼办公，三层楼本来是空的）。国学院里添了几种木器，国学院里几个人请了假，他们都攻击。考古学会中陈设了北邙明器，他们也骂"这也配算做国学"。这类的无理取闹，实在使得我们瞧不起。

　　刘先生兼任大学秘书，语堂先生是研究院秘书，那么，关于研究院的文件当然由语堂先生拆阅，但刘先生欲要越俎代拆，并代校长作批。因此，国学院中除了内部的日常事务之外，语堂先生全不得过问。预算得由他随意减,购置得由他随意批驳。所以,国学院中无论什么事都以困于经费而不得进行,科学研究院(刘氏所立)却正在筹备,而且在筹备期中,各教授已经支了薪水。这是无论什么人都要不平的,以语堂先生性子之爽直,当然更不可堪。

鲁迅先生受了广东中山大学之聘,向厦大辞职。他是很得学生的信仰的,大家觉得他走了非常可惜,因此怨毒钟于刘楚青,说他的走是刘氏夺权的结果。同时,各科主任对于刘氏亦作消极的攻击,对于学生的罢课风潮不加制止(各科主任多闽南人,闽南派甚排斥外江派,看刘氏以外江派而极得校长的信任,蓄意去之已久)。刘氏受教职员与学生之两重攻击,乃不得不去。于是刘楚青与鲁迅乃同时出校。

当他们走时,我们总以为风潮可以告一结束了。不料又兴起了攻击林校长的风潮,学生会把他告到省政府。教职员又要行委员制,取消校长制(这是听来的,说不定是谣言)。于是林校长便到南洋,向陈嘉庚先生告急。他去了之后,倒人人自危起来,因为嘉庚先生是性子很刚愎的,说不定要同集美一样关门。或谓这一次林校长回厦时,一定把语堂先生撵走。有人同我说:"林校长对于国学院同人,除了张亮丞先生和你以外,没有好感。希望将来你们两位不要被他们鼓动。"言下大有留我们二人而驱别人之意。但我立定主意,如语堂先生走,我也决不留。因为林校长并无办国学院的诚意,如果我们留了,将来也是办不好的。何况闽南派并不比刘楚青好,将来的倾轧正多着呢。

林校长办国学院的没有诚意,可以举几例。张亮丞先生的《马可波罗游记》及《古代中西交通征信录》是近年的两部大著作,如果由厦门大学出版,便可提高厦大的地位。别人同他说了,他说费钱太多,不肯印。马寅初先生这次到厦,又同他说,他也只虚应了。国学院《季刊》,一期要一千余元印费,他不肯出。我们说,稿子已编齐了。他说:"那么,你们只出这一期罢,第二期待以后有钱再印好了。"我们为要征集风俗材料,要出《周刊》,他不肯答应,说:"那里有许多文字?"我们说:"我们既要出《周刊》,文字方面我们自有把握。"他说:"何不并入了《厦大周刊》?"其实我们如果并入《厦大周刊》,便是国学院侵入了别方面的势力范围,更要受人攻击了。我们几人态度强硬,不得他的批准,就发印了。但款项上,他处处阻碍,一个月中只印成了两期。

总之,厦大一班人的病根,在于没有学问的兴味,只懂得学习技能,却不知道什么叫做研究。国学研究院的成立由于他们学时髦,并不是由于学问上的要求。

我原不怕人家的反对,也不怕人家的不了解。厦门本没有文化的根柢,我对于他们的没有学问观念也决不苛责。我深知道我在福建的地位,加上十年的奋斗,必可改变学风。但是自审学问根柢没有打好,终日在事务上,在防止人家攻击上用功夫,更无余闲求学,那么,福建固可受到我的利益,而我自己的学问的生命却已终止了,未免太可惜。所以我还是想走。现在武昌中山大学及燕京大学都来邀我。子民先生劝我到武昌,但我觉得如在武昌大学教书,同此地也差不多,所以去信要求他们,容我在北京作研究,每年抽出一个月到武昌讲演。又要求一年作一二度之长途旅行,五年到国外游学一次。他们如果能许我,我便应聘,否则还是到燕京大学,因为他们许我专作研究。

子民先生在浙江失败后,偕夷初先生从象山乘帆船到福州。那时我适在福州买书,便邀了他们同到厦门。他们因林校长离校,住在大学内恐受嫌疑,所以住在鼓浪屿。福建的北伐军现已出发,他们在此地等待捷报。或者阴历元宵之后,可由厦门径赴浙江。

这半年中,因研究院初创,琐事甚多,又任了经学功课,须编讲义,费时甚多。除作了一次《孔子何以成为圣人》讲演外,殆未作文(现作《周易中的古史》一文尚未毕,此文甚有新见解)。亚东本《东壁遗书》序尚未作(俟《周易》一文作毕即动手)。风潮起后,事务既多,生活尤觉不安。所可告慰者,曾作福州、泉州之游,广了许多见闻。一旬后,尚拟游漳州。去厦之前,如能到台湾一游,更快。对于福建文化,虽未作细密之研究,但已得到一个大体的观念。

我到此后,甚受福建人的注意,捧我的甚多。我若是已有较深的修养,我便可号召福建人,启发福建文化。但我自己觉得学力太差,而又研究的兴味太重,不甚愿做社会的活动。所以这个机会恐怕只有错过了(现在上堂教书,登坛演说,已颇习惯,这是半年中唯一的成绩)。

有一件事我敢请求先生,先生归国以后似以不作政治活动为宜。如果要作,最好加入国民党。自从北伐军到了福建,使我认识了几位军官,看见了许多印刷品,加入了几次宴会,我深感到国民党是一个有主义、有组织的政党,而国民党的主义是切中于救中国的。又感到这一次的革命确比辛亥革命不同。辛亥革命是上级社会的革命,这一次是民众的革命。我对于他们深表同情,如果学问的嗜好不使我却绝他种事务,我真要加入国民党了。

先生归国以后，名望过高，遂使一班过时的新人物及怀抱旧见解的新官僚极意拉拢，为盛名之累。现在国民党中谈及先生，皆致惋惜，并以好政府主义之失败，丁在君先生之为孙传芳僚属，时加讥评。民众不能宽容：先生首唱文学革命，提倡思想革命，他们未必记得；但先生为段政府的善后会议议员，反对没收清宫，他们却常说在口头。如果北伐军节节胜利，而先生归国之后继续发表政治主张，恐必有以"反革命"一名加罪于先生者。但先生此次游俄，主张我们没有反对俄化的资格，这句话也常称道于人口。民聚伐异党同，如果先生能加入国民党，他们又一定热烈地欢迎了。我们这辈人，理智太强，到处不肯苟同，这原不错；但这只能在学问上用，不能在政治上用。在政治上，不能不先顺从了民众而后操纵民众。现在民众服膺中山先生的三民主义，努力于主义的工作，这是很好的事情。至于虚心、宽容、研究、观察，这原是说不到的。我们对于他们，也应当加以谅解。这几句话，是我的恳切的请求，希望先生容纳。因为先生在文化上使命甚大，不值得作无谓的牺牲，所以我敢这样实说。

　　章廷谦到了此地，大肆挑拨。此等小人，我要用力对待他，时间精神均未免可惜。所以我求去之念甚亟。只要燕京或武昌中大有一处允许了我的要求，我便立刻走。因为此间林校长及其他同事固无望其合作，即热心之林语堂先生，亦以章廷谦包围之故，对我已颇疑忌也。以前在北大时，我已受兼士先生的疑忌，为的是和先生亲近了。此种人心肠真狭窄，教我如何能佩服！我希望先生到京时，我也能在北京。

学生顾颉刚

录自《顾颉刚书信集》，中华书局，2011年

《周易·卦爻辞》中的故事

顾颉刚

《周易》这部书，用了汉以后人的眼光来看它，真是最古的而且和"道统"最有深切关系的了。为什么？因为他们说，演卦的是伏羲，重卦的是神农（也有人说是伏羲，也有人说是文王），作《卦辞》、《爻辞》的是文王（也有人说是周公，也有人说是孔子），作《彖传》、《象传》等的是孔子：所有的经和传都出于圣人的亲手之笔，比了始于唐虞的《尚书》还要古，比了"三圣传授心法"的《尧典》和《禹谟》还要神圣。

倘若我们问起他们的证据来，他们便可指了《系辞传》的话而作答，说：

  古者包牺氏之王天下也，仰则观象于天，俯则观法于地……于是始作八卦以通神明之德，以类万物之情。

这是伏羲画卦的证据。又：

  包牺氏没，神农氏作，斫木为耜，揉木为耒，耒耨之利以教天下，盖取诸《益》。

这是神农重卦的证据。因为《益》的卦文为 AA，是《震》和《巽》两卦叠起来的，如果神农不重卦，他就不能取了《益》的卦象而作耒耜了。又：

  《易》之兴也，其当殷之末世，周之盛德邪？当文王与纣之事邪？是故其辞危。

这是文王作《卦辞》和《爻辞》的证据。因为《系辞传》中说到包牺、神农、黄帝、尧、舜，只说他们观了《易》象而制器，没有提着《易》辞；这里既称"文王与纣之事"，又云"其辞危"，可见《卦爻辞》定是文王所作的了。又：

  初六，藉用白茅，无咎。子曰："苟错诸地而可矣，藉之用茅，何咎之有！慎之至也。"

  不出户庭，无咎。子曰："乱之所生也，则言语以为阶，……是以君子慎密而不出也。"

这是孔子作《彖传》、《象传》等等的证据。因为《论语》里边称孔子曰

"子",称他的话为"子曰",这里记载相同,可见《系辞传》是孔子的话而门弟子笔记的;至于《彖传》、《象传》不称"子曰",则直是孔子手作的。

其他,说伏羲重卦的,其证据在《周礼》的"外史氏掌三皇五帝之书"和《系辞传》说的圣人作书契,取象于《夬》;盖伏羲为三皇之一而已有书,足征他已经取象于重卦的《夬》了(孔颖达说。其实他不必这样的转弯抹角,《淮南子·要略篇》已明言"伏羲为之六十四变"了)。说文王重卦的,其证据在《史记·周本纪》的"西伯……囚羑里,盖益《易》之八卦为六十四卦"。说周公作《卦爻辞》的,其证据在《左传》昭二年,晋韩起来聘,观书于太史氏,见了《易象》与《鲁春秋》,曰:"周礼尽在鲁矣!"因周礼为周公所制,故《易象》所系之《卦爻辞》应为周公所作。说孔子作《卦爻辞》的,其证据在《史记·周本纪》、《日者传》、《法言·问神篇》、《汉书·艺文志》、《扬雄传》、《论衡·对作》篇等都说文王重卦,没有说他作《卦爻辞》,而《艺文志》所说的"人更三圣",韦昭注以为伏羲、文王、孔子。既伏羲只画卦,文王只重卦,则《卦爻辞》自然是孔子所作的了。(康有为说,见《孔子改制考》卷十)

此外,又有说《卦辞》为文王作,《爻辞》为周公作的。他们以为《系辞传》中既说"当文王与纣之事邪,是故其辞危",文王之有辞自无疑义,但《升》的爻辞言"王用亨于岐山",武王克殷之后始追号文王为王;《明夷》的爻辞言"箕子之明夷",武王观兵之后箕子始被囚奴。文王都不应预言。《左传》中既于《易象》言"周公之德",则《爻辞》当是周公作的,文王仅有《卦辞》而已。(《系辞传》言"作《易》者其有忧患乎",文王囚羑里固为忧患,周公被流言之谤亦得为忧患。前人所以只言"三圣",不数周公者,盖以父统子业之故。)这是调停《系辞传》与《爻辞》内容冲突的一种解释。(详见《周易正义》卷首,孔颖达引马融、陆绩等说)

以上许多理由,从我们看来,直如筑室沙上。他们所根据的只有《系辞传》、《左传》、《史记》、《汉书》等几部战国、秦、汉间的书。他们用了战国、秦、汉间的材料,造起一座从三皇直到孔子的《易》学系统。不幸战国、秦、汉间人的说话是最没有客观的标准的,爱怎么说就怎么说,所以大家在这种书里找寻著作《周易》的证据,说来说去总不免似是而非;除了伏羲画卦和孔子作《易传》而外,聚讼到今天,还都是不能解决的问题。其实,就是伏羲画卦和孔子作《易传》的话,从我们看来,也何曾有坚强的根据。神农,已是起得够后的了,他到了战国之末方始在古帝王中占得一个位置;伏羲之起,更在其后,简直是到了汉初才成立的。当初画卦和重卦的时候,他们这些人连胚胎都够不上,更不要说出生了。此事说来话长,当另作《三皇五帝考》一文论之。至孔子作《易传》,《系辞传》中似乎有一段很好的话足以证明:

> 子曰:"颜氏之子其殆庶几乎?有不善,未尝不知;知之,未尝复行也。《易》曰:'不远复,无祗悔,元吉。'"

这里所谓"颜氏之子其殆庶几乎",即《论语·先进篇》中的"回也其庶乎";这里所谓"有不善……未尝复行",即《论语·雍也篇》中的"有颜回者好学,不迁怒,不贰过"。《系辞传》的话和《论语》所云这样地密合,足见"子曰"的"子"实是孔子。但是我们倘使懂得了战国、秦、汉间人的攀附名人的癖性和他们说话中称引古人的方式,就可以知道这是易学家拉拢孔子的一种手段。《礼记》里,《庄子》里,这类的话正多着呢。如果不信,那么,孔子既经引了《复卦》的爻辞来赞美颜渊,为什么《论语》里却没有这一句?就使退一步,承认《系辞传》里的"子曰"确是孔子的话,也不能即此证明《象传》和《彖传》等是孔子所作。为什么?因为《象传》等的著作,孔子自己没有说,孔子的门弟子也没有说,连《系辞传》也还没有说。

这种事情的问题还不大,一部《周易》的关键全在《卦辞》和《爻辞》上:没有它们就是有了圣王画卦和重卦也生不出多大的意义,没有它们就是生了素王也做不成《易传》。所以《卦爻辞》是《周易》的中心。而古今来聚讼不决的也莫过于《卦爻辞》。究竟这两种东西(也许是一种东西)是文王作的呢?是周公作的呢?是孔子作的呢?这是很应当研究的问题,因为我们必须弄清楚了它的著作时代,才可抽出它里边的材料(如政治、风俗、思想、言语……)作为各种的研究。

现在,我先把《卦爻辞》中的故事抽出来,看这里边说的故事是哪几件,从何时起,至何时止,有了这个根据,再试把它的著作时代估计一下。因为凡是占卜时引用的故事总是在这个时代中很流行的,一说出来大家都知道的。例如现在的签诀,纸条上端往往写着"伍子胥吴市吹箫","姜太公八十遇文王","韩信登坛拜将","关云长秉烛达旦"……的故事,就因为这些故事是习熟于现在人的口耳之间的,只要说了这件故事的名目便立刻可以想出它的涵义。但也有不直称一件故事的名目而就叙述这件故事的内容的,例如《牙牌数》中的一条说:

> 三战三北君莫羞,一匡天下霸诸侯。
> 若经沟壑殉小节,盖世功名尽射钩。

我们如果不读《左传》和《论语》或《列国志》,便不能明白它说的是曹沫和管仲的故事。《周易》的《卦爻辞》的性质既等于现在的签诀，其中也难免有这些隐语。很不幸的，古史失传得太多了，这书里引用的故事只有写出人名、地名的我们还可以寻求它的意义，至于隶事隐约的则直无从猜测了。所以我做这个工作决不能做得完满，我只想从这些故事里推出一点它的著作时代的古史观念，借了这一星的引路的微光，更把它和后来人加上的一套故事比较，来看明白后来人的古史观念。这两种观念一分明，《周易》各部分的著作人问题也许可以算解决一半了。

一、王亥丧牛羊于有易的故事

　　丧羊于易，无悔。（《大壮》六五爻辞）
　　鸟焚其巢，旅人先笑后号咷，丧牛于易，凶。（《旅》上九爻辞）
　　这两条爻辞，从来的《易》学大师不曾懂得，因为《周易》成为圣经的时候这件故事已经衰微了，不能使人注意了。《象传》于《大壮》说："丧羊于易，位不当也。"虽很空洞，还过得去；于《旅》说："丧牛于易，终莫之闻也。"说得含糊得很，实使人索解不得。王弼注云："以旅处上，众所同嫉，故丧牛于易，不在于难。"这是把"易"字当作"轻易"讲的。朱熹注云："'易'，容易之易，言忽然不觉其亡也；或作'疆场'之'场'，亦通。《汉书·食货志》'场'作'易'。"则他虽维持王说，也疑其是地方了。
　　自从甲骨卜辞出土之后，经王静安先生的研究，发现了商的先祖王亥和王恒，都是已在汉以来的史书里失传了的。他加以考核，竟在《楚辞》、《山海经》、《竹书纪年》中寻出他们的事实来，于是这个久已失传的故事又复显现于世。今把这三种书里的文字抄录在下面：
　　　　王亥托于有易，河伯仆牛。有易杀王亥，取仆牛。（《山海经·大荒东经》）
　　　　殷王子亥宾于有易，而淫焉，有易之君绵臣杀而放之。是故殷主甲微假师于河伯以伐有易，遂杀其君绵臣也。（郭璞《山海经注》引《真本竹书纪年》）
　　　　该秉季德，厥父是臧；胡终弊于有扈，牧夫牛羊？于协时舞，何以怀之？平胁曼肤，何以肥之？有扈牧竖，云何而逢？击床先出，其命何从？恒秉季德，焉得夫朴牛？何往营班禄，不但还来？昏微遵迹，有狄不宁，何繁鸟萃节，负子肆情？……（《楚辞·天问》）

静安先生谓《天问》中的"有扈"乃"有易"之误,因为后人多见有扈,少见有易,又同是夏时事,所以改写的。又谓"有狄"亦即"有易",古时"狄""易"二字本来互相通假,其证甚多。于是断之曰:

> 此十二韵以《大荒东经》及郭《注》所引《竹书》参证之,实纪王亥、王恒及上甲微三世之事。……"狄""易"二字不知孰正孰借,其国当在大河之北,或在易水左右。盖商之先自冥治河,王亥迁殷(颉刚按,此用《今本纪年》说),已由商丘越大河而北,故游牧于有易高爽之地。服牛之利(颉刚按,《吕氏春秋·勿躬篇》云:"王冰作服牛。"静安先生谓篆文"冰"作"仌",与"亥"相似,"王冰"亦"王亥"之误)即发现于此。有易之人乃杀王亥,取服牛,所谓"胡终弊于有扈,牧夫牛羊"者也。其云"有扈牧竖,云何而逢?击床先出,其命何从"者,似记王亥被杀之事。其云"恒秉季德,焉得夫朴牛"者,恒盖该弟,与该同秉季德,复得该所失服牛也。所云"昏微遵迹,有狄不宁"者,谓上甲微能率循其先人之迹,有易与之有杀父之仇,故为之不宁也。……(《殷卜辞中所见先公先王考》)

有了这一段说明,于是这个久被人们忘却的故事便从向来给人看作荒唐的古书里钩稽出来了,这真是一个重大的发现!

既经明白了这件事情的大概,再来看《大壮》和《旅》的爻辞,就很清楚了。这里所说的"易",便是有易。这里所说的"旅人",便是托于有易的王亥。这里所说的"丧羊"和"丧牛",便是"胡终弊于有扈,牧夫牛羊",也即是"有易杀王亥,取仆牛"。这里所说的"鸟焚其巢,旅人先笑后号咷",便是"干协时舞,何以怀之?平胁曼肤,何以肥之?有扈牧竖,云何而逢?击床先出,其命何从?"也即是"殷王子亥宾于有易而淫焉,有易之君绵臣杀而放之"。想来他初到有易的时候曾经过着很安乐的日子,后来家破人亡,一齐失掉了,所以爻辞中有"先笑后号咷"的话。如果《爻辞》的作者加上"无悔"和"凶"对于本项故事为有意义的,那么可以说,王亥在丧羊时尚无大损失,直到丧牛时才碰着危险。这是足以贡献于静安先生的。(民国十五年十二月在厦门草此文,甚快,欲质正安静先生,旋以校中发生风潮,生活不安而罢。今日重写,静安先生之墓已宿草矣,请益无由,思之悲叹)。

还有一件事情应当注意的。《吕氏春秋》说"王冰作服牛",《世本·作篇》说"胲作服牛",《大荒东经》说"王亥托于有易,河伯仆牛",《天问》说"焉得夫朴牛",静安先生已证明"王冰"与"胲"之即王亥,"仆牛"与"朴牛"之即服牛,而云:

盖夏初奚仲作车，或尚以人挽之。至相土作乘马（颉刚按，此与奚仲作车俱见《世本·作篇》），王亥作服牛，而车之用益广。古之有天下者，其先皆有大功德于天下。……然则王亥祀典之隆（颉刚按，卜辞中祭王亥之牲用三十牛、四十牛，以至三百牛），亦以其为制作之圣人，非徒以其为先祖。周、秦间王亥之传说胥由是起也。（《殷卜辞中所见先公先王考》）

这个假设很可能：一个人若没有特别使人纪念的地方，便不能成为传说中的人物。但他说"周、秦间之传说胥由是起"，这句话却有应商量之处。因为这个传说从商初起，直到周、秦，经过了一千多年的时间，是无疑义的，不能说至周、秦间才起来；而且这个传说传到了周、秦之间，已成强弩之末了，除了民间的流传以及偶然从民间微细地流入知识界之外，操着知识界权威的儒、墨、道诸家是完全忘记的了，不理会的了。所以《系辞传》中便说：

黄帝、尧、舜垂衣裳而天下治，盖取诸《乾》《坤》，刳木为舟，剡木为楫，舟楫之利以济不通。……盖取诸《涣》；服牛乘马，引重致远，以利天下，盖取诸《随》。

它已把"服牛乘马"的创作归到黄帝、尧、舜的名下去了！三国时的宋衷，他注释《世本》，见有"胲作服牛"之文，又不敢违背《系辞传》中的话，便注道："胲，黄帝臣也，能驾牛。"宋罗泌作《路史》，又因宋衷业已说明胲为黄帝之臣，便在《疏仡纪》中写道："黄帝……命马师皇为牧正，臣胲服牛始驾，而仆跸之御全矣。"倘使静安先生不作这番爬梳抉剔的工夫，胲是做定黄帝时的人了！他们为什么要这样讲？只为秦汉以来的人看三皇五帝之世是制度文物最完全，最美盛的时代，胲的制作之功只有送给那个时代尚可在历史中占得一个地位。不然的话，只有直捷痛快地说是黄帝、尧、舜制作的，更轮不到提起胲的名字了。古史系统的伸展使得原有的名人失色，这是一个例子。

就在这一件事情上可以明白，《卦爻辞》与《易传》完全是两件东西；它们的时代不同，所以它们的思想和故事也都不同；与其貌合神离地拉拢在一起，还不如让它们分了家的好。

二、高宗伐鬼方的故事

高宗伐鬼方，三年克之，小人弗用。（《既济》九三爻辞）
震用伐鬼方，三年有赏于大国。（《未济》九四爻辞）

《诗·商颂·殷武篇》说："昔有成汤，自彼氐羌，莫敢不来享，莫敢不来王。"可见商的势力早已远被西北民族。到高宗时，伐鬼方至三年之久而后克之，可称是古代的大规模的战争，所以作《爻辞》的人用为成功的象征。鬼方之在西北，经静安先生的考证，可无疑义。《大雅·荡篇》中借文王的口气痛斥殷商，其中一事云："内奰于中国，覃及鬼方。"恐即指此事，因为到了纣的时候，周室早已兴盛，无论商的国力衰微，不容有伐鬼方的事，就算有这力量，也给周国把路线挡住了。殷高宗伐鬼方，是东方民族压迫西方民族的一件最大的事，故为西方民族所痛恨。周国的人替鬼方抱不平，借这个理由来痛骂殷商，即以此故。不料到了后来，周也吃了鬼方的大亏，赫赫的宗周竟给犬戎灭掉了。（犬戎即鬼方之异称，见静安先生《鬼方昆夷猃狁考》）

《今本竹书纪年》于武丁三十二年书"伐鬼方，次于荆"，于三十四年书"王师克鬼方，氐羌来宾"，这是它混合了《周易》的"三年克之"和《商颂·殷武》的"挞彼殷武，奋伐荆楚……自彼氐羌，莫敢不来享"的话而杜撰的。《商颂》、《三家诗》皆谓正考父作于宋襄公之世。（《史记·宋世家》云："襄公之时，修仁行义，欲为盟主，其大夫正考父美之，故追道契，汤，高宗，殷所以兴，作《商颂》。"陈乔枞谓此《鲁诗》说，《齐》、《韩》二家并同）。魏源《诗古微》说："《殷武》，美襄公之父桓公会齐伐楚也。高宗无伐荆楚事；其克鬼方，乃西戎，非南蛮。"此说甚是。其实《今本纪年》于伐鬼方事牵涉荆楚固是错误，而一定要派在三十二年到三十四年，满足三年之数，也未免拘泥古人文字。我的意思，以为殷高宗的"三年克鬼方"，正与殷高宗的"三年谅暗不言"是同样的约举之辞，不是确实之数。（关于他谅暗的事，《今本纪年》也说，"元年，王即位"，"三年，梦求传说，得之"。）试看《周易》中的数目字，最喜欢用"三"和"十"。说"十"的如"十年乃字"（《屯》），"十年不克征"（《复》），"十年勿用"（《颐》），"十朋之龟勿克违"（《损》、《益》）等。说"三"的更多，如"王三锡命"（《师》），"王用三驱"（《比》），"三岁不得"（《坎》），"三岁不兴"（《同人》），"三岁不觌"（《困》、《丰》），"昼日三接"（《晋》），"革言三就"（《革》），"三日不食"（《明夷》），"田获三狐"（《解》），"田获三品"（《巽》），"妇三岁不孕"（《渐》），"三人行则损一人"（《损》），"有不速之客三人来"（《需》），"或锡之鞶带，终朝三褫之"（《讼》）等。可见作《卦爻辞》的人常以"三"为较多之数，"十"为甚多之数。（书中"百"仅两见，"千""万"则未一见。）"伐鬼方，三年克之"这句话，未必说是十足打了三年的仗，只不过表明鬼方不易克，费力颇多，费时颇久罢了。

《既济》爻辞中的"小人弗用",不知是对于占卦的人说的话,如《观》初爻的"小人无咎"之类呢?还是连着克鬼方说的,如《师》上爻的"大君有命:开国承家,小人勿用"之类呢?又《未济》爻辞的"有赏于大国"是怎么一回事呢?均以故事早已失传,现在无从知道。

三、帝乙归妹的故事

> 帝乙归妹,以祉,元吉。(《泰》六五爻辞)
>
> 帝乙归妹,其君之袂不如其娣之袂良,月几望,吉。(《归妹》六五爻辞)

"归妹",商代嫁女之称。甲骨卜辞中亦有之,如"乙未,帚妹AAA(甲骨文)","贞妹其至,在二月"。(均见《戬寿堂殷虚文字》第三十五页)王弼《易注》云:"妹,少女也。"这是对的。

帝乙嫁女,嫁到哪里去呢?这一件事为什么会得成为一种传说呢?此等问题历来无人讨究,这个故事也早已失传,除《易·爻辞》外任何地方都看不见了。

但是,我以为这件故事还可从《诗·大明篇》中钩索出来。《大明篇》云:

> 挚仲氏任,自彼殷商,来嫁于周,曰嫔于京。乃及王季,维德之行。太任有身,生此文王。

这是说王季之妃太任是由殷商娶来的,她是文王的母亲。又云:

> 文王初载,天作之合,在洽之阳,在渭之涘。文王嘉止,大邦有子。大邦有子,俔天之妹。文定厥祥,亲迎于渭。造舟为梁,不显其光。有命自天,命此文王,于周于京。缵女维莘,长子维行,笃生武王。保右命尔,燮伐大商!

这是说的文王娶妻的情形,又说武王之母是莘国之女。(此间虽说出武王之母的名姓,但据《思齐篇》的"思齐太任,文王之母……太姒嗣徽音,则百斯男"的话看来,她是名太姒。)关于这段文字,前代学者都看作一件事,以为莘国之女即大邦之子,为文王所亲迎的。(例如刘向《列女传》云:"太姒者,有莘姒氏之女,仁而明道,文王嘉之,亲迎于渭,造舟为梁。")但我觉得这一段里所记的事并没有这样简单。

其一,它说"大邦有子,俔天之妹"。"俔",《说文》云:"譬喻也。"这句的意思是说:"这个大邦之女仿佛像天的少女一般。"所谓"大邦"是不是指莘国,所谓"俔天之妹"是不是指莘国之女,这是一个可以研究的问题。按,周在文王时已甚强大,若娶的是莘女,则国际地位平等,何必有如此尊崇之情。而周之称殷商则屡曰"大邦"(《尚书·召诰》:"天既遐终大邦殷之命。"《顾命》:"皇天改大邦殷之命。"又《大明》的"肆伐大商",《康诰》的"殪戎殷",亦是),自称则曰"小邦"(《大诰》:"兴我小邦周。");恐此诗所谓"大邦"也是指的殷商。至"俔天之妹"更与"帝乙归妹"一语意义相符。文王与帝乙及纣同时,在他的"初载",帝乙嫁女与他,时代恰合,这件事是很可能的。否则王季和文王同样娶于东方,为什么《大明篇》中对文王的婚礼独写得隆重?否则帝乙归妹的事本与周人毫无关系,为什么会深印于周人的心目中而一见再见于《周易》?

第二,它说"缵女维莘"。缵者,继也。(例如《閟宫篇》的"至于文武,缵大王之绪"。)太姒若为文王的元配,为什么要说继?以前的经师讲不通了,便想到"太姒嗣徽音"上去,以为她继续了太任的女事。郑玄《毛诗笺》云:"天为将命文王君天下于周京之地,故亦为作合,使继太任之女事于莘国,莘国之长女太姒则配文王维德之行。"这样的解释,恐怕诗义还不至如此迂曲罢?如果直讲为继配,则大邦之子或死或大归,而后文王续娶于莘,遂生武王,文义便毫无扞格。并且这样一讲,也用不着把太姒说成天妹,而云"文王闻太姒之贤,尊之如天之有女弟"(《郑笺》语)。

因为有以上两个理由,所以我以为《周易》中的"帝乙归妹"一件事就是《诗经》中的"文王亲迎"一件事。

帝乙为什么要归妹与周文王呢?这是就当时的情势可以推知的。自从太王"居岐之阳,实始翦商"(《鲁颂·閟宫》)以来,商日受周的压迫,不得不用和亲之策以为缓和之计,像汉之与匈奴一般。所以王季的妻就从殷商嫁来,虽不是商的王族,也是商畿内的诸侯之女。至于帝乙归妹,《诗》称"俔天之妹",当是王族之女了。后来续娶的莘国之女,也是出于商王畿内的侯国的,这只要看晋、楚战于城濮之役(《左氏》僖二十八年传),晋文公登有莘之虚以观师,可知当年的莘国即在春秋时卫境内,而卫国封土即是殷虚。(《史记正义》引《括地志》云:"古莘国在汴州陈留县东五里,故莘城是也。"又引《陈留风俗传》云:"陈留外黄有莘昌亭,本宋地莘邑也。"与《左传》中的有莘之虚虽非一地,但在商之畿内则同。)周本是专与姜姓通婚姻的,而在这一段"翦商"的期间却常娶东方民族的女子了。这在商是不得已的亲善,而在周则以西夷高攀诸夏,正是他们民族沾沾自喜之事呢。

帝乙归妹的故事早失传了，别种古书里都没有讲起的。所以《归妹》爻辞中所谓"其君之袂不如其娣之袂良"，我们不得其解。倘使加以猜想，或者文王对于所娶的适夫人不及其媵为满意。再深猜一层，或者因为"缵女维莘（其娣）"，所以"长子（其君）维行"了。但这仅足备或然的一说，我也不敢自信。至于"月几望"一语，又见于《小畜》上九，《中孚》六四的爻辞，当是卦爻之象，未必是这件故事的一部分。《泰》爻辞所说的"以祉"，《左传》解作"祉，禄也；帝乙之元子归妹而有吉禄"，似乎是这件故事的一部分了；但看《否》九四"无咎，畴离祉"的话，也许是指的卦象，说占得了这一爻的是可以得吉禄的。

帝乙归妹的故事虽失传，但"缵女维莘"的一件事怕是因传讹而起了变化了。《帝系》云："鲧娶于有莘氏，有莘氏之子谓之女志氏，产文命。"则鲧娶于有莘了。《天问》云："成汤东巡，有莘爰极，何乞彼小臣而吉妃是得？"则成汤娶于有莘了。(《吕氏春秋·本味》云："有侁氏女子采桑，得婴儿于空桑之中……命之曰伊尹……长而贤，汤……使人请之有侁氏，有侁氏不可。……汤于是请取妇为婚，有侁氏喜，以伊尹媵女。"这可以作为《天问》这一问的说明。《孟子》云："伊尹耕于有莘之野，而乐尧舜之道。"《史记》云："伊尹欲干汤，乃为有莘氏媵臣。"都是从这一个故事上演化出来的。)《史记》云："帝纣乃囚西伯于羑里，闳夭之徒患之，乃求有莘氏美女……因殷嬖臣费仲而献之纣，纣大说……赦西伯。"则纣纳有莘氏之女了。夏、商的两个开国之君与商代的一个亡国之君都娶有莘氏之女，这也是一件奇巧的事。我们看了上面说的，王亥可以做黄帝时的人，则文王之妃由传说的演变而跟鲧和汤和纣发生了关系也未始不是可能的事呵。

四、箕子明夷的故事

箕子之明夷，利贞。(《明夷》六五爻辞)

箕子为殷末的仁人，他不忍见殷之亡，致有"为奴"(《论语》)及"佯狂"(《楚辞》)的痛苦。他的故事是古代的一件大故事，古书中常常提起，不待我们作解释。

这里所说的"箕子之明夷"，明夷二字当是一个成语，故《周易》取以为卦名，如"无妄"、"归妹"之类。后来这个成语失传了。使得我们没法知道它的确实的意义。以前的人解"夷"为"伤"，这是但见"夷于左股"而为之说。说

"暗主在上,明臣在下,不敢显其明智"(《孔疏》),又是专就"箕子之明夷"立说。窃谓此卦《离》下《坤》上,明入地中,简直就是暗晦之义;夷者灭也,明灭故暗晦。"箕子之明夷"这句话,仿佛现在人说的"某人的晦气"而已,不必替这二字想出什么大道理来。这个猜想不知对否?

这条爻辞,历来又有一个问题,便是说"箕子"二字不是人名。《汉书·儒林传》云:

> 蜀人赵宾⋯⋯为《易》,饰《易》文,以为"箕子明夷",阴阳气亡箕子。箕子者,万物方荄兹也。

这是训"箕"为"荄",诂"子"为"兹"(滋)的。惠栋《周易述》又说:

> "其",读为"亥"。《坤》终于亥,《乾》出于子,故其子之明夷。

这是训"箕"为"亥",以"箕子"二字为十二辰之名的。焦循《易通释》又说:

> "箕子",即"其子"。《中孚》九二:"鸣鹤在阴,其子和之。"《鼎》初六:"得妾以其子。"

这是读"箕"为"其"的。他们为什么要这样说?只因《系辞传》中有"《易》之兴也,其当殷之末世,周之盛德邪?当文王与纣之事邪"的话,所以要把《卦爻辞》的作者注定为文王,但箕子明夷的事却在武王之世,文王是见不得的,若要维持文王作《卦爻辞》的信用,那么只有把箕子的事牺牲了的一法,所以他们便用了别种解释把这两个字混过了。可是《易传》中的《象传》总比赵宾们的时代早些,它说:

> 内文明而外柔顺,以蒙大难,文王以之。⋯⋯内难而能正其志,箕子以之。

它为什么要在《明夷》的《象传》里把文王和箕子对举呢?这至少可以证明,在作《象传》的时候,《周易》的本子上已写作"箕子",解作箕子了。这是很早的一个本子,我们如果没有文王作《爻辞》的成见横梗在心头,想替它辩护的,我们就应当承认这个较早的本子中的文字。

五、康侯用锡马蕃庶的故事

> 康侯用锡马蕃庶,昼日三接。(《晋》卦辞)

这也是以前的易学大师不当作故事讲的。王弼和孔颖达都说:"康,美之名也。"孔更说:"侯,谓升进之臣也。"至朱熹则直云:"康侯,安国之侯也。"

他们所以要这样解释，一来不知道周初有康侯其人，二来即使知道周初有康侯其人，但为要维持文王作《卦爻辞》的成说，也须藏起这个证据，犹如"箕子"的被解为"荄滋"、"亥子"和"其子"。

康侯，即卫康叔。因为他封于康，故曰"康侯"，和伯禽的封于鲁而曰"鲁侯"一样。又因他是武王之弟，故曰"康叔"，和"管叔"、"蔡叔"们的名号一样。惟"康叔"一名，书上屡屡说到，而"康侯"之名则但见于彝器中，故大家对于这两个名字有生熟的不同。（下略）

……

在这一篇考证里，使我们确实知道：康叔在未徙卫的时候是称康侯的。《尚书》中的《康诰》是武王命康叔监殷时的诰（理由甚多，当于另作《尚书中的周初史料》一文中论之），康叔的封康更在其前。如果封建制度是周的创制，则康叔的受封为康侯恐怕是周代的第一个封国呢。所以《康诰》里称他为"孟侯"，孟者长也。后来人单记得了"小子封"，却忘记了"孟侯"，又以"小子"作小孩子解，于是康叔变为武王的同母少弟。又因《康诰》篇首有一段错简，而这段错简是说周公作洛邑的，于是康叔的监殷移到了成王时去。其实，"王若曰：'孟侯，朕其弟，小子封。'"一句话，除了武王具备说这话的资格之外再也没有第二人，而"小子"只是阶位的高下，并非年岁的长幼，并不能证明他是少弟。否则《君奭篇》中，周公亦自称"予小子旦"，难道他说这番话的时候还是一个小孩子吗？

《周易》中，《屯》言"利建侯"者二，《豫》言"利建侯"者一，《师》上六言"大君有命：开国承家，小人弗用"，足征作《周易·卦爻辞》之时，封建亲戚以为王屏藩者已多。倘《卦爻辞》为文王作而文王时尚无封建之制，则自不当有此等言语，不仅箕子、康侯等事与名在时间上不能相及而已。

康侯用锡马蕃庶的故事久已失传。就本文看，当是封国之时，王有锡马，康侯善于畜牧，用以蕃庶。（《诗·鄘风·定之方中》言建国作宫之事而云"騋牝三千"，《鲁颂》言鲁国之盛云"駉駉牡马，在坰之野。薄言駉者，有骓有皇。有骊有黄，以车彭彭。思无疆，思马斯臧"，可见古代国家以畜牧为财富。《礼记·曲礼》云："问国君之富，数地以对。……问士之富，以车数对；问庶人之富，数畜以对。"这是礼家有意分别贵贱的说法，实则问国君之富也可数畜以对的。）至"昼日三接"，则文义实不易解，不敢妄为之说。其六二爻云："受兹介福于其王母。"如果《卦辞》与《爻辞》的意义相关，这也许说的是康侯的事。

除了以上几事约略可以考定之外,还有几条爻辞也是向来说成文王的故事的。

其一,《升》六四云:

> 王用亨于岐山,吉,无咎。

王弼《注》云:"岐山之会,顺事之情,无不纳也。"孔氏《正义》申之曰:"六四处升之际,下体二爻皆来上升,可纳而不可距,事同文王岐山之会,故曰'王用亨于岐山'也。"这是把"王"释为文王,把"亨于岐山"释为岐山之会的,该有岐山之会一段事。但文王有岐山之会吗?在我们看得见的文籍里毫没有这件事的踪影,不知道王弼是怎样知道的?周之居岐,从公亶父(非太王)起,到文王时已好几代了。周之称王,从太王起,到文王时已三传了。这条爻辞只可证明周王有祭于岐山的事,至于哪一个周王去祭或是每一个周王都应去祭,这一条爻辞是说的一件故事或是说的一个典礼,我们都无从知道。

其二,《随》上六云:

> 拘系之,乃从维之,王用亨于西山。

《易纬·乾凿度》云:"譬犹文王至崇之德,显中和之美,拘民以礼,系民以义。当此之时,仁恩所加,靡不随从,咸悦其德,得用道之正,故言'王用亨于西山。'"郑玄注云:"是时纣存,未得东巡,故言'西山'。"这也是把"王"释为文王的。其没有确实的根据,和上条一样。推求他们所以一定要说为文王的缘故,只因他们先承认古代都是大一统的,天子之下不得称王。有之,则是受命的新王。他们以为太王、王季都是克殷以后追王的,文王则是新受命而称王的,《卦爻辞》又是文王作的,所以《周易》里边说"王"而又说"岐山"、"西山"的除了文王就没有别人。我们现在既知道古诸侯称王并不是一件大不了的事(静安先生曾于金文中寻出矢王,彔之鳌王,羕之几王等名。按《国语》中有楚王、吴王、越王,《史记》中有戎王、亳王、丰王,可见只要国力充足,尽可称王自娱),那么,便不必对于周的称王作种种的解释而将《周易》中的"王"专归之于文王了。

其三,《既济》九五云:

> 东邻杀牛,不如西邻之禴祭,实受其福。

班固《幽通赋》云:"东鄰(邻)虐而歼仁兮。"以"东邻"为纣。郑玄注《礼记》,于《坊记》引此文下《注》云:"'东邻',谓纣国中也;'西邻',谓文王国中也。"《周易集解》引崔憬曰:"居中当位于既济之时,则是当周受命之日也。"

他们以"西邻"属文王,正和上条的"西山"一样,只因周在商的西面,而且周和商的对峙是在文王时(《孟子》说"文王以百里",则文王之前不得与商对峙;《论语》说"三分天下,有其二以服事殷",则文王时周国骤然扩大,具备了与商对峙的资格。到武王殪戎殷而有天下,也不必对峙了),故西邻、东邻应属于文王与纣。其实那时"邻国相望",就使有这故事也何尝定属于商周呢?

《易林》里,对于《既济》这条爻辞有一个很奇怪的解释:

东家杀猪,闻臭腥臊。神怒不顾,命绝衰国。亳社火烧,宋公夷诛。(《益》之《否》)

东家杀牛,污臭腥臊。神怒西顾,命绝衰周。亳社灾烧,宋人夷诛。(《睽》之《明夷》,《鼎》之《小畜》,《噬嗑》之《巽》)

它把这件故事的时代移得很后了,"东家"一名变为指周,说因他们祭神不洁而致"神怒西顾"的。(西顾是向秦吧?)但下面又说:"亳社火烧,宋公夷诛。"按《春秋》哀四年:"六月辛丑,亳社灾。"《左氏》无传,杜预《注》云:"亳社,殷社,诸侯有之,所以戒亡国。"然则这个亳社是鲁国的亡国之社,它火烧了,为什么要使宋公受夷诛呢?又按《十二诸侯年表》,鲁哀公四年为宋景公二十六年,景公是一个修德之主,克终其天年的,并没有夷诛的事。大约《易林》这条,随意把《周易》和《春秋》合用,又随便写些字句,并不是全条说的一件故事,所以不能用它来作《周易》中的事件的解释。但它说的"神怒不顾,命绝衰国"的话,却可以用它的反面理由来解释"西邻之禴祭,实受其福"一语。这条爻辞,我也觉得似有一个故事隐藏在里面,不过我们无从知道清楚罢了。

此外,又有许多爻辞似乎在称说故事的,例如:

伏戎于莽,升其高陵,三岁不兴。(《同人》九三)

系用徽纆,置于丛棘,三岁不得,凶。(《坎》上六)

明夷于南狩,得其大首,不可疾贞。(《明夷》九三)

震来厉,亿丧贝,跻于九陵,勿逐,七日得。(《震》六二)

睽孤,见豕负涂,载鬼一车;先张之弧,后说之弧。匪寇,婚媾,往遇雨则吉。(《睽》上九)

或锡之鞶带,终朝三褫之。(《讼》上九)

日昃之离,不鼓缶而歌,则大耋之嗟,凶。(《离》九三)

田有禽,利执言,无咎。长子帅师,弟子舆尸,贞凶。(《师》六五)

密云不雨,自我西郊,公弋取彼在穴。(《小过》六五)

中行告公从,利用为依迁国。(《益》六四)

丰其蔀,日中见斗,遇其夷主,吉。(《丰》九四)

显比,王用三驱,失前禽,邑人不诫,吉。(《比》九五)

像这样的话还多,姑且举出十二条。这些话也许只就了卦爻的象而系之辞,也许用了与卦爻的象相合的故事而系之辞,只为我们现在习熟于口耳间的故事,惟有战国、秦、汉以来所传说的(其实战国前期的故事我们已不甚知道,看《天问》便知),而西周人所传说的则早已亡佚,故无从判别。将来地下材料发现愈多,这些话或有渐渐明白之望,但完全明白总是不会的了。"幽室一已闭,千年不复朝",古书中的疑义沉霾终古的何可胜道?我们还是不要像从前的经师一般,把一部古书满讲通了罢!

《周易》中的故事,可知的尽于此了。这种故事大半是不合于道统说的需要而为人们所早忘却的。但是《周易》从筮书变成了圣经之后,为要装像圣经的样子,道统的故事也就不得不增加进去了。所以《象传》于《革卦》便说:

天地革而四时成,汤武革命,顺乎天而应乎人。革之时义大矣哉!

于《明夷》便说:

内文明而外柔顺,以蒙大难,文王以之。

《系辞传》也说:

《易》之兴也,其当殷之末世,周之盛德邪?当文王与纣之事邪?

关系最大的要算是《系辞传》中叙述五帝观象制器的一段话:

古者包牺氏之王天下也,仰则观象于天,俯则观法于地,观鸟兽之文与地之宜,近取诸身,远取诸物,于是始作《八卦》,以通神明之德,以类万物之情。作结绳而为网罟,以佃以渔,盖取诸《离》。

包牺氏没,神农氏作,斫木为耜,揉木为耒,耒耨之利以教天下,盖取诸《益》。日中为市,致天下之民,聚天下之货,交易而退,各得其所,盖取诸《噬嗑》。

神农氏没,黄帝、尧、舜氏作,通其变,使民不倦,神而化之,使民宜之。……黄帝、尧、舜垂衣裳而天下治,盖取诸《乾》、《坤》。刳木为舟,剡木为楫,舟楫之利以济不通,致远以利天下,盖取诸《涣》。服牛乘马,引重致远,以利天下,盖取诸《随》。重门击柝,以待暴客,盖取诸《豫》。断木为杵,掘地为臼,臼杵之利,万民以济,盖取诸《小过》。弦木为弧,剡木为矢,弧矢之利,以威天下,盖取诸《睽》。

上古穴居而野处,后世圣人易之以宫室,上栋下宇,以待风雨,盖取诸《大壮》。古之葬者厚衣之以薪,葬之中野,不封不树,丧期无数,后世圣人易之以棺椁,盖取诸《大过》。上古结绳而治,后世圣人易之以书契,百官以治,万民以察,盖取诸《夬》。

有了以上这些话,于是《周易》和伏羲氏、神农氏、黄帝、尧、舜、汤、文王、武王,以及没有署名的"后世圣人"都发生了关系,他们的一举一动都依据了《易》义,而《周易》(或为避去"周"字,但言《易》,言"六十四卦")竟成了他们一般圣人的"枕中鸿宝"。我们看了他们的话,简直可以说,中国的古文化都发源于卦象,如果没有伏羲的画卦和某人的重卦,就不会有中国的文化。这比了《诗》、《书》、《礼》、《乐》、《春秋》的时代高了多少,价值大了多少?怪不得西汉之末古文学派起来,要把《周易》从《诗》、《书》、《礼》、《乐》之下升到六经之首,而曰:"《易》道深矣,人更三圣,世历三古!"(《汉书·艺文志》)。但是,倘若我们剥去了《易传》,单来看《易经》,我们还能见到这"三圣"和"三古"的痕迹吗?(其实,作《系辞传》的人于"易之兴"说了两个"邪",于观象制器说了十二个"盖",他也不敢作全称肯定呢!)

所以,我们可以说:《易经》(即《卦爻辞》)的著作时代在西周,那时没有儒家,没有他们道统的故事,所以它的作者只把商代和商周之际的故事叙述在各卦爻中。《易传》(这不是一种书名,是《彖传》、《象传》、《系辞传》、《文言传》、《说卦传》、《序卦传》、《杂卦传》的总名)的著作时代至早不得过战国,迟则在西汉中叶,(《论衡》云:"孝宣皇帝之时,河内女子发老屋,得逸《易》、《礼》、《尚书》各一篇。奏之,宣帝下示博士,然后《易》、《礼》、《尚书》各益一篇。"《隋书·经籍志》云:"及秦焚书,《周易》独以卜筮得存,惟失《说卦》三篇。后河内女子得之。"则宣帝时所益的一篇之《易》即是《说卦传》),那时的上古史系统已伸展得很长了,儒家的一套道统的故事已建设得很完成了,《周易》一部新书加入这个"儒经"的组合里,于是他们便把自己学派里的一副衣冠罩上去了。捧场者的时代越后,本书的时代越移前,《周易》就因此改换了它的原来的筮书的面目。

我这样说,也许读者不以为然,起来驳道:"《易经》中不说伏羲、神农,不说黄帝、尧、舜,不说禹、汤、文、武,只是不说而已,并不是当时没有这些古史。《易传》中说伏羲、神农,说黄帝、尧、舜,说汤、文、武,他们知道的这些古史也许和《易经》的作者一样,只是他们说了出来而已,并不是他们把新发生的传说插进去的。你看了《易经》没有讲这些就以为《易经》的作者不知道,看《易传》讲了这些就以为《易传》的作者有意改变《易经》的面目,然则汤和文王是《易经》中所没有讲的,难道我们可以说作者不知道有这两个人吗?难道我们可以说这两个人不是真实的人吗?

我对于这个驳诘的回答是:凡是一种事实成为一时代的共同的知识时,纵有或言或不言,而其运用此事实的意识自必相同。为什么?因为他们的历史观念相同之故。现在《易经》中的历史观念和《易传》中的历史观念处于绝端相反的地位:《易经》中是断片的故事,是近时代的几件故事,而《易传》中的故事却是有系统的,从邃古说起的,和战国、秦、汉以来所承认的系统,所承认的这几个古人在历史中所占有的地位完全一致。所以我们可以知道:这些历史事实的异同是它们的著作时代有与没有的问题,而不是它们的作者说与不说的问题。如果不信,试看《易林》。《易林》是汉人作的筮辞,与《易经》的《卦爻辞》同其作用的,只因它的著作时代在道统的故事和三皇五帝的故事建设完成之后,而又加上了些汉代的神仙家的气味,所以在这一部书里便有以下这些话:

  黄帝所生,伏羲之宇,兵刃不至,利以居止。(《屯》之《萃》,《履》之《家人》)

  黄帝出游,驾龙乘凤,东上泰山,南道齐鲁,邦国成喜。(《临》之《升》,《同人》之《需》)

  紫阙九重,尊严在中。黄帝、尧、舜,履行至公。冠带垂衣,天下康宁。(《讼》之《贲》)

  尧、舜、禹、汤,四圣敦仁。允施德音,民安无穷。(《复》之《大过》)

  文厄羑里,汤囚夏台。仁圣不害,数困何忧。免于缧绁,为世明侯。(《豫》之《屯》)

  天所祚昌,文以为良。笃生武王,姬受其福。(《临》之《旅》)

看了以上诸条,我们可以知道《易传》中的故事,《易林》中几乎完全说了,惟有神农氏没有提起。但我们可以说,《易林》与《易传》的作者的历史观念是相同的,所以他只是没有提起神农而已,并不是他不知道神农。我们再看《易林》与《易经》(即卦爻辞)的故事的比较怎样呢?它说:

  泉涸龙忧,箕子为奴,干叔陨命,殷破其家。(《家人》之《革》)

  日出阜东,山蔽其明。章甫荐履,箕子佯狂。(《贲》之《屯》,《剥》之《泰》,《晋》之《小过》)

三首六身，莫适所闲。……箕子佯狂，国乃不昌。(《大畜》之《履》)
　　龙潜凤池，箕子变服，阴孽萌作。(《中孚》之《既济》)
　　箕仁入室，政衰弊极。抱其祭器，奔于他国。因祸受福。(《颐》之《解》)
　　日暮闭目，随阳休息。箕子以之，乃受其福。举事多言，必为悔残。(《恒》之《睽》)
　　天命赤乌，与兵徼期。征伐无道，箕子遂游。(《既济》之《丰》)

《易经》中说了一句"箕子之明夷"，《易林》中竟衍为数十句，而王亥、高宗、帝乙、康侯则一句不提("康侯"曾提过一次，但云"实沈参虚，封为康侯"，则这个"侯"指的是晋侯，"康"字亦作安康解。实沈主参，参为晋星，见《左氏》昭元年传)，这为的是什么？就为《易林》的时代与《易经》的时代相差太远，它们的历史观念就无法相同：王亥和康侯则不知道，高宗与帝乙则忘记了，只有箕子的故事经历周、秦不但没有枯死，并且比原有的还要生动矫健。所以《易林》里也就特别地多提了。说得严格一点，便是《易林》里的箕子也何尝即是《易经》中的箕子，他乃是战国、秦、汉间的箕子呵！

　　有了这一度的比较，我想大家该明白了：《易传》和《易林》的接近远过于其和《易经》的接近。《易经》作于西周初叶(说初叶，因为它没有初叶以后的故事)，虽是到《易传》的著作时代不过九百年左右(理由详下)，但在这九百年之中，时代变迁得太快了，使得作传的人只能受支配于当时的潮流而不能印合于经典的本义了。

　　我们若是肯撇去了《易传》而来看《易经》，则我们正可借着著作《易经》时的历史观念来打破许多道统的故事。在这个工作中，我们并请《易传》和《易林》来帮忙，因为《易经》所没有的就是《易传》和《易林》所有的，《易传》和《易林》所没有的就是《易经》所有的，我们不妨利用了这三部书来划分清楚两个时代。

　　第一，是没有尧舜禅让的故事。尧舜禅让的故事是极盛于战国时的，看《孟子》，看《墨子》，看《尧典》和《禹谟》，谁不信这是真事实。但《周易》中却没有。就说《尚书》，我们若肯暂时搁起开头数篇，先读《商》、《周书》，这件故事在商、周时尚未发生也十分清楚。武王诰康叔，只说："往敷求于殷先哲王。"(《康诰》)只说："自成汤咸至帝乙，成王畏相。"(《酒诰》)周公戒成王，只说："昔在殷王中宗……其在高宗……其在祖甲。……"(《无逸》)他们说到古代名王，只记得几个商代之君。但一到《伪古文尚书》，就忍不住了，"予弗克俾厥后惟尧、舜,其心愧耻若挞于市"(《说命》)的话就不自觉地说出来了。《伪尚书》是苦心刻画作成的,为什么作者会得违背了商周人的说话的成例?只为在著作《伪尚书》的时候,那时的历史观念已经不许他不说尧、舜了!同样,我们来看《周易》,在《卦爻辞》里只说起王亥、高宗、帝乙,和《尚书》中所记的武王、周公们的说话相类:仅记得几个近代的王,没有对于较古的唐虞有什么称引。但一到《易传》,就必得说出"黄帝、尧、舜垂衣裳而天下治,盖取诸《乾》、《坤》"来了。的确,从《乾卦》初爻的"潜龙",到二爻的"见龙",以至到五爻的"飞龙",恰合舜的一生从"往于田"到"明明扬侧陋",到"格于文祖",而用九的"见群龙无首"不啻为"视弃天下如敝屣"的象征。至于《坤》六五的"黄裳,元吉",更可说为"无为而治","允执其中"。独奈何在《乾》《坤》二卦中不肯漏出一个"舜"字来呢?又《象传》于《大畜》言"刚上而尚贤",于《履》言"刚中正,履帝位而不疚",《大畜》和《履》的卦爻辞仅有说出禅让的故事的可能,为什么它们也只说了些不相干的话呢?试看《易林》,便有以下许多说话:

  天地九重,尧舜治中。正冠衣裳,宇宙平康。(《大有》之《坎》)

  唐虞相辅,鸟兽喜舞。安康无事,国家富有。(《随》之《坤》,《临》之《解》小异)

  厄穷上通,与尧相逢。登升大麓,国无凶人。(《像》之《艮》)

  被服文德,升入大麓。四门雍肃,登受大福。(《随》之《大壮》,《剥》之《噬嗑》)

  历山之下,虞舜所处。躬耕致孝,名闻四海。为尧所荐,禅位天子。(《观》)

  尧闻大舜,圣德增益。使民不惧,安无怵惕。(《遁》之《随》)

现在只抄下这几条,其他合言"尧、舜"及"尧、舜、禹"的尚多。为什么《易林》和《易经》不同,它把这件故事讲得这样起劲呢?只为它的著作时代便是这件故事很风行的时代。在那个时代意识中,尧舜的不得不加进《易传》和《易林》,正和他们的不得不加进《伪古文尚书》一样。

  颉刚案,前年写此段时,谓《乾卦》恰合舜的一生,不过是一种涉想罢了,不料近见宋翔凤《过庭录》(卷一)亦有此推论,且一一比合,尤属巧不可阶。这也是《周易》故事的一说,因录其文如下:

  《乾》之六爻,明禅让之法也。此尧舜之事也。初之"潜龙",其"有鲧在下"乎?孟子曰:"舜之居深山之中,与木石俱,与鹿豕游,其所以异于深山之野人者几希。"此即"遁世无闷,不见是而无闷,确乎其不可拔",潜龙之德也。"及其闻一善言,见一善行,若决江河,沛然莫之能御",此《乾》初之善也。《乾》之九二,《坤》五来降,阴阳始通;"釐降妫汭",当此爻矣。历试诸难,乾乾夕惕,《乾》象为岁,爻又直三,"三载询事考言",其当九三乎?四之"或跃",其摄天子乎?夫摄天子则疑于为君,为君则尧尚存;正朔未改则疑于为臣,为臣而用人行政俱自舜出:故为疑辞以"或"之。……"飞龙在天,利见大人",其受正改朔之辞乎?盖尧崩而后舜践天子之位,摄天子者相尧之辞也。《论语》:"尧曰:'咨尔舜,天之历数在尔躬,允执其中,四海困穷,天禄永终!'"尧之命其命于"受终文祖"之时乎?鸿水之滔天,丹朱之不肖,亢龙之悔也,天禄之终也。……上九失位,降居《坤》三……三于爻位为三公,王者之后,当天禄之终,宜退居三公之位,此丹朱为二王后之法也。尧之数终而舜受之,舜之数终而禹受之,知进退存亡而不失其正者,其唯尧舜乎!此众阳之象,群圣人之相继有治而无乱,故"《乾》元用九,天下治"也。("箫韶九成"……即《乾》用九……之义)

这真是非常切合。《周易》以禅让开始,何等光明正大!可是我们还免不得发问:何以在《卦爻辞》中不肯漏出一"尧"字,一"舜"字来呢?("或跃在渊"与高迁适反,以之比附摄天子似不合。又以初二三四五爻属舜而以六爻属尧,亦似突兀。照他说法,是乃先有亢龙之悔而后"见龙在田"了。何不索性也把它说为舜事,以苍梧道死,商均不肖,算作他的亢龙之悔呢?)《卦爻辞》中没有说尧舜而他说为尧舜,然则我们用了他的方式来推《周易》的故事,从没有文字处作索隐,似乎《周易》的作者已逆知袁世凯的一生,早把他记在《乾卦》里。托迹淮军,非"潜龙勿用"乎?理事朝鲜,非"见龙在田"乎?练兵小站,非"乾乾夕惕"乎?放归彰德,非"或跃在渊"乎?总统民国,非"飞龙在天"乎?身败洪宪,非"亢龙有悔"乎?军阀闻风竞起,非"见群龙"乎?若然,则《周易》不但记旧闻,且亦善作预言,大可作《推背图》观矣。甚哉经师之诬罔也!(《周易》中语可以用来讲尧舜之事和可以用来讲袁世凯之事是一样的,但《周易》中语不就是记尧舜之事和不就是记袁世凯之事也是一样的。若因其理有可通,即以为事实皆隐伏在内,则种种玄虚之说就纷纷起来,无以逃于诬罔之罪了。)

第二,是没有圣道的汤武革命的故事。汤克夏,武王克商,那自然是真的事实。但他们这种行动并没有什么了不得的理由,他们只说自己是新受了天命来革去别人以前所受的天命的。例如《诗·大明篇》所说的:

> 有命自天,命此文王……笃生武王。保右命尔,燮伐大商……上帝临女,无贰尔心!

这便是当时革命军中的标语。再说得清楚畅尽些,便如《书·多士》的一番话:

> 上帝引逸,有夏不适逸,则惟帝降格,向于时。夏弗克庸帝,大淫泆有辞,惟时天罔念闻。厥惟废元命,降致罚,乃命尔先祖成汤革夏。……在今后嗣王诞罔显于天……惟时上帝不保,降若兹大丧。……今惟我周王丕灵承帝事。有命曰割殷,告敕于帝。……非我一人奉德不康宁。时惟天命,无违!

从这些话里可以知道那时所谓"革命"的意义是这样:前代的君不尽其对于上帝的责任,所以上帝便斩绝他的国命,教别一个敬事上帝的人出来做天子。(《长发》云:"汤降不迟,圣敬日跻。昭假迟迟,上帝是祗。"《大明》云:"维此文王,小心翼翼。昭事上帝,聿怀多福。"这便是汤和文王的革命的资格。)那时的革命者与被革命者都站在上帝的面前,对上帝负责任。那时的革命,是上帝意志的表现。但到了战国,神道之说衰而圣道之说兴,于是这班革命家也受了时代的洗礼而一齐改换了面目。我们看《孟子》中所说的汤、武就不是《诗》、《书》中的汤、武了。例如:

> 汤始征,自葛载,十一征而无敌于天下。东面而征西夷怨,南面而征北狄怨,曰:"奚为后我?"民之望之,若大旱之望雨也。归市者弗止,芸者不变。诛其君,吊其民,如时雨降,民大悦。《书》(这是战国时人所造的《尚书》,理由另文论之)曰:"奚我后,后来其无罚!"

> 有攸不为臣,东征。绥厥士女,匪厥玄黄,绍我周王见休,惟臣附于大邑周。(这几句也是战国人所造的《尚书》。)其君子实玄黄于匪以迎其君子,其小人箪食壶浆以迎其小人。救民于水火之中,取其残而已矣!(《滕文公下》)

经他这样一讲,汤、武的征诛乃全出于不忍之心。这便是他们对于人民负责任,对于自己的良心负责任,而不是对于上帝负责任了。王者的功业经了这样一布置,于是起了一个大变化。有了这样的大变化,所以孟子对于《武成》要怀疑("血之流杵"不像是"如时雨降"时的样子),他想用了这新传说来毁灭旧史料。有了这样的大变化,所以《论语·尧曰篇》(这是《论语》中最不可信的一篇)就以"尧——舜——禹——汤——武王"列出一个圣道的系统来,《孟子·尽心篇》也就以"尧舜——汤——文王"列出一个传道的系统来了。在这个道统之下,汤武的征诛和尧舜的禅让具有同等的地位:他们的手段虽不同,目的却一致,因为都是爱民与救民的;他们只是时代有异,不得不分成两种做法而已。自从有了这一个道统说,尧、舜、禹、汤、文、武便成了面目相同的人物了。

现在,我们来看《周易》。六十四卦中,如《师》,如《同人》,如《谦》,如《豫》,如《晋》……都说到行师攻伐,但汤武征诛的故事没有引用过一次。《既济》和《未济》只说高宗伐鬼方,也不提起汤武的故事。这还不奇,最奇怪的,《革卦》也不提一字。"汤武革命",不是说明《革》的卦象的最适当的例子吗?挂在口边的现成材料也会忘记,这是怎的?因为这样,所以《彖传》就起来补道:

天地革而四时成,汤武革命,顺乎天而应乎人,革之时义大矣哉!

《易林》也起来补道:

开牢辟门,巡狩释冤。夏台,羑里,商,文悦喜。(《讼》之《临》,《大过》之《师》略异)

五精乱行,政逆皇恩。汤武赫怒,天伐利域。(《中孚》之《革》)

经枣整冠,意盈不厌。桀纣迷惑,谗佞伤贤,使国乱倾。(《解》之《贲》)

天厌禹德,命兴汤国。祓社衅鼓,以除民疾。(《复》之《革》)

鬼哭于社,悲伤无后。甲子昧爽,殷人绝祀。(《睽》之《颐》,《涣》之《大壮》,《大过》之《坤》略异)

八百诸侯,不期同时,慕西文德。兴我家族,家门雍睦。(《临》之《遁》)

商纣牧野,颠覆所在。赋敛重数,黎元愁苦。(《需》之《益》)

周师伐纣,战于牧野。甲子平旦,天下喜悦。(《涣》之《夬》、《复》,《谦》之《噬嗑》,《节》之《升》)

既经是"匪厥玄黄","箪食壶浆"以迎的,既经像"大旱之雨"以望的,不当有这许多歌颂的话吗?

第三,是没有封禅的故事。自从战国、秦、汉间燕、齐、鲁的方士和儒者倡导了封禅说以来,古时七十二代的帝王便没有不到泰山去封禅的。《史记·封禅书》中写管仲所记得的十二代,是:

> 昔无怀氏封泰山,禅云云。虙羲封泰山,禅云云。神农封泰山,禅云云。炎帝封泰山,禅云云。黄帝封泰山,禅亭亭。颛顼封泰山,禅云云。帝喾封泰山,禅云云。尧封泰山,禅云云。舜封泰山,禅云云。禹封泰山,禅会稽。汤封泰山,禅云云。周成王封泰山,禅社首。皆受命,然后得封禅。

看这一段话,可知封禅是古代的一个大典,凡是受命之君没有不举行这个大典的。只有一点例外,是"纣在位,文王受命,政不及泰山;武王克殷二年,天下未宁而崩"(《封禅书》),所以周室受命之后,直到成王手里才封禅。然而文王、武王虽没有举行这个典礼,他们对于这个邃古以来的定制是一定知道的。《卦爻辞》无论是文王作,或是周公作,总应当提起一声。何以"圣人以神道设教"的《观卦》里竟毫无封禅的痕迹?又何以《益》六三言"王用亨于帝",《升》六四言"王用亨于岐山",《随》上六言"王用亨于西山",都不提起封禅?

说到这里,或者有人起来驳我,说:"卢植注《礼器》'因名山升中于天',谓'封太山,告太平',然则《易》有《升卦》,即是封禅。《升》六四的'王用亨于岐山',不过因文王不能到泰山去,所以改在岐山罢了。"我对于这个驳语的解答,以为祭山是一件事,封禅又是一件事。祭山是各国各时代都有的,故《论语》有"季氏旅于泰山",《左传》有"至于夷王,王愆于厥身,诸侯莫不并走其望以祈王身"(昭二十六年)的话。封禅却不同,只有受命的天子才可行,不是受命的便没有这个希望。所以《升卦》的"王用亨于岐山",既只言"亨(享)"而不言封禅,可知仅是祭山而非封禅。至于卢植何以要把"升"字讲作封禅,这只要看《诗·周颂》就可明白:

> 时迈其邦,昊天其子之,实右序有周。薄言震之,莫不震叠。怀柔百神,及河乔岳。允王维后!(《时迈》)

> 于皇时周!陟其高山,堕山乔岳,允犹翕河。敷天之下,裒时之对,时周之命!(《般》)

这两首诗都是说祭乔岳和祭河的,不曾见一"封"字或"封禅"字。所以到了东汉初,卫宏作《诗序》,还说:

> 《时迈》,巡守告祭柴望也。

> 《般》,巡守而祀四岳河海也。

他虽是"巡守"呵,"柴望"呵,"四岳"呵,充满着《尧典》的气味,但还不曾说是封禅。到了班固作《白虎通德论》,就在《封禅》篇中写道:

>《诗》云:"于皇时周!陟其高山。"言周太平封泰山也。

那么,《般》这一篇是说封禅的了。到了郑玄作《毛诗笺》,又于《诗序》下注道:

>巡守告祭者,天子巡行邦国,至于方岳之下而封禅也。(《时迈》)

于是《时迈》也是说封禅的了。《周颂》绝没有说起封禅,但后来的经师可以从它里边寻出封禅的材料来。然则《易》有《升卦》,我们何尝不可学一学这班经师的成法,把它讲成了封禅呢!

可是,我们与其在《卦爻辞》里寻出假封禅的材料,还不如到《易林》里去寻些真封禅的材料为好,《易林》说:

>德施流行,利之四乡。雨师洒道,风伯逐殃。巡狩封禅也,以告成功。(《益》之《复》,《萃》之《比》,《巽》之《小过》)

第四,是没有观象制器的故事。《系辞传》说:"《易》有圣人之道四焉……以制器者尚其象。"这是说看了《易》象来制器是圣人的一道。例如《涣》卦 AA,上《巽》下《坎》,《巽》为木,《坎》为水,圣人看了这个卦象,便会想起木在水上可以造些什么东西出来,结果就造成了一条船。《系辞传》举出了许多圣人制器的事实,可以使我们知道从伏羲到尧舜的创作,可以使我们知道现在天天用着的器物的来源,所以从刘歆的《三统历》以来,已经把这些事情安插到上古史里去了。但是《易》道中既有这样重大的事,为什么《卦爻辞》中竟一字不提(在《离卦》中不提网罟,在《益卦》中不提耒耜,在《随卦》中不提服牛乘马……)?朱熹于《泰》六五注云:"帝乙归妹之时亦尝占得此爻。凡《经》以古人为言,如高宗、箕子之类者,皆放此。"照他所说,古人占得了这一爻的尚且把这个事件记在卦爻辞下,何以古圣人曾用了这一卦的象发明出许多重要的东西来的竟这样地寂寞无闻,直待《系辞传》而始把他们表章了呢?

讲古圣贤的创作的专书,是《世本》的《作篇》。《系辞传》中既有这一大篇的圣人制器的故事,那么这些故事自然应当在《世本》中各占地位了。但是不幸得很,《世本》与《系辞传》所记的制作的东西虽差不多,而制作的人则完全不一样。我们可以列一个表来比较一下。

《系辞传》	《世本·作篇》
庖牺氏作八卦	无
庖牺氏作网罟	句芒作罗（又《御览》引，"芒作网"）
神农氏作耒耜	垂作耒耜，作耨（又《御费》引，"咎繇作"耒耜，又引，"繇作耒耜"）
神农氏作市	祝融作市
黄帝、尧、舜（原文未分别哪一个人，故只能照样录之）作舟楫	共鼓、货狄作舟
黄帝、尧、舜作服牛乘马	胲作服牛，相土作乘马，奚仲作车
黄帝、尧、舜作重门击柝	无（但有"繇作城郭"）
黄帝、尧、舜作杵臼	雍父作杵臼
黄帝、尧、舜作弧矢	挥作弓，牟夷作矢
后世圣人作宫室	尧使禹作宫室
后世圣人作棺椁	无
后世圣人作书契	沮诵、仓颉作书

由以上的比较，使得我们知道《系辞传》中的制器的故事无一与《世本》相同。这是古代的极重大的事，为什么竟会这样地差异呢？这个原因，我们可以先作两种假设：

1. 《系辞传》的话全为诬妄，故不为《世本》作者所承认；
2. 作《世本》时尚无《系辞传》，故仅录其自己的传闻，而当时所传闻的都不是《系辞传》所说的那一套。

这第一个假设，我以为是不成立的，因为作《世本》的人所记的事大一半是根据传说来的，其一小部分则出于作者的附会（例如《小雅·何人斯篇》中有"伯氏吹埙，仲氏吹篪"的话，而《何人斯篇》说是苏公刺暴公的，《世本》便说"埙（壎），暴辛公所造；篪，苏成公所作"，这真是一个可笑的推断），他并不曾做过一番细密的考据功夫。《系辞传》中的话既说得这样神圣，对于民生又如此有关系，假使能给《世本》的作者看见，他一定大大地采用，决不会深闭固拒，仅说"伏羲、神农作琴瑟，黄帝作冕旒"，而绝口不谈那些依据了《易》象而制作的东西的。因此，我的意见倾向于第二个假设：那时没有《系辞传》，所以《世本》不说。《世本》的著作时代已经够后（言伏羲，采《帝系》，当是秦、汉间人所作），《系辞传》乃更在其后。因为它出现得太迟了，向来又没有这些故事，所以战国诸子中都不曾提起古圣人观象制器一类的话，不但

《世本》的作者不知道而已。

然则《系辞传》中这段故事是作者凭空想出来的吗？这也不然。《淮南子·氾论训》上有一段话和这段文字大同小异，我们也可把它们列成一个比较表，在比较之后加以讨论：

《淮南子》	《系辞传》
古者民泽处复穴，冬日则不胜霜雪雾露，夏日则不胜暑蛰蚊虻。圣人乃作，为之筑土构木以为宫室，上栋下宇以蔽风雨，以避寒暑，而百姓安之。……	上古穴居而野处，后世圣人易之以宫室，上栋下宇以待风雨，盖取诸《大壮》。
古者剡耜而耕，摩蜃而耨……民劳而利薄；后世为之耒耜耰锄……民逸而利多焉。	神农氏作，斫木为耜，揉木为耒，耒耨之利以教天下，盖取诸《益》。
古者大川名谷冲绝道路，不通往来也，乃为窬木方版以为舟航。	黄帝、尧、舜氏作……刳木为舟，剡木为楫，舟楫之利以济不通，致远以利天下，盖取诸《涣》。
故地势有无得相委输，乃为靻蹻而超千里，肩荷负担之勤也，而作为之揉轮建舆，驾马服牛，民以致远而不劳。	服牛乘马，引重致远以利天下，盖取诸《随》。
为挚禽猛兽之害伤人而无以禁御也，而作为之铸金锻铁以为兵刃，猛兽不能为害。	弦木为弧，剡木为矢，弧矢之利以威天下，盖取诸《睽》。

在这样比较之下，可见它们不但意义全同，即文字亦多相同的（如"上栋下宇以待风雨"，"服牛乘马，引重致远"等）。关于这个问题，我们也可作两个假设：

1.《淮南子》袭用《系辞传》；
2.《系辞传》袭用《淮南子》。

这第一个假设，我以为理由也不充足。因为《淮南子》中是常称引《易》文的（先秦诸子中称引《易》文的仅一荀子，《礼记》中也有一些，足证当时引用《周易》的人实在不多），刘向《别录》云："淮南王聘善为《易》者九人，从之采获，署曰《淮南九师书》"（《御览》六〇六引），可见刘安对于《易》学是很肯提倡的。假设他那时已有《系辞传》，已有观象制器的故事，则苏飞、李尚一班人著《氾论训》的时候为什么不用这有凭有据的《系辞传》来证实自己的说话呢？

《氾论训》这一段的主要意义是：

> 故民迫其难则求其便，困其患则造其备。人各以其所知去其所害，就其所利。常故不可循，器械不可因也。则先王之法度有移易者矣。

这原是他们的变法论。战国、秦、汉间一班道家最喜尊古贱今，以为愈古则愈康乐。《淮南子》中虽也有此种议论，但在这一段里则一反此说，以为愈到后世则器用愈完备。这是一个极锐利、极真切的观察。作《系辞传》的人肯不把所有的制作一起送给伏羲，而连说"后世圣人易之"，这也不能不说是进步的思想。但他把制作的原因一起归功于《易》象，而八卦为伏羲所创造，后世圣人的制作只是从伏羲的八卦中演绎出来的，还是一种迷信古初的见解。所以如此之故，只为他讲的是《易》，总想把《易》推尊起来：他把神农、黄帝一班人拉进《易》的境域为的是抬高《易》的地位，他把民生日用的东西归功于圣人的观象制作也为的是抬高《易》的地位。《淮南子》中这一段话是要证明"先王之法度有移易"，而他这一段话乃是证明了"伏羲之法度无移易"。那么，八卦是伏羲画的，观象也是由伏羲起的，他尽可自己观自己所画的卦象而制作了神农黄帝们所制的东西，为什么他只做得网罟便停了手呢？为什么他把这许多眼前的功业都让给了"后世圣人"呢？所以，《淮南子》这一段话是一气贯注地陈说下去的，是一种健全的议论，而《系辞传》这一段话则迟回瞻顾，既欲说伏羲的了不得，又欲表示后世圣人的有进步。此无他，《系辞传》袭用《淮南子》之文而改变其议论的中心，故这一段话里遂包容了两个论点耳。

以上所说的，只是观象制器的故事的出现的时代问题，而不是这件故事的可否成立问题。依我看来，这件故事简直不能成立。创造一件东西，固然是要观象，但这个象乃是自然界之象而非八卦之象。例如看了一块木头浮在水面，从此想下去，自然可以想出造船。至于卦象，则仅木在水上耳，并没有表示其不沉的德性，如何可以想出造船来呢？如《系辞传》所言，看了"巽（木）上坎（水）下"的《涣》会造出木头船，为什么看了"乾（金）上坎（水）下"的《讼》想不出造铁甲船？为什么看了"离（火）上坎（水）下"的《未济》想不出造汽船？又为什么看了"离（电）上坤（地）下"的《晋》想不出造无线电？为什么看了"坤（地）上震（雷）下"的《复》想不出造地雷？汽船、无线电……既已制作矣，这班发明家观的是什么象？观《易》象的圣人造不出这种器物来，造出这种器物的又不去观《易》象，那么，这种神圣的故事不亦太可怜乎？因为这样，所以在

《系辞传》以前没有人说过观象制器的话,在《系辞传》以后也不曾有人做出观象制器的事。结果,徒然使得伪古史中添了一大笔虚账。这个虚账可以分成两部分:第一部分是新制作说,第二部分是新五帝说。新制作说战胜了旧制作说,所以宋衷的《世本注》里把作网的句芒算做伏羲臣,把作耒耜的垂算做神农臣,把作杵臼的雍父算做黄帝字(一本作黄帝臣),把作矢的牟夷和作舟的共鼓算做黄帝臣。新五帝说战胜了旧五帝说,所以伏羲、神农遂为后世言古史者的不祧之祖,不像《吕氏春秋·五帝德》、《史记·五帝本纪》的只说黄帝、颛顼、帝喾、尧、舜了。(后人无法处置这两个不同的系统,只得把伏羲神农升到三皇里去。但三皇在秦是天皇、地皇、泰皇,在西汉后也是天皇、地皇、人皇,总没有伏羲、神农们。没有法子,就把天皇、地皇们牺牲了。倘使没有《系辞传》的这番称扬,伏羲、神农的地位至多只能和有巢氏、燧人氏们一样,决不会像现在这样地有坚实的地盘的。(此问题非数语所可尽,当于另作《三皇五帝考》一文中详论之)。《系辞传》之与伪古史,其关系盖如此。

于是我们对于《周易》的经传可以作大体的估量了。

作《卦爻辞》时流行的几件大故事是后来消失了的,作《易传》时流行的几件大故事是作《卦爻辞》时所想不到的:从这些故事的有与没有上,可以约略地推定《卦爻辞》的著作时代。它里边提起的故事,两件是商的,三件是商末周初的,我们可以说,它的著作时代当在西周的初叶。著作人无考,当出于那时掌卜筮的官(即《巽》爻辞所谓"用史巫纷若"的史巫)。著作地点当在西周的都邑中,一来是卜筮之官所在,二来因其言"岐山",言"缶",都是西方的色彩。(《离》九三,"不鼓缶而歌"。李斯《上秦王书》曰:"击瓮扣缶而呼呜呜快耳者,真秦之声也。"杨恽《报孙会宗书》曰:"家本秦也,能为秦声……酒后耳热,仰天拊缶而呼呜呜。"可见缶是秦地的主要乐器,秦地于西周时则王畿也)这一部书原来只供卜筮之用,所以在《国语》(包《左传》)所记占卜的事中引用了好多次。但那时的筮法和筮辞不止《周易》一种,故《国语》所记亦多不同。此书初不为儒家及他家所注意,故战国时人的书中不见称引。到战国末年,才见于荀子书,比了《春秋》的初见于孟子书还要后。《春秋》与《易》的所以加入"《诗》、《书》、《礼》、《乐》"的组合而成为《六经》的缘故,当由于儒者的要求经典范围的扩大。

到《周易》进了"经"的境域,于是儒者有替它作传的需要。在作传的时候,尧舜禅让的故事,汤武征诛的故事早流行了,就是黄帝、神农、伏羲诸古帝也逐渐出来而习熟于当时人的口耳之间了,所以《易传》里统统收了进去,请他们作了《周易》的护法。这时候（汉初），正值道家极发达的当儿，一般的儒者也受了道家的影响，所以《易传》里很多道家意味的说话（详见《燕京学报》第二期中许地山先生和冯友兰先生两篇论文）。这时候，《世本》出来了，《淮南子》也出来了，作《系辞传》的人就取了《世本》中的古人创作的一义和《淮南子》中的"因其患则造其备"的一义，杜造了观象制器的一大段故事，以见《易》的效用之大。《易》本来只是一部卜筮之书，经他们用了道家的哲理，圣王的制作和道统的故事一一点染上去，它就成了一部最古的、最玄妙的，和圣道关系最密切的书了。于是它从六经之末跳到六经之顶！

现在呢，我们要把这时代意识不同，古史观念不同的两部书——《周易》和《易传》——分开来了。我们要谢谢它们，从它们的乖异上使我们得到一个估计西周和秦、汉间的文籍的尺度。

（此文之作，开始于民国十五年十二月，嗣因厦门大学风潮辍笔。至十七年八月，以编纂中山大学上古史讲义，摘录稿中要点，写成一篇。十八年十月，燕京大学行开幕典礼，嘱宣读论文，遂以摘本应命。越一旬，《燕京学报》征文，又费旬余之力，整理原稿，成为此篇。综计首尾四年，始能勉强完稿，生活不安，即此可见。爰记始末于此，以见居今之世从事研究之难。舍馆初定，匆促写此，不及细检，虑多误谬，愿读者正之。中华民国十八年十一月三日，颉刚记于北平西郊之成府）

录自《古史辨》第三册，上海古籍出版社，1982年

关于《三藏取经记》等

鲁　迅

阔别了多年的ＳＦ君，忽然从日本东京寄给我一封信，转来转去，待我收到时，去发信的日子已经有二十天了。但这在我，却真如空谷里听到跫然的足音。信函中还附着一片十一月十四日东京《国民新闻》的记载，是德富苏峰氏纠正我那《小说史略》的谬误的。

凡一本书的作者，对于外来的纠正，以为然的就遵从，以为非的就缄默，本不必有一一说明下笔时是什么意思，怎样取舍的必要。但苏峰氏是日本深通"支那"的耆宿，《三藏取经记》的收藏者，那措辞又很波俏，因此也就想来说几句话。

首先还得翻出他的原文来——

鲁迅氏之《中国小说史略》
苏峰生

顷读鲁迅氏之《中国小说史略》，有云：

《大唐三藏法师取经记》三卷，旧本在日本，又有一小本曰《大唐三藏取经诗话》，内容悉同，卷尾一行云"中瓦子张家印"，张家为宋时临安书铺，世因以为宋刊，然逮于元朝，张家或亦无恙。则此书或为元人所撰，未可知矣。……

这倒并非没有聊加辩正的必要。

《大唐三藏取经记》者，实是我的成篑堂的插架中之一，而《取经诗话》的袖珍本，则是故三浦观树将军的珍藏。这两书，是都由明慧上人和红叶广知于世，从京都栂尾高山寺散出的。看那书中的高山寺的印记，又看高山寺藏书目录，都证明着如此。

这不但作为宋椠的稀本，作为宋代所著的说话本（日本之所谓言文一致体），也最可珍重的的罢。然而鲁迅氏却轻轻地断定道，"此书或为元人撰,未可知矣"。过于太早计了。

鲁迅氏未见这两书的原板,所以不知究竟,倘一见,则其为宋椠,决不容疑。其纸质,其墨色,其字体,无不皆然。不仅因为张家是宋时的临安的书铺。

加之,至于成箦堂的《取经记》,则有着可以说是宋版的特色的阙字。好个罗振玉氏,于此早已觉到了。

皆(三浦本、成箦堂本)为高山寺旧藏。而此本(成箦堂藏《取经记》)刊刻尤精,书中驚字作鷔,敬字缺末笔,盖亦宋椠也。(《雪堂校刊群书叙录》)

想鲁迅氏未读罗氏此文,所以疑是或为元人之作的罢。即使世间多不可思议事,元人著作的宋刻,是未必有可以存在的理由的。

罗振玉氏对于此书,曾这样说。宋代平话,旧但有《宣和遗事》而已。近年若《五代平话》、《京本小说》,渐有重刊本。宋人平话之传于人间者,至是遂得四种。因为是斯学界中如此重要的书籍,所以明白其真相,未必一定是无用之业罢。

总之,苏峰氏的意思,无非在证明《三藏取经记》等是宋椠。其论据有三——

一、纸墨字体是宋;
二、宋讳缺笔;
三、罗振玉氏说是宋刻。

说起来也惭愧,我虽然草草编了一本《小说史略》,而家无储书,罕见旧刻,所用为资料的,几乎都是翻刻本、新印本,甚而至于是石印本,序跋及撰人名,往往缺失,所以漏略错误,一定很多。但《三藏法师取经记》及《诗话》两种,所见的却是罗氏影印本,纸墨虽新,而字体和缺笔是看得出的。那后面就有罗跋,正不必再求之于《雪堂校刊群书叙录》,我所谓"世因以为宋刊",即指罗跋而言。现在苏峰氏所举的三证中,除纸墨因确未目睹,无从然否外,其余二事,则那时便已不足使我信受,因此就不免"疑"起来了。

某朝讳缺笔是某朝刻本,是藏书家考定版本的初步秘诀,只要稍看过几部旧书的人,大抵知道的,何况缺笔的驚字的怎样地触目。但我却以为这并不足以确定为宋本,前朝的缺笔字,因为故意或习惯,也可以沿至后一朝。例如我们民国已至十五年了,而遗老们所刻的书,儀字还"敬缺末笔"。非遗老们所刻的书，宁字玄字也常常缺笔，或者以甯代宁，以元代玄。这都是在民国而讳清讳，不足为清朝刻本的证据。京师图书馆所藏的《易林注》残本（现有影印本，在《四部丛刊》中），恆字、搆字都缺笔的，纸质、墨色、字体，都似宋，而且是蝶装，缪荃荪氏便定为宋本。但细看内容，却引用着阴时夫的《韵府群玉》，而阴时夫则是道道地地的元人。所以我以为不能据缺笔字便确定为某朝刻，尤其是当时视为无足轻重的小说和剧曲之类。

罗氏的论断，在日本或者很被引为典据罢，但我却并不尽信奉，不但书跋，连书画金石的题跋，无不皆然。即如罗氏所举宋代平话四种中，《宣和遗事》我也定为元人作，但这并非我的轻轻断定，是根据了明人胡应麟氏所说的。而且那书是抄撮而成，文言和白话都有，也不尽是"平话"。

我的看书，和藏书家稍不同，是不尽相信缺笔、抬头，以及罗氏题跋的。因此那时便疑，只是疑，所以说"或"，说"未可知"。我并非想要唐突宋椠和收藏者，即使如何廓大其冒昧，似乎也不过轻疑而已，至于"轻轻地断定"，则殆未也。

但在未有更确的证明之前，我的"疑"是存在的。待证明之后，就成为这样的事：鲁迅疑是元刻，为元人作；今确是宋椠，故为宋人作。无论如何，苏峰氏所豫想的"元人著作的宋版"这滑稽剧，是未必能够开演的。

然而在考辨的文字中杂入一点滑稽轻薄的论调，每容易迷眩一般读者，使之失去冷静，坠入彀中，所以我便译出，并略加说明如上。

十二月二十日。

录自《鲁迅全集》第三卷《华盖集续编》，人民文学出版社，2005年

文妓说

林语堂

龚自珍《平均论》(见《定庵文集》)有一段说:

……五家之堡必有肆,十家之村必有贾,三十家之城必有商,若服妖之肆,若食妖之肆,若玩好妖之肆,若男子咿唔求爵禄之肆,若盗圣贤市仁义之肆,若女子鬻容之肆……

是龚氏以"咿唔求爵禄"及"盗圣贤市仁义"之男子概与"鬻容"之女子同等。刘向《说苑》也有一段"淫民"的话:

(李克封魏文侯)曰:"国其有淫民乎?臣闻之日夺淫民之禄,以来四方之士。其父有功而禄,其子无功而食之,出则乘车马,衣羔裘,以为荣华;入则修竽琴钟石之声,而安其子女之乐,以乱乡曲之教。如此者夺其禄,以来四方之士,此之谓淫民也。"

李克所举的淫民,也不过如妓女之无所事事,美衣足食,度日于笙歌欢乐中,并没有像龚氏"盗圣贤市仁义"者之丧坠人格,卖尽机巧智能,以求利禄,与妓女之卖身求利同。与龚说最近者有萧伯纳。他在 Three unpleasant plays 序中有一句:

像许多的律师、政客、教员、牧师,天天运用他们的技巧智能来出卖他们的良知,与这比起来,妓女之一天卖身两三钟头真可不算一回事。

(原文不在手中,不及细复)

这种的男子在中国新学界也不能说特别少。许多新学界的人,一跨进某军阀的门内,就立刻可以以"高等华人"自居,或提倡读经,或帮他的主人逮捕学生。此与龚氏"盗圣贤市仁义"之例正相符。不过现代之文妓,亦有盗圣贤市股票者,此的确非古之男子所知事也。

一九二六,十二,二三。

录自《林语堂名著全集》第十三卷《翦拂集》,东北师范大学出版社,1994年

冢国絮语解题

林语堂

我小的时候就不喜欢谈鬼，一走过坟坑便要毛发悚然。近来却略略不同了，因为每天走过的坟坑真有可观，而且门前一举目就是整千整百成行成列的土堆及碑石，倒觉得鬼之虚无渺茫，不易看到。上海灵学会诸公，如肯留住公冢两个月，大概也就不再想灵学下去。

我住在镇北关约已有两月，总算可以处之泰然，连一个鬼梦也没做。不过有时觉得在冢国里做生人也是无聊，有时候反觉得既在荒冢上，一切的人类既死了，我们尚活着，根本就不应该。若不是真正没鬼，总必为鬼所讨厌。所以有几位朋友劝我写一点东西，也就慨然答应：一来，是尽一点义务；二来，也可以减少坟上的寂寞。

自然絮语是应该在花间柳下讲的，而且是侯门闺秀的事。但是如果一个人遇着没有花间柳下可以坐谈，而且恰恰坐在坟中碑石上，也不便叫那个人就沉默下去以待毙。

这一点却须声明，冢国上所讲的大概不是好话，不会使读者十分舒服，或者要使一部分十分不舒服。也许有人专门喜欢听闺淑在王府园中，或琼华殿里的闲谈；或是专门喜欢读歌颂太平的文章，但是喜欢读歌颂太平的人根本就可以不管到坟上的人们——不管是活的，还是死的，还是半生不死的及半死不生的。

不过也不一定。在冢国里歌颂太平或者还不至于，但是也不必痛哭流涕，看惯了哭坟的人，大概自己没有眼泪。而且我似乎生下来眼泪就不一定十分敷用。

听惯了半夜里海洋的呻吟，和海风的孤啸的人，大概再用不着于白昼里长叹息。这冢国里连海洋也是常患失眠症的。有时候她失眠吁气的声音反可做大人们的催眠歌。

世上的人不分老少都是一样，都喜欢听歌，所以可以误认失眠者的吁叹为催眠歌,而且一听了就瞌睡下去。

世上长大的小孩实在不少,非躺在摇篮里就不肯睡觉。这也是歌颂太平文章之所以特别多的理由。

但是身在冢国之中的人要略不同。如果不想睡觉,与左右及坟里的人一样,只好拒绝 lullaby 的声音,而多闻闻阿摩尼阿。他们以为文章越酸辣是越好的。

这都不必勉强。有人以为海洋山川虫豸鱼鳖都会唱 Te Deum,歌颂上帝的功德。有人却要于夜静星稀的时候,在鬼蜮国里,荒冢场中,在海洋的浩叹及草虫的悲鸣中,听出宇宙的一大篇酸辣文章。喜欢瞌睡的人尽管瞌睡下去,不喜欢瞌睡而愿意多延长一点半生不死的苦痛的人,也就在冢国里谈谈笑笑。

一九二六,十二,十九夜作于厦门镇北关

《林语堂名著全集》第十三卷《翦拂集》,东北师范大学出版社,1994年

谈文化侵略

林语堂

这两天来听说有轰动一时的反对文化侵略大运动。因为离城较远，无从知其细底。如传闻不误，也不外乎开会演讲，及散贴告白，其目的则在反对西洋教士在华办学传教的政策。自然我们不能像许多老成学者，将这些国家大事放给"青年"去办，而等到青年真正去办之后，又因为他们是青年所办，来决定他们的死罪。这种逻辑未免太妙了。

听说有十一二岁小孩也被人家诱去拿旗，所以这反对文化侵略运动一定是不对的。也有人说，读书时候救国就是自杀，至于读书毕业以后，又须"不谈政治"以自救。这样一来，自幼年以至老死，长处于自杀之间，倘使兢兢自持，自然也可以慎终追远，显祖荣宗，半百岁月安然度去。不过这样做人，也未免太苦。如果生命这样飘摇，也许不一定自己救得出来。文化侵略不侵略，还在其次。

记得"文化侵略"这名词，大约还是起于去年北方反对中日文化基金委员会时才成的。以前四五年就是反宗教大同盟的运动，现在反对文化侵略的团体，就是此运动直接流布下来的波澜。除去还是演讲及贴告白以外，大概没有看见什么进步。其原因还不外于自救者之急于自救，及自杀者之未下决心而已。

不过当作一个学理的问题讲，西洋教徒，如抱纯粹的宗旨，以中国国民的利益为前提，只要他们别无野心，也未始不可利用他们的学校，来培养我们的国民。不过所谓"纯粹"二字就不易讲。这样头脑清晰的西洋教育家，也不能说没有；宗旨正当，预备将来归还中国人办的教会大学虽不多，却或者还有一两个，真受过教育的西洋教士，我在北方也看见过——不过所难者就难在这一点。恐怕厦门这个地方就更有讨论之必要。此地所传的道理与所谓北方看见过的或欧洲道学所讲的比起来，至少可有二百年的时代差别，其教士所办的学校，宗旨纯粹与否也就可想而知。

反对文化侵略这个名词，是很容易引起国人的同情。因此附和的人也许有的不甚了解于反对之目的及所持的理由。其实反对耶教及反对教会学校是两件事，不能并为一谈。耶教之好坏，自有他的评价，是思想的问题，我们不反对人家奉耶教，如果出于本心信仰，也如我们不反对人家奉回教、火妖教，或摩尼教。倘是反对，也不过做学术上的讨论，而且止于讨论。如果我们的同胞一定都要练丹、扶乩、坐禅、成佛，也只好作罢，至于外国教士办学是政治问题及国家问题（如有偏重外国历史文学及忽略本国文及国学常识等），其应反对也如美国人应反对某省禁止在学校讲天演，及高丽人应反对日本在高丽学校禁讲林肯、华盛顿事迹。根本的理由，还是因为他们束缚思想的自由，因为他们利用偏颇的教育，来成遂治国的政策。若所要成遂的是外国人的政策，则其当在反对声讨之列，更不待言。

　　这问题的危险就是把思想问题及政治问题搅在一团，是容易把反抗列强的政治问题变成反对一切舶来的思想，中了国粹家的遗毒。有人因为反对耶教自身而反对耶教学校，已经自蹈压迫思想者之弊，更妙的，便是再进一层，以为反对教会学校即所以尊孔。孔乃吾家货色，所以必尊，耶系来自西土，所以必排，这种昏聩思想的青年，大概不会没有，北京所视的遗少就不少。这种的青年大概也没有什么希望。无论耶教与孔教，流布东西，同是民种衰靡、民志薄弱之表现，本无尊此抑彼之必要，即使儒者十分香，单以其排外的动机，在思想上我们就以为不足取。若要以此为卫道的战略，恐怕一定卫不起来，或者定然要失败的。思想上的排外，无论如何是不足为训的。我并不相信大同主义，至少一百年内，至我死之日为止，总还是国家主义的世界，谁不能自卫自强，反抗外人的侵略，只好预备做殖民地的好百姓。但个人意见还是以为政治上只管持国家主义，而思想上及一切美术、文学上，要固陋自封，走进牛角里的人将来结果也只是沉沦下去。

十五，十二，廿六。

《林语堂名著全集》第十三卷《翦拂集》，东北师范大学出版社，1994年

汉字末笔索引法（节选）

林语堂

检　法

凡字依其最低笔画检部首于表中，依部首号码检之即得。

例如："蒙"字最低笔画"丿"，检之于表中得部首"豕"（448），按 448 检之即得。

"導"字最低笔画"亅"，检之于表中得部首"寸"（563），按 563 检之即得。

（注）有右旁之字，依其右旁之最低笔画检之，检法同。

例如："檬朦濛"检法与检"蒙"字同，得"蒙"分段号码即得"檬朦濛"。

"特待诗"检法与检"寺"字同，得"寺"分段号码即得"特待诗"。

"胞抱饱鲍"等字依"包"之最低笔画"乚"，检之表中得部首"巳"（912），按 912 检之即得"包"（914）。

"晴情清请"等字依"青"之最低笔画"冂"，检之表中即得部首"月"（648），按 648 检之即得"青"（660）。

同段字之次序

同右旁之字，依余部上端（最高笔画）之平直撇点为准，故先"驅"，次"樞"，次"傴"，次"謳"（马"一"首，木"丨"首，亻"丿"首，言"丶"首）。余部在左者居先，余部在上者居后，故先"瑚糊猢湖"，次"鬍葫"。求"羈"如求"鞿"，求"纛"如求"縣"，求"旗"如求"㫃"。

定 义

最低笔画：单论高低，不问写法，绝无例外。故"乍"最低"丨"，"鸟"最低"丁"，"国"最低"口"，"冠"最低"乚"。若一字有二三最低笔画，以在右者为准，"感""乀"，"风""乁"。

最高笔画：单论高低，不问写法，亦绝无例外。故"口宀又王石"平首，"土木牛光"直首，"丷乇鱼亻"撇首，一字有二三最高笔画者，以在左者为准，"警""丨"首，"傲""丿"首。

右旁：单论左右，不论谐声，亦绝无例外。故"训"右旁"川"，"顺"右旁"页"，且须可截然中断，分为左右二旁者，方得称为右旁（若"信""诘""颉"等），若"冠""趁"仍以全字最低笔画检之（乚乀）。

互见：凡部属不明者皆互见，"誉"既见"旨"，又见"日"，"举"既见"丰"，又见"手"。

除以上所述外，尚有未尽条例略述如下：

（1）每部部首之下，先列分目，下附号码，以＊隔之，再列本部普通各字。如田部先列"畾"②至"畬"⑪之各分目，加＊，再列册至㑚各字。

（2）别部之字，因疑似而复见于此部者，亦列入分目，但加"·"为区别，如田部之"由"②等。

（3）无论分目字或普通字，皆以与部首相似字或叠体字居首。如日部首列日，田部首列畾之类。

（4）凡复体字（即兼有左傍上傍者），本应属于分目之分目，如孀潘字居于田部分目番之分目审，孀字属于目部分目相之分目霜，此通例也。但间亦有省列分目者，如墦㑚附田部，不列畬备分目。籀字属留目，不再列榴为分目之类。

（5）字形相似而实不类者，亦以＊号隔之，列于最末，如商目之商字之类。

录自《汉字末笔索引法》，上海商务印书馆，1926年

诗　赋

郝立权（虞蘅）

　　向习萧选，泛滥词林。每读平原文赋，叹其绮思滂沛，不假镕裁。状难显之情，通易潜之迹，千数百年乃无赓唱。爰纵盛轨，自箸菲词。虽倍谲不同，或诗人之则，世之宏达，其无讥焉。

　　溯诗人之首唱，结元响于中林。信诗教之拓宇，乃驾辨而流音。
　　初含情而激均，继作育而发型。伟精英之茹吐，纂藻缋以敷陈。
　　酌群言于六义，属忧志于七情。羌体制之既殊，斯华实之同珍。
　　方其绿情发藻，感物生思。游神六宇，振响两仪。
　　情佁怅而旁骛，声嘹唳而长嘶。杂泻瓶而为均，缀流星而致辞。
　　驰华思以温柔，浮骚唱而清凄。若杼柚于予怀，岂雕镕之足奇。
　　至于选词就义，伸纸谋篇，披文者尚丽，抱质者贵研。
　　或直陈以申意，或曲喻以征鲜。或托境以兴怀，或抚时而流连。
　　或捶声以振谷，或茂色而开莲。或波谲而云幻，或言馨而愁牵。
　　虽绅采之答殊，恒启秀以弥年。揽万物于竹素，掇八荒于云笺。
　　掩风匹以涵咏，兼比兴而敷宣。竟蕴臆以缫势，词泻垒而投渊。
　　倾群言之浙沥，骋丽藻以盘旋。思无往而不达，神有散而必专。
　　播纷缊之粲粲，奋茂荫之炎炎。缘好尚之殊涂，斯异体而争传。
　　或短均以托词，或长歌以寄慨。或三六以杂言，或寄偶而交态。
　　或竹枝以尽俗，或回文以互字。或联句以当歌，或艳体而为戏。
　　苢经实四言所因，河梁乃五言之始。别古律以音声，著琳琅于风义。
　　律排比以丽密，绝清刚而峻利。古体以朴茂为归，乐府以讽喻见志。
　　岂膏泽之各殊，亦菀结之互异。揩典礼于赞颂，掇行能于铭志。
　　因晨风而怀朔，值揽茞以堕泪。寄幽怨于胡笳，傍青庐于古隧。
　　诀爱子而情伤，赋凌云而心醉。缘悲喜以遗言，遂刚柔之别致。
　　或致哀于巫猿，或滕欢于湘瑟。或大声之嘈嘈，或微弦之密密。

考研虽于一字，课殿最于片刻。苟铨衡之不当，必玄黄之晦色。
或故为奇险，大言蹈袭，缀赘音于行间，摭奥辞于篇什。
冀属浅以为深，遂神离而意失。
或事杂披靡，语多妖冶。徒滥采以习真，虽极妍而不匹。
瘖簪玉以鸣金，乃声高而曲下。
或卬逼于先条，效冠裳于优孟，务拟态而摹神，终戕灵而伐性。
苟寄辞之偶殊，亦伤廉而为病。
或征典之弗伦，言徒华而音瘁，混玉石以蒙嗤，遂渿涩而为累。
故选言与循声，必衍词之务避。
若夫兴缘情遘，词与才称，激回海之曾澜，送绕梁之余均。
共天籁以俱吟，契神机而独连。苟才思之短谢，将灵条之不振。
或境地之偶殊，亦秀颖而失润。综二妙以偶合，庶三唐之掩映。
通物我以遣怀，协宫商以耸听。至立言之巧拙，乃酌匹乎鸿裁。
齐陶钧于洪炉，乃焜耀于典彝。植芳根于周代，肇萌柢于唐时。
迨浸淫之既博，始俯卬而咸宜。招雅颂一博徒，扬宛丽之清晖。
气深玮以达情，词丰赡而凝姿。每选和以怿怀，复达曲以疏悲。
征苑秘于千载，乃意蕊之纷披。至若思有通塞，笔有缓速。
或咳喘以成篇，若割锦而走鹿。遘神思于曹王，托风会于二陆。
或句梳而字栉，若断缏而磨砖。抽苦思之乙乙，振小言之詹詹。
唯妍蚩之是课，岂迟速以为铨。方研思以入怀，乃遣声而应弦。
助风泉以谐唱，生虚籁于自然。超象表以达幽，通方寸于易潜。
出惝慌而为状，入杳冥以钩元。合心手之双畅，综隐显以无偏。
非涂拊之足式，讵雕染之可先。伊作者之不易，斯识者之尤难。
昧铨解于寸心，谬纯驳以同观。但逐声而能谐，遂暗涌而轻弹。
混鱼目于珠玑，误麻弁为罗纨。杂繇词以乱骚，演卦言为修翰。
只取便于记诵，宁有当于诗坛。故丽则于比兴，乃指归乎咏叹。
俛贻则于来叶，卬受命乎诗人。
抒新调以竞爽，杂众佩而敷荣。宣风声于竹帛，流歌吹于管笙。
通两情以无阂，飔繁音而交鸣。体无施而不适，言有响而斯应。
谅风匹之不废，庶郁抑之可申。

录自《国学专刊》第 1 卷第 3 期，1926 年 9 月

朱熹对于闽南风俗的影响

罗常培

朱熹和闽南发生过两次关系。宋高宗绍兴二十一年(1151)，他年二十二岁，铨试中等，授左迪功郎、泉州同安县主簿。二十三年(1153)秋七月，到同安就职。二十六年(1156)秋七月，任满，他先把老幼送回家去。二十七年(1157)春天，又回到同安，等着交代。直到十月，接任的人始终没有来，乃以四考罢归。这是他第一次到闽南的经过。(王懋竑《朱子年谱》卷一，第七、八、十一、十二页。)

又孝宗淳熙十六年(1189)秋八月，他被除为江南东路转运使。辞未赴任。是年十一月，改知漳州。辞职两次，全未照准。乃于光宗绍熙元年(1190)四月，到漳州就任。到郡以后，首颁礼教，兴学除弊，并条画经界事宜。同年十月，因为经界的政策不能实行，托词改请祠差，未允。次年(1191)，他的长子朱塾死了。又辞职请祠，乃改除秘阁修撰，主管南京鸿庆宫。四月廿九日，遂离开漳州，并辞去职名。这是他第二次到闽南的经历。(《年谱》卷四，第一至十一页。)

朱熹在闽南的时间，合起两次计算，也不过五年。但是对于风俗上的影响却是很大。本来福建受了游酢、杨时、罗从彦、李侗诸人的熏陶，向来"户敦诗书，知家礼仪"，在史志上早博得"海滨邹鲁"的美名！闽南是朱熹的"过化之邦"，礼教、风俗受他的影响自然更大。当他未到同安时，那个地方对于男女的"防闲"，婚姻的制度，都是不大讲究的。据他说：

　　访闻本县自旧相承无婚姻之礼。里巷之民，贫不能聘，或至奔诱，则谓之"引伴为妻"。习以成风，其流及于士子，富室亦或为之，无复忌惮！其弊非特乖违典礼，渎乱国章而已。至于妒媢相形，稔成祸衅，则或以此杀身而不悔。习俗昏愚，深可悲悯！(《朱子文集》二十，第一页，《申严婚礼状》)。

可见他对于当时这种相习成风的"自由恋爱",十分表示不满意。所以他到同安的第三年,便"雷厉风行"的一面根据当时的"见行条法",晓谕禁止;一面请上司"检会政和五礼士庶子婚娶仪式行下,以凭遵守约束施行"。经他这番干涉,对于泉州生了很大的影响。甚至于妇女们的遮面巾和高后跟鞋,都是朱熹的"德化所及"!据《同安县志》上的记载:

> 宋朱子主簿同安及守漳时,见妇女街中露面往来,示令出门须用花巾兜面,民遵公训,名曰"朱公兜"。见泉漳多控拐案,示令妇女于莲靴下设木头,使之步履有声,名曰"木头履"。一兜一履,防杜之意深矣!二郡经紫阳过化,故俗虽强悍,而女人多尚节义。

此外我们从志书上还可搜得许多材料:

> 泉州俗尚敦朴,自昔已然。吉凶仪节,多依《朱子家礼》。(《福建通志》卷五十六,第二页。)

> 泉州风土温柔,民情愿悫,习俗敦厚,率以爱身畏法为重。……盖士以礼法为拘,气节为重,自宋至今然也。(同上。)

> 晋江经学之儒,彬彬辈出。又尚廉耻,而多清议。有失,人共指其非。盖得于席(唐泉州刺史席相福)常(唐福建观察使常衮)王(宋知州事王十朋)游(宋知州事游九功)四公引导。复得朱子以下罗一峰等过化讲明者多。而乡先生如蔡虚斋、陈紫峰、苏紫溪辈,后先传薪,故居仕宦,类多奇节循声。其未仕者,自缙绅家以下,只以舌耕为业,士习相沿无异。(同上,第五页引《晋江县志》。)

> 南安士人质直率真,敦意气,重然诺,不以倾轧为能。其学者确能守紫阳传义。居山滨海者,舌耕自给。非应试少入城市。(同上,第五页,引《南安县志》。)

> 同安自朱子簿邑以来,礼义风行,风俗淳厚。士以气节自励。其民亦守分,能任真率,无矫饰。男子力稼穑,女人勤绩纺。(同上,第六页。)

我们看这些地方,都可以考见朱熹作同安主簿以后,泉州境内所受到的感化。

漳州素称风俗淳厚。但是在朱熹守漳时,事实上已竟不然。据说:那个时候,有居父母丧不服衰绖的;有借着礼佛传经为名,男女混杂,聚合僧舍的。也有女子不愿出嫁,私自住在庵舍作女道士的。所以他"莅任伊始",先发布一道《劝谕榜》。现在把重要的几条,抄在下面:

一、劝谕保伍相劝解事件：仰同保人互相劝戒，孝顺父母，尊敬长上，和睦宗姻，周恤邻里。各依本分，各修本业。莫作奸盗，莫纵饮博，莫相斗打，莫相论诉。孝子顺孙，义夫节妇，事迹显著，即仰俱申，当依条格旌赏。其不率教者，亦仰具举。

二、劝谕士民，当知此身本出于父母。是父母兄弟天性之恩，至亲至重。而人之所以爱亲敬长者，皆生于本心之自然，不是强为，无为穷尽。今乃有人不孝不弟：于父母则辄违教命，敢阙供承；于兄弟则轻肆忿争，忍相拒绝。逆天悖理，良可叹伤。宜急自新，毋速大戾。

三、劝谕士民，当知夫妇婚姻，人伦之首；媒妁聘问，礼律甚严。而此邦之俗，有所谓"管顾"者，本非妻妾，而公然同室；有所谓"逃叛"者，则不待媒聘，而潜相奔诱。犯礼违法，莫甚于斯！宜急自新，毋蹈刑辟。

四、劝谕男女，不得以修道为名，私创庵宇。若有如此之人，各仰及时婚嫁。

五、约束寺院，民间不得以礼佛为名，聚集男女，昼夜混杂。（《文集》卷一百，第六页。）

他因为当时的人有居父母丧不肯服衰绖的，于是又发布一道训令。那上面说：

此邦僻远，声教未洽。乃有居父母之丧，全释衰裳，尽用吉服者。见之骇然，良用悲叹。……自今以后，居父母之丧者，虽未能尽遵古训，全不出入，亦须服粗布黪衫、粗布黪巾，系麻绖，着布鞋，不饮酒，不食肉，不入房室。如是三年，庶几少报劬劳。勉遵礼律，仰承圣化。如其不然，国有常宪！"（《文集》卷一百，第三页，《居丧持服教》。）

从此以后，漳州的礼教、风俗，受这个劝谕榜上边所谓"孝子顺孙，义夫节妇，事迹显著，即仰俱申，当依条格旌赏"和"夫妇婚姻，人伦之首。媒妁聘问，礼律甚严"的影响，人民渐渐地不敢"逆天悖理"或"犯礼违法，并且成了一个礼仪之邦"。据黄道周说："漳自紫阳莅治以来，垂五百年，人为诗书，家成邹鲁。"（《王文成祠碑记》。）那么，朱熹作守以后的漳州民俗和他没来此地以前，显见得有一种很大的变化了。我们且从志书上再搜求一点儿证据：

郡自朱子作牧，敦以诗书，泽以礼让。冠婚丧祭，一裁以正。其时君子以文学气节自高;小人亦循分守业,好义以事其上。争斗不施,讼狱衰息。……婚姻不甚择婿,以门户为主。死丧粗知备礼,营葬则岁月迁延。……俗谨男女,妇人非有大故不相见。贞女烈姬在在有黄鹄之韵。(《福建通志》卷五十六,第二十一、二十二页,引《乾隆福建续志》。)

朱子典牧是邦,培化源而靖习尚,文教渐摩。陈北溪、王东湖生于其乡,出而羽翼之,所谓"海滨邹鲁"。君子尚气节,小人急生业。……四民中惟士最贫,米菽不饱,浩歌作金石声!其魁垒者,举子业外旁及诗古文词,往往有传闻于世。士大夫多饬篮篓。宦归,囊不名一钱。贫则理故业,授徒以自给,不悒也……妇人非有故,虽君舅小郎弗见也。家贫者出必以巾。男女之别,尤兢兢焉。(《福建通志》卷五十六,第二十四页,引《龙溪县志》。)

唐以来重僧,宋以来崇儒,紫阳之化也。(同上,第二十六页,引《平和县志》。)

这些材料如果不是"溢美"、"夸饰"或"失实"的记载,那么,所谓"俗谨男女,妇人非有大故不相见。贞女烈姬在在有黄鹄之韵","妇人非有大故,虽君舅小郎弗见",以及"冠婚丧祭,一裁以正","死丧粗知备礼"云云,能够说不是他的《劝谕榜》和《居丧持服教》的影响吗?至于"妇人家贫者出必以巾",那更显而易见的是前文征引的《同安县志》里边所谓"朱公兜"了!

他在闽南只有五年,而居然有这样"化民成俗"的成绩,那么,他的影响也不敢说不大了。但是这种影响究竟是好呢?还是坏呢?我现在姑且把旁的问题暂时搁起,单就男女防闲的一端而论,觉得实在有些"矫枉过正"的地方。在他没有到泉、漳以前,那时候这个地方的两性结合,有所谓"引伴为妻"、"管顾"、"逃叛"等名称,并且还有男女混杂,聚居僧舍的风气。自从他"敦以诗书,泽以礼让。冠婚丧祭,一裁以正",于是"守礼敦义,溢于闾间",(《福建通志》卷二百四十八,第一页。)"俗谨男女,妇人非有大故不相见。贞女烈姬在在有黄鹄之韵","妇人非有大故,虽君舅小郎弗见。家贫者,出必以巾。男女之别,尤兢兢焉"均见前:因此闽南对于妇女们"片面的贞操"十分提倡。并且因为他对于"义夫节妇事迹显著"的,要"依条格旌赏",于是后来"变本加厉",竟自演成奖励殉节的不人道的风俗!我曾根据《福建通志》卷二百四十八作了一个约略的统计,除去寡妇守节的不可胜计,姑且不去管他外,单提出(一)为未婚夫守节,和(二)遭强暴不从致死,或羞忿自尽,及夫

亡殉节等两项,列表如下:

时代	人数 地域	晋江		南安		惠安		同安		安溪		龙溪		总计	
		一	二	一	二	一	二	一	二	一	二	一	二	一	二
唐		1		1											
宋		1		3											
元		1													
明		3	101 内有未嫁者十一人	10	内有未嫁者四人	18	内有未嫁者一人	71	内有未嫁者八人	8		26	内有未嫁者六人	4	307 内有未嫁者三十八人
清		21	168 内有未嫁者三十四人	10	38 内有未嫁者八人	7	40 内有未嫁者三人	29	123 内有未嫁者八人	8	19 内有未嫁者二人	35	82 内有未嫁者二十七人	158	532 内有未嫁者一百十五人

时代	人数 地域	漳浦	海澄	南靖	长泰	平和	诏安		
唐									
宋		1				1			
元		1							

续表

时代	人数	地域	晋江	南安	惠安	同安	安溪	龙溪	总计
明		1	40 内有未嫁者一人	15 内有未嫁者五人	6	3 内有未嫁者一人		9 内有未嫁者一人	
清		13	33 内有未嫁者十二人	24 内有未嫁者四人	17 内有未嫁者二人	7 内有未嫁者一人	11	21 内有未嫁者二人	57 内有未嫁者十二人	6	

就这个表看起来，可见自宋以后，闽南妇女守节和殉烈的风气，的确逐渐增高。并且其中尤以曾经朱熹"过化"的同安、龙溪两县和毗连同安的晋江为最发达。晋江城郭的附近，旌表牌坊触目皆是，甚至于从甲牌坊到乙牌坊，其间的距离只有三尺。纵使其中有些不是旌表节烈的，而其数目之多，也就很可观了！

关于贞操问题，前几年曾经许多人讨论，现在本可不必多谈。但是殉烈这件事，实在是残酷不近人情的风俗。在替清朝宣扬德政，为福建表彰妇行的通志上说："国朝休风风翔洽，蒸被东南。不惜帑金，表彰妇行！故虽山陬海澨，练裳椎髻之伦，莫不闻风相劝，矢志安贞。"（卷二百四十八，《列女志》序。）这种文字，多么冠冕堂皇！其实从字里行间细看，不啻是宣布政府奖励杀人的罪状！因为政府"不惜帑金，表彰妇行"，才引起人民沽名钓誉的虚荣心，发生强迫殉节的"吃人"行为！闽南搭台殉节的陋俗，就是由这种暗示造成的。据赵国麟禁止搭台殉节告示上面说：

……妇人守节，从一而终，理之正也。身遭强暴，捐躯明节，理之变也。变而不失其正也。若夫舅姑无恙，叔嫂有依，必慷慨一决，从夫九地，于死者虽无愧，于生者何其忍！此贤智之过，非理之正也。至于为父母兄弟者,家有守节之妇,当安抚以全其生,不当怂恿以速其死。况更为之筑台设祭,扶掖投缳,俨然正法之场,死者何罪?观者何心?一人节烈,众人豺狼,名为美举,实伤风化!此不独非理之正,而更大背乎理者也!闽省旧有此习,本司素所深悯!……凡守志者,当思愿为节妇,不愿为烈妇。凡为节妇之父兄亲戚者,当周旋防护,开导劝谕,使其知一死之不足以塞责。则有节妇之乐,无节妇之苦,庶人民风俗皆得其正。……(《福建通志》卷五十五,第二十一、二十二页。)

这篇文字,虽然还承认"从一而终"为"理之正",可是对于搭台殉节的举动,已然认为:"一人节烈,众人豺狼,名为美举,实伤风化!"这种陋俗,我们虽不能"深文周内"的完全归咎到朱熹身上,但是自从他在闽南绍述程子"饿死事极小,失节事极大"的思想,提倡礼教,严定男女的防闲,以后逐渐演变,遂成了这种"变本加厉"的风俗,其间不能说毫无因果关系的。何况,闽南的民间对于朱熹有许多神秘的传说,已经由"人的崇拜"进而至于"神的崇拜"。(关于此问题当另为文以记之。)那么,对于他生前所主张的政策,还能够不受"潜移默化"吗?我们现在不必替朱子回护,但能改革这种非他始料所及的陋俗,便算是他的知己了!然而从前北方政府的《褒扬条例》第一条里,还保留着:"妇女节烈贞操可以风世者"一款,难道也要"不惜帑金,表彰妇行",使全国"练裳椎髻之伦,莫不闻风相劝,矢志安贞"吗?

录自《国立第一中山大学语言历史学研究所周刊》第 1 卷第 4 期,1927 年

清源山上的戍卒诗

莘　田(罗常培)

　　清源山在福建晋江县城北五里许。南唐和宋时称泉州为清源军,即以此山得名。据志乘记载,说他:"高数千仞,上起三峰,中有三十六岩洞。"总算是闽南的名胜之一了。这几年来,泉州屡次经过军阀的交哄,土匪的猖獗,此山虽然密迩城郭,可是一班游人都裹足不前,不单异乡人"寻幽探奇"的雅兴,被"绑票勒赎"的恐怖所夺,就是本地人,而且祖茔建在山麓的,亦竟至有八年之久没敢去祭扫了。

　　今年春天,我借着一种机会,居然能在万方多难的时候,登临此山,这不得谓非幸事了。关于清源山的史迹,和我游览时所得的印象,另外有一篇游记去写他。现在先把从前住在山上的北军所作的几首白话诗,照原文不加雕饰的直录在下边,藉以窥见军人心理的一斑。

　　我游清源山的那天,是二月六日。这时的泉州,早已在国民革命军统治之下了。当国民革命军未到之前,那时驻守泉州的军队,是所谓中央陆军第十二师第二十四旅旅长(?)孔昭同的部下。这一班军士,大半是直、鲁、豫的健儿,他们为着生活的关系,不得已而投身行伍,糊里糊涂的转战数千里,替军阀来抢地盘。及至用无数血肉换来的地盘被军阀攫有了,他们便立刻去尽搜刮民财的能事,以达纵欲作恶的素怀!这时不单把战死疆场的已枯之骨早已抛在脑后,甚至对于这些万劫余生,久戍不归的老"弟兄们"拿生命换来的区区饷银,还要尽量的克扣!这些军士大半都是来自田间的愚民,既无主义,又无信仰,即使有一两个聪明一点儿的,处在军阀的淫威之下,亦不过暗中偶尔吐露出些须郁勃之气来,而不敢有澈悟的革命行为。我这次在蜕岩观光阁的墙壁上所见的几首小诗,便是这一部分人的哀鸣。其中有一首道:

　　　　可叹当兵实在难,一受饥来二受寒!
　　　　谨记有钱回家转,父母妻子得团圆。

只顾浪荡枉花费,如有病时谁可怜?
　　病在地下无人问!手中无有一文钱!
　　有意我与官长借,☐☐☐☐☐☐
　　☐☐☐☐☐☐,①当时与我两毛钱。
　　买药治病才能动,忽然开差到前边。
　　再说不去开小差,②思想手中并无钱!
　　无奈随军出发去,四肢难抬实可惨!
　　水路行军还可以,旱路行军实在难。
　　发下草鞋整一付,走上半天☐☐☐。③
　　鞋烂磨泡不能走,两足疼痛如割肝!
　　无奈吊队随后走,④官长说我无价钱。⑤
　　意欲借钱买草鞋,大众兄弟都无钱!

这首诗虽然只是赤裸裸地自鸣其不平,可是比起许多诗人描写征人苦况的作品,还要深刻许多。又有一首短诗道:

　　人在外,心在家,
　　——家中留了一枝花!
　　有心回家去采花,
　　无钱难回家!

这首诗虽然比《诗经》上《击鼓》里面的"于嗟阔兮,不我活兮!于嗟洵兮,不我信兮!"和《扬之水》里面的"怀哉!怀哉!曷月予还归哉!"写得格外的浅显,但是他所表现的,确是羁旅在外不能还家的一种真情实感。因为久戍不归,引起性的烦闷来,于是有时亦想说两句苦痛的开心话,有一首诗可以表现这种心理:

　　村女结伴来采茶,金莲赤跣首满花。
　　玉腕伸处寻嫩蕊,柳腰弯时小桃发。
　　俊鸟舒喉叫姐姐,牧牛昂首呼阿妈。

---

① 原文漫灭,不可辨识。
② "开小差",或作"开小车",末尾宜附"儿"音。此直鲁豫等处方言,即走字之意。
③ 原文漫灭。
④ 吊,通作掉,俗谓落后,或物自高处堕下也。案"吊""掉"均无此义,当即"堕"字音转。
⑤ "无价钱",犹言"不值钱"或"无价值"也。

何时能得阳台会,惹得噥眼望归家!①

这首诗,忽然讲对仗,调平仄,有意摹拟起律诗来,因此反倒没有前面两首自然。至于里面的俏皮话,却可以代表大部分军人的 Abnormal Ming。不能因为稍近猥亵而鄙夷他。

以上所录的这些小品,本是当时随手写下来的。我们看了之后,觉得国军所至,北兵所以望风披靡的缘故,固为因为无主义的军队不足与有主义的军队抗衡。可是他们自身的军心涣散亦是一个致命伤。上面的三首小诗里,竟有四次提到"无钱",两次提到"借钱",一次提到"存钱",四次提到"回家",可见他们长受官的克扣剥削,早萌怨望思归的念头。所以他们遇到国军,尚未交绥,即多半败退或投降,可以说是:"履霜坚冰,非一朝一夕之故,其所由来者渐矣!"因此我附带着有一点意见:当现在北伐未竟全功的时候,司军政者,鉴于北洋军阀失败的覆辙,一方面固须厉军行队之主义化,纪律化,革命化;一方面对于低级武装同志的生活问题,尤不可漠视呀!

十六,十一月,五日,在广州,东山。

录自《民间文艺(广州)》第 3 期,1927 年

---

① 噥,应作馋,噥眼或为龟延之讹。

闽南游记

陈万里

泉州第一次游记

一五,一一,三日,天未明即起。五时三十分到模范小学船埠,晤张亮丞及德人艾锷风二先生,同乘划船往厦门,直傍安海轮船。在吾们临走的前几天,有许多朋友都劝我们不要去,"游历也不是一项正经的事,犯着去跟土匪打交代么?"艾先生很决绝的说:"没有这回事,我们还是去罢。"我当时态度亦颇坚定,以为如果被土匪绑去,可以经验几天匪窟生活,也平生一桩难遇的事。我们二人就不听旁人的劝告,毅然决定行期。亮丞惯走江湖,当然是我们旅行中的好伴侣。并且他是研究中外交通史的专门学者,泉州为中世纪中国唯一大商港,在中外交通史上占有极重要的地位,亮丞之去,为其所专门研究的学问搜寻材料。锷风之游泉州,此实第三次,他所依恋不能忘情的是开元寺的古塔。在我,希望一往灵山,探索回教徒古墓。各人都有一种目的,因此前途虽有怀疑,决不能阻止我们的前进。

七时开船,沿厦门岛东海岸折北,可以望见大小金门岛。十二时进口,因已退潮,不能直达安海。换乘小船,江面狭而吃水浅,约行两小时,离安海尚有里许,小船亦不能进,就有许多人来负客登岸。到汽车站,行李稍受检查。护路军队多山东、河南人,跟他们说普通话,居然称呼"老乡"了。安海离泉州六十里,汽车四十分钟可达。四点十分到泉州站,乘人力车进城,过新桥,有军队驻守,检查行李。桥极长,全系石板,跨晋江上,旁有塔幢,桥北堍有六尺高之介士石像二。南城已拆毁,街道全铺石板,极宽,两旁都是新建筑的房屋,跟厦门市的新马路相仿佛。我们先到南大街天主堂,访任神父(Seraphin Moya)。神父西班牙人,系锷风旧友,和蔼可亲,来泉州传教已二十余年,所以泉州话说得很好。他同吾们先去看已故教友陈光纯先生的住宅,预备借宿数天。陈宅亦在南大街,门口很破旧,转过几湾,方是主屋,有洋楼两座,并有园林。女主人一见即允,盛意可感!据闻光纯先生经商小吕宋,颇有资财,前年才故世云。辞出,同神父往游开元寺。寺在西街,唐时建,初名莲花寺,长寿中改名兴教,神龙中改名龙兴,开元间始改今名。至正间灾,明洪武、永乐间重建,万历间增修,郑芝龙又增修一次。院中塔幢极多,大殿后戒台,新近修葺。很有些建筑物,可以把它摄影出来,就是像顶部横柱突出的双翼天人雕刻,据任神父意思,以为基督教遗型的产物,此说我不谓然。戒坛外形,亦跟别处不同。场内藏藏经四立柜,虫蛀了不少。西院系慈儿院,晤知客僧智远,导游西塔。塔名仁寿,初系木造,宋绍兴中火,更造砖塔,宝庆中易砖为石,早于东塔落成十年。明万历三十四年大风,塔坏重修,现在复由侨商出资修葺,尚未完工。智远告我塔顶尖端下方有大铁缸一,中置磁像、古钱,写经很多,曾经摄影,后复重行放入。我就向智远索阅影片,中间颇多密宗造像,建磁造像有数尊,惜影片技术拙劣,阅之殊不满意。后又去看东塔,东塔名镇国,咸通六年僧文偁以木为之,宋天禧中加高为十三层,绍兴中易木为砖,高七层,嘉熙二年改建为石,中间经过几次兴筑,到淳祐十年始完工。底层有《释尊佛传图》近四十幅,雕刻虽嫌简略,余因其数量多,以为有摄影或椎拓之必要,可以与云冈、栖霞各处佛传图作比较研究的材料。锷风却注意各层所雕刻的天王像。

傍晚回陈宅,床帐一切,都已备妥,并以饼干等饷客。移时任神父又命人送来晚餐及西班牙葡萄酒,同人且饮且谈,至为愉快。

四日,八时,往访神父。在成元成衣铺门前马路上,见有阿拉伯文残石两方。据闻南大街一处有四五块,深为可惜!遂同任神父往游文庙,庙内榕树颇多,大抵数百年前物。大成殿正在修理,桥栏石刻有母稚二象,棂星门内有南宋碑石。参观后往游清净寺,寺建于绍兴元年,元金阿里、明夏彦高重修。本来有木塔,隆庆间毁去。兹录《闽书》所载《元吴鉴碑记》后段文字如下:

> 元吴鉴清净寺记……宋绍兴元年,有纳只卜穆喜鲁丁者,自撒那威从商舶来泉,创兹寺于泉州之南城,造银灯香炉以供天,买土田房屋以给众。后以没塔完里、阿哈咪不任,寺坏不治。至正九年,闽海宪佥赫德尔行部至泉,摄思廉,夏不鲁罕丁命舍剌甫丁哈悌卜领众分诉宪公,任达鲁花赤,高昌偰玉立至,议为之征复旧物,众志大悦。于是里人金阿里,愿以己资一新其寺,征余为文,记其略如此。

清净寺外墙颇高,横石刻阿拉伯文字。进门屋盖作椭圆式,东壁嵌永乐上谕:

大明皇帝敕谕米里哈只,朕惟能诚心好善者,必能敬天事上,劝率善类,阴翊皇度,故天锡以福,享有无穷之庆。尔米里哈只,早从马哈麻之教,笃志好善,导引善类。又能敬天事上,益效忠诚,眷兹善行,良可嘉尚。今特授尔以敕谕,护持所在。官员军民一应人等,毋恃慢侮欺凌。敢有故违朕命,慢侮欺凌者,以罪罪之。故谕。永乐五年五月十一日。

屋后北阶上方有阿拉伯文字三刻(见林君所绘封面),十余年前泉州天主教神父 Arnaiz,曾有照片,刊在通报,翻译后,才晓得是重修时的题记,上面说:"寺建立于回历四百年,西历纪元一〇〇九至一〇一〇。过三百年后,即回历七一〇,西历纪元一三一〇,耶路撒冷(Jerusalein)人 Almad 重修。"(按西历纪元一〇〇九系宋真宗大中祥符二年,西历纪元一三一〇系元武宗至大三年)云云。院中东面有二石碑,已磨泐,椎拓后或尚可读。西面有栅栏门,上部有阿拉伯文石刻三列,门内石墙及上方弧形石刻,依然完好。石墙上部有阿拉伯文一列,石刻有五列。空场牧牛,西北隅为牛皮硝洗处,狼藉不堪。后堂系同治年间提督江长贵所重修。堂中阿拉伯文石刻极多,还有零碎石刻,堆在廊沿下。主教许昆山,江苏砀山人。我在清净寺里分别摄影椎拓,工作了足有四小时。本来请天主堂里的中国人某君,转雇拓手,专拓阿拉伯文石刻,岂知某君同来了一位年近五十岁的妇人,拓永乐上谕,许久不能成一纸,可笑!下午二时出寺,路经奏魁宫,在东壁上发现古十字架石刻一方。原来泉州有三块十字架石刻,载在光绪十五年湖北崇正书院所刊的真福和德理行实记,(一)明万历己未出土于泉州南邑西山下,(二)崇祯十一年二月得于泉州城水陆寺中,于耶稣受难瞻礼之前日,奉入教堂。(三)泉州仁风门外三里许,东湖畔旧有东禅寺,离寺百步许有古十字架石,崇祯十一年三月,教友见之,奉入堂中保存。在该书上有一段按语:"水陆东禅二寺皆起于唐,十字碑石亦悉于该寺内外得之,是十字架即不能遽指为唐之前所有,亦当与景教碑先后有也"云云。昨晚亮丞曾以此事问任神父,据说已无下落。今天忽然看见和德理传上所没有记载的一块石刻,当然非常高兴。准备用过午饭后,再来椎拓摄影,我们就回到天主堂。四时拟往奏魁宫,不意神父告诉吾们说:"摄影可以,椎拓怕要惹起人民反感,因为有许多人向十字架石刻去烧香磕头的。"我们不得已只好依从神父的劝告,照了数片。在当时,观众却很多,丝毫没有什么闲话,我恐怕神父劝告的后面有什么背景罢!虽是一种揣想,但是我对于今早同到清净寺的某君,不能不怀疑。

出奏魁宫,往访早因君令叔苇邻先生于泉苑茶庄,请某君同今日下午伊所介绍的拓手,先到开元寺东塔预备。遂与苇邻闲谈泉州情形约三十分钟,即雇车往东塔。候久,某君竟不至,椎拓事只能留待以后进行。

晚在天主堂用饭,神父出示从前所印的泉州城市图及泉州府志,据今早在文庙遇见的陈君说起,府志木板已毁百余块,旧刻复不易得;晋江县志更难寻觅,全城中只有数部,以后来泉,当设法借阅。夜张君来访,邀我们明天二时到伊店中午饭,谢之。

五日,八时,同去访神父,据说现在戒严,各城门今日已有布告,如有出城去的,镇守使不能负责保护,所以东门外的古墓,我们恐怕不能去。说罢,领我们去参观他所经营的中小学。房屋新建,还未完工。楼上有国学专修科,三层楼上平台,可以望远。大海离晋江只有数里,所以在中世纪的时候,泉州可以为世界独一无二的大商港。全城树木极多,远胜厦门。学校空院东隅,有破屋一间,内停棺木七具。旁有土台,布帷上书"留府郡王"四字。据说留家在明末时候全家赐死的,本来有八具,早年被人盗发一具。我猜想是留从效的后裔,不晓得志书上能否找出一点事迹?

参观学校毕,神父问我们愿否冒险一出东门,工们自然回答他很愿去。于是雇车出仁风门,守城兵士问了几句话,并无拦阻,城门口亦不见有什么布告,那么,何以神父有清早的一番话呢?出了城,在汽车站上买了几张捐票,一路往东。青山绿水,宛然春景。老神父的闷葫芦,让他去罢。约走两里许,下车步行,斜穿一个小村落,山坡上就看见有许多墓地,最高处尚可望见破屋数间,我们奋勇前进,荆棘遍地,亦所不顾。墓址向南,完全回教式构造,上有墓亭,已颓败。四围有石墙,并有护碑走廊形迹。中央阿拉伯文石刻,系回历七二三,即西历纪元一三二三年,元英宗正治三年修墓时题记。Arnaiz氏译文大意说:"二先贤当发克福时,来此传教,后葬此山。教徒每来瞻拜,得沐圣恩保佑,愿此二墓长能保存"云云。西侧我竟发现一郑和路经泉州行香碑记,此碑 Arnaiz 氏文中没有提起,急为拓出,以备参考。全文录之如下:

(一)

钦差总兵太监郑和前往西洋忽鲁谟厮等国公干,永乐十五年五月十六日于此行香,望灵圣庇佑。镇抚蒲和日记立。(按明史没有记载郑和是回教徒)

西南隅有同治十年江长贵重修碑记,东侧有嘉庆二十三年马建重修碑石,东南隅康熙年间重修碑文已漫漶,不堪卒读。此外有同治年间马阿浑墓石一块,并录其原文如下:

(二)

岁在著雍摄提格之孟陬,余奉命提督福建陆路军务来泉州,因知东关外有爸爸墓焉。按府志所载,唐武德中,有三贤四贤,传教泉州,卒葬此山。葬后,此山夜光显发,人因而灵之,名斯墓曰灵山。明永乐钦差总兵太监郑和,前往西洋忽鲁谟厮,行香于此,蒙其庇佑,立碑记。我朝康熙年间,福建汀邵延等处总兵官陈有功,陆路提标左协中军游府陈美,乾隆癸卯、辛未孝廉郭拔萃,夏必第等相继修葺。迄今日久坍塌,募捐俸重修,再建墓亭,悬匾额于其上,以昭灵爽,用答神庥。竣工,约共事而为之记。署福建全省陆路提督军门漳州总镇,西蜀马建纪勒石。

(三)

我教之行于中国,由来旧矣。泉州滨大海,为中国最东南边地,距西域不下数万千里,则教之行于斯也,不亦难乎!同治庚午秋,长贵奉命提督福建陆路军务,莅任泉州。下车后,询问地利,部下有以郡东郊有三贤、四贤墓告者,初听之而疑其误也,继思之而恐其讹也。公余策马出城,如所告而访之,二冈之上果有两墓在焉,而不知其始于何代及为何如人。墓侧碑碣,苔蚀沙啮,字迹漫漶,多不可辨。惟我蜀马公权篆时所撰立者,上故有亭,尚未磨灭。而亭久倾圮,碑仆卧尘沙中,已不知几历年所矣。竟日爬刮,继之以淋洗,始得约略扪读;证诸郡志,乃获其详。盖三贤、四贤于唐武德中入朝,传教泉州,卒而葬此山者,厥后屡显灵异,郡人士咸崇奉之。明永乐太监郑和,出使西洋,道此蒙佑,曾立碑记。我朝康熙、乾隆间,泉之宫绅,迭继修治。马公重修事在嘉庆二十三年,乃其最后者也,然于今已五十四寒暑矣。其间水旱兵燹,未尝无之,虽荆棘丛蔓,不免就荒,而两墓岿然无恙,且适有来官是土之余,以踵马公于五十四年之后。噫!得毋两贤之灵,有以默相之乎!然则西域虽远,其教之能行于中国最东南边地也,更无论矣。于是捐廉择吉,鸠工重修。既竣事,说其崖略如此。惟冀后之来者,以时展缮,勿任其如马公及余相去之远,而未葺治,日复一日,渐就湮没也。是则我教之幸,抑亦余所深祷者尔,是为记。同治十年,岁在辛未季秋之月,下旬毂旦,钦命提督福建全省陆路军务,执勇巴图鲁,赞亭江长贵盥沐敬撰。

（四）

　　同治壬申年七月初十日，故四川成都六品军功，马阿浑永春之墓。
　盐亭乡愚弟江长贵顿首拜立。

　　当时 Arnaiz 氏在先贤墓附近发现一基督教徒所刻亚剌伯文残石，原文极简，除人名、地名外，别无记载，因此任神父以为此古冢，实系聂思托里派教徒的坟墓。亮丞对于武德间吗哈默德派遣圣徒来泉传教一事，就地理沿革上观察泉州地位，以及回教当时情形，颇有不能相信之处。我对于亮丞所怀疑的，极表同情，但是进一步说他不是回教坟墓，或竟说他跟基督教徒相合葬的坟墓，我不敢附和其说。一、因 Arnaiz 氏所发现的残石，文字太简单，不足以为墓石证明，二、《真福和德里行实记》上所记载的第三块古十字架石刻，说在仁风门外三里许，离东禅寺百余步，田侧泥泞中发现的，地位适与灵山回教墓相近，或即当时所谓城外近处所创建之修院（见《和德里行程记》第四十三章注中引西历纪元一三二六年，即元泰定三年，主教意大利人安德肋柏罗瑟由华致函本国之言）亦未可知。三、回教徒服从教规极严，团结坚固，在跟基督教徒同居泉州的当时，虽没有发生宗教上的争斗，但是不能证明基督教与回教有融合的形迹，因此就说他们的坟墓，有同在一处的可能。

　　先贤墓坡下，回教徒坟墓极多。东侧山坡有短墙拦住，是敕赐承天寺僧的墓地。略阅一周后，同神父往观东门外市梢牌坊，接二连三的约有数十。两牌坊间的距离，远的约有丈余，近的只有四尺，密度如此，为向来所未见。其中道光、同治年间的节孝坊最多，本来闽省所谓节孝风气，提倡得很厉害，有搭台强迫儿女尽节的恶俗，《闽杂记》及《福建通志》中记载颇详。此许多节孝坊，不晓得坑死了多少儿女。真能使人一见，为之惊心动魄！

　　进城饭于天主堂，某君今日却未见面，椎拓事只得以后再行设法。饭后回寓，匆匆整理行装，时已三点。锷风还要多住一日，计划如何着手东塔全部摄影，我同亮丞先行回校。遂携行李往访张苇邻先生，张已备席邀饮，不得已辞之。雇车出城，趋汽车站，随即上车，五时左右到安海。沿路所见房屋，都用红砖砌墙，仿佛新式村落，别成一种景象。到安海后，投宿任神父所介绍的天主堂，晤任主教，我跟他说起郑成功的事迹，他告诉我，本地平民医院郑君即系延平后裔，我就挽他同去访问。医院在安海大街，安海虽非县治，商业颇盛，有三里市街五里长桥之谚。到医院后，承任主教介绍，郑君谈论豪爽，说起关于延平传说，眉飞色舞，一座都为之动容。他说：

延平故乡在石井,离安海有二十里,坐帆船半小时可到,从水头村去亦可以。现在村中有三点会,外面人去,恐怕有些不方便,最好有熟人同去。延平所用刀帽,从前都有,存在族长处。后来住在厦门的族人看见此种物品在日人手中,就问族长,据说遗失了。现在遗像还在延平祠堂里,安海照相馆中有一张影片,有人肯出过八百元,族中人不敢出卖。延平之母田川氏的墓地在石井,有许多传说。在阴天的时候,对岸白沙居民,往往看见坟墓上仿佛有一个人踱来踱去。民国十二年有一郑姓军官,京兆人,驻守石井,很不相信。有一天军官看见一个黑的东西在他前面,军官开枪轰击,黑影还是照样的走着,军官一路追击,直到墓地,却无影踪。不过这些话似乎有点迷信罢了。石井除姓郑的外,还有王张许吴等十姓左右。姓郑的都住在四围,约有二千余人,大半业渔,亦有往新加坡去经商的。姓郑的所以住在四围的原故有两种传说:(一)王张许吴等姓先在石井,姓郑的后去,所以住在外圈。(二)姓郑的在当时恐怕为别姓压迫,所以取包围形势,大概以第一说为近似。台湾延平后裔很多,十几年前每年尚派代表到石井祭祀通谱。石井隔海白沙海滩,遗留当时所用巨炮五尊,乡民称为"五马跳海",外面人不容易寻到,就是要问本地人亦不肯领你去,因为本地人很敬重他,当作一种神道看待。我在白沙看见过,炮身上还有伦敦字样,西历纪元不能记忆了。小炮一尊,已经被窃。总之,关于延平的传说及遗迹,石井附近很多,将来有机会,可以同去调查。

谈得彼此都很高兴,忽然驻军吕营长来访,我同亮丞即辞出,往照相馆定印延平遗像,遂购火炬燃之归寓。

六日清早到汽车站,轮船就搁在车站南面浅滩上,候潮约两时余出口。下午二时到厦门,海军及关卡稽查,费时很久。下划船先到鼓浪屿白室用饭,饭后回寓。

漳州游记

一五,一一,二七,黎明到船埠,晤艾锷风君,同行赴厦,趁开往浮宫轮船,前游漳州。搭客已极拥挤,而续来的还是纷纷不绝。喜晤孟温、玉霖和清玉苑昆季四人。后来因搭客过多,海关不许开船,船主特雇划船数只,分载搭客数十人,先往鼓浪北面海中等候,自此轮船始行开出,时已十时。过塔岛后，向西进海门内港，复稍偏南。直西系月港，现称月溪，为嘉靖间倭寇入寇之所，可通石码，因水浅，小轮不能直达，所以自汽车路通行后，都赴浮宫搭车，较为便利。十二时左右，到浮宫船埠，上岸就是漳汀龙始兴汽车公司车站，约候半小时开车，经海澄县石码、水头三站而至漳州，费时仅一小时余。先到桥头，陈炯明在漳州时所修建，名东新桥，长过横跨晋江之新桥。出站雇车，往访吴神父（John Fernandez）于崇正书院（St. Thomas' College）。神父西班牙人，在漳州已四五年，说本地话颇流利，其与余等谈话则用英语。承其招待，以某教员所住卧室为余与锷风寄宿之所，遂即引导参观标本室。所藏以鸟类为多，据说美国派有专人，在平潭县（按平潭县治在潭南岛）一带搜集，所得材料颇富。兴化沿海贝壳，闻亦不少，但是标本室中所搜罗的，却只有数十种。图画成绩室，写实少而仿模多。神父复指示校中各种统计，可惜数字上的记载，很不容易使人有深刻的回想，尤其是我个人，并不是专门研究教育的，又不是奉命调查教育状况的委员，所以对于统计竟不想看，不想问，更无余暇抄录它占据我个人游记中的篇幅。在吴神父的殷勤指示，从一方面观察，或者是表示他办学的成绩，然而从另一方面想起来，假使他竟把我当作一般调查员看待。那么，似乎太幽默了。

崇正书院参观毕，复领导吾们到崇正女学，很欣快地参预吴神父所预备的茶点，并且因此认识了两位贞女（Sisters），一籍西班牙，一籍厦门，但是她的父亲是葡萄牙人。同时锷风跟神父谈些数年别离的话，我却引起从前在北京法国医院、西什库医院及正定府天主堂参观内部组织时所感着一个"天主教贞女关于性的问题"的回想。所以我一面拿着面包，一面我的中枢神经，不绝的思索推测。凡是贞女们对于我们的一言一笑，都能加添我怀疑的程度。后来承她们引导参观教室、成绩室、刺绣挑花室，一经锷风称赞，而贞女咸欣然色喜，彷佛在她们孤寂的全生活中，博得异性者一种不可名说的慰藉，已经是到了天堂了。

辞出后，神父复导余等参观天主堂附设之爱人医院。院长吴君，龙溪人，学医于台湾医专。据说漳州城内西医有二三十人，其为正式医学出身的，不过二三人而已。出院同锷风去访林氏昆季于东大街。稍坐，即回寓用晚饭，神父以西班牙 Anisado（一种甜酒）及 Vino Tinto（赤酒）相饷，闲谈颇久。

二八，早起，林氏昆季来访。九时同崇正毕业生江君到车站，乘车往游白云山。山距水头尚有二里，我们没有到水头，就下车了。从田垄间斜往东南上山，一路尽系松树，约五里到百草亭，有朱文公解经处石碑。后有殿三楹，额书"紫阳书院"四字，中塑朱子像，有朱子书"与造物游"匾额，傍悬"地位清高，日月每从眉上过；门庭开豁，江山常在掌中看"一联，亦朱子所书。壁嵌乾隆、道光年间重修碑记，殿后为白云岩寺。寺僧出本山茶饷客。寺侧有一池，所产小螺，悉无尖端。寺僧说："当年朱子在山，曾以食余残壳，掷诸池中，是以有此异产云。"昨日玉苑亦告我，当年朱子读书于八卦亭时，屡为蛙声所苦，有一天，获得一蛙，朱子以朱笔圈其头而释之，嗣后塘中所产之蛙，咸有红圈围绕。此外关于朱子的传说很多，当另行搜访记之。

山中树木极多，境颇幽静。下山后过汽车路，有一小塔，上缀榕树一株。昨天在车窗中曾经望见过，我立时就得到一种极深的印象，以为假使有机会走过此处，万不能轻轻舍去，果然今天白云归来，不到两里路，就可从容欣赏这撩人情思的小建筑物。这是何等的奇遇呀！塔的四围，都是稻田，它在很平泛的环境里，独标高岸，昂然耸立，大有气吞白云之势！塔尖树枝，扶疏掩映，助其婉丽。但是妩媚中依然可见卓尔不群的态度，仿佛看十三旦的新安驿，细腻处一往深情，豪爽处如试并州剪，如啖哀家梨，不由人不眉飞色舞，拍案叫绝。区区一小塔，足以移我情的，亦就在此。有诗景，有画意，所可惜的，我没有丝毫文艺上的天才，只有乞灵于机械的摄影器。黔驴之技，如此而已！对之徒增愧羞！二时三十分到水头站，候车，眼见一辆辆过去，竟不能得一座。有时于便利交通的工具上，所获得的观感，适觉其反，如数年前我在定州时所感到的，今天遭遇，亦不过加增我一重迷惑罢了。六时十分来车，尚有余座，因此买票回漳，先到保元药房晤孟温，决定明日往访唐代古墓，随即回寓。

二九，未明即起，六时四十分往车站，孟温后到，遂雇一专车回往浦南。一路重雾中，山树隐约可辨。八时二十分到浦南，孟温访其友，询问路径，约谈三十分间。出镇，沿九龙江西岸山坡往北。橘树香蕉，满目皆是。橄榄树颇高，结实累累，摘而啖之，颇异常味。此外松竹极多，江中时见白鹭立沙际，远处天宝山高耸于北，云气瀚然，帆影数四，若远若近，宛如图画。锷风说："瑞士风景甲全欧，以拟九龙江不逮实甚。"我在北方久，所见景物率粗野，前年游玄墓，始与故乡山水相接，今来漳州，明媚殆犹过之。锷风所告，或非过誉。约行十五里到吴仓，在孟温亲戚蒋君处休息一小时。蒋君出煮番芋，并吴仓柚子饷客。柚子虽小，皮薄而液多，远胜厦门市所通称之文旦。后蒋君导往访墓，约半里，果见石兽翁仲。但一按碑志，大失所望。盘桓片时，仍尊原道回浦南镇，已近三时。就趋车站，询站长，据说已无去车。本来在四时、六时各有一次，现因车辆不敷，临时停止。我们就托站长通电漳州，拟专雇一车，覆电说漳站已无余车可拨，时已四时。遂决计步行回漳。按诸邮政地图，漳南间有四十里，通常说三十里。七时余，到漳州，回崇正寓所。识西班牙神父 martinez 君，他晓得锷风在漳，特自天宅赶来相晤，善歌曲，和霭一如泉州之 Moya。

三〇，七时早餐毕，同锷风往访孟温于东大街，孟温命其公子惠元导游。先到一古玩铺，看了许久，就去访开元寺遗址。其东关帝庙旧有照壁，镂刻人物鸟兽极生动，锷风处藏有影片，现在已无残砖可得，据说张毅修庙时所毁，锷风为之叹息不置。开元寺地基已改学校，旧时殿院，已无片瓦。按志书开元寺于贞元间移建漳州，元元贞间重建，寺极弘敞，为诸州禅林之冠。旧有唐明皇铜像，咸通经幢及宋仁宗御书经疏百二十卷，现在只存咸通经幢，余均散逸。

自此往南，到龙溪中学，有石刻罗汉四尊，跟公园事务前所陈列的四尊及石刻韦陀一尊，都是民国九年时由开元寺移来的。雕刻式样，与泉州开元寺东西塔石刻相似，疑系同时代的作品，但是志书上并无丝毫记载。十一时同惠元渡旧桥，乘轻便铁道往游新塘。村离南门约三里，邻近十余村，田中都种水仙花，上覆稻草，惟新叶透露于外，弥望皆是。据说每年出口往美国的，年有十万元，去年出口之后，在土壤内检出一种寄生虫，可以传播疾病，今年就无人来漳，坐庄收买，价值因之大跌云。遂同惠元进城，到国民党区党部，晤周君。锷风、孟温已先在，偕往政治部，要求参观公园附设之美术馆，承他们慨然允诺，即行转知通俗教育图书馆，启封开锁。吾们就欣然辞出，往游美术馆。馆为陈炯明所创立，张毅退走前，军队驻扎于此，颇多蹂躏。正屋五间中，席草狼籍，门窗悉已毁坏。所陈列的物件，只有唐咸通经幢及铜佛一躯。幢上刻《佛顶尊胜陀罗尼经》，系咸通四年（西历纪元八六三）漳州押衙兼南界游奕将王剀建造，宣义郎前建州司户参军事刘镛书，后有朝议郎使持节漳州诸军事守漳州刺史柱国崔衮，大德僧义中等题名。志称"镛书结法遒劲，有晋人风致，漳南金石刻文，此为其冠"。可惜军队驻扎以后，毁损已多，原拓片又不易遽得，后当设法觅存。铜佛像，据志书所称是崇宁甲申年（西历纪元一一〇四），因营建万寿禅寺，于寺基正殿下掘土一丈，得此金铜无量寿佛一躯。按其形制，当系北宋初或中叶时作品。

出美术馆后，即回崇正，整理行装，并向神父辞别。匆匆趋车站搭车，直赴浮宫。稍待，轮船到埠，乘之回厦。计在漳前后三日，关于考古方面材料，所得甚少。本来漳州古迹中可记的，有开元寺殿后宋进士题名之千佛阁，普贤院南唐时李将军墨迹,开元崇福二寺所藏宋帝御书二百四十卷,开元景祐铜钟,净众寺内宋制佛光屏等等,自经倭寇发乱,两次浩劫,古物荡然无存。陈炯明改革市政以后,气象一新,开元劫余取剩不刻,尚能保留若干,还算幸事。至于附郭景物,西溪我不得而知,北溪自浦南以上,处处可以令人流连忘返。最好雇一帆船,溯江而上,床头置远年绍兴酒一坛,饱看闽南山水,是真乐事!

漳州附近交通,如将来汽车公司发达,车辆加增,车路展修,自极便利。但是照现在情形看来,恐怕还是一种理想吧？现在已成的车路,有东南西北四线,其路线略如下图。

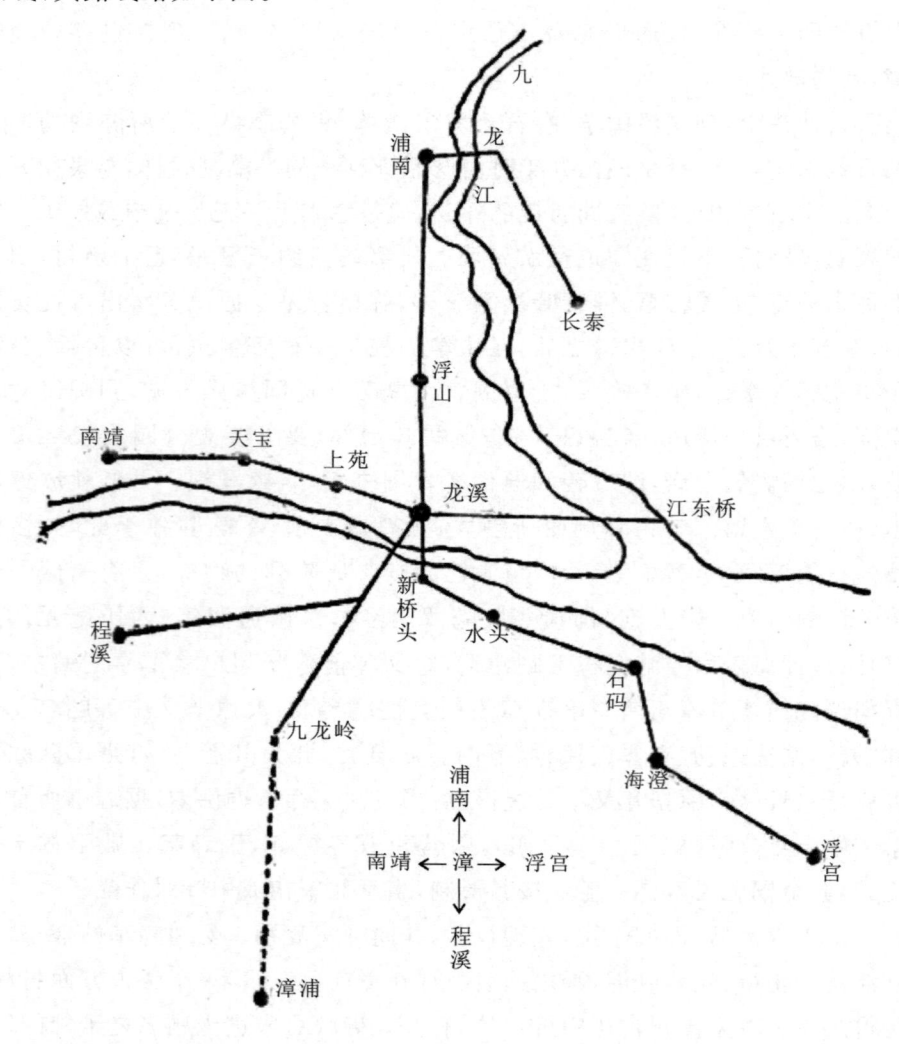

头等车五座，二等十五座，自浮宫至漳州头等每座一元七角，二等一元〇八分，包车照座位计算。轮船自厦门到浮宫每人三角，电船五角。

漳州城内通用小洋，系陈炯明在漳州时所铸造之民国八九年，及张毅时代民国十三年双角两种，每一银圆，约兑二十角。城中有人力车，但是车辆颇少。最热闹的地方，是东大街，妓女一到晚间，大都徘徊街市。第一公园已改为中山公园，张毅德政亭内碑石已取消，拟改刊孙总理遗嘱，镇守使署为东路总指挥留守营及政治部监察员办事处，府学明伦堂现为国民党区党部。马路均系拆城后所筑，颇宽广清洁。自浮宫到漳州，一路尽系稻田，正在收获中。打稻即在田中工作，用一木桶，三面围以竹制直帘，田忙以男子为多。女子大都缠足，与泉州风俗迥乎不同。泉州肩挑一切，十之八九，均系妇女。天足，青布裤褂带余身，反折袖，简朴洁净，兼而有之。头插鲜花，或纸花极多，别具一种风情。这亦受中世纪泉州为通商大港的影响吧？

泉州第二次游记

一五，一二，一五，未明，偕颉刚、孟恕到小学船埠，趁小船赴厦门，上安海轮船（船名后海），六时半开出。海中大雾，将近石井时始渐次清朗焉。到安海，仍由小船转运，赶乘汽车往泉州。至新桥头，复换人力车，趋西街开元寺，晤智远及转物方丈，即将行李安置于慈儿院楼下东厢。刘君谷苇来访，刘君者早因君之戚串，受其嘱托，特来招待者也。饭后，同往私立中学访吴君。出至泉苑茶庄，晤苇邻、嚣人二兄。最后往文庙，陈君适往南安，即与颉刚诸人遍游庙内各处。

泉州文庙，两庑从祀者旧皆塑像。《温陵事考》云："元至治元年，总管廉忱始甃台塑两庑从祀像。"可征也。明嘉靖时改用神牌，于殿后别筑高垄藏之。垄前树一石曰"圣贤瘗像"。方池石桥为至正九年卢儒所筑，石栏母稚二象石刻，其为元代作品可以无疑问矣。晤曾振仲先生，闲谈泉州掌故，直至傍晚始辞别归寓。

晚，天阴，起风，颇有北方初冬气象。饭后，商定分工记载办法，神祀归颉刚，风俗传说归孟恕，古迹则余任之。拟后日往游洛阳桥，并重勘灵山回教遗迹。

一六，吴曾二君饬人送来《闽书》、《泉州府志》、《晋江县志》、《闽中摭闻》（乾隆丁未年刻，邑人陈云程、孙鹏辑）、《青毡笔录》（晋江柯淳庵辑）诸书，自此可不虞无参考书矣。谷苇兄来，同往文庙，以陈君往南安未晤。遂到泉苑，同霭人兄往奏魁宫，拓十字架古石刻。十二时回泉苑，苇邻兄出示所藏书画，《黄道周立幅》下截已短两字，《蓝瑛小册》多虫蛀，殊可惜也。饭后苇邻兄为导，先至清净寺，许主教已出门，即去访吴桂荪先生于叠芳桥。吴公富收藏，为泉郡名进士，出示德化造像数尊，背有何朝宗印章，惜手指均有损坏，非完璧矣。铜罗汉像四，为小开元寺中物，寺僧售诸吴宅者。尚有十余尊，不知消息。云系唐制，实则衣褶像式确系赵宋雕刻。背有"心字"二字，其作者之印记欤？宋磁碗二，一大一小，出土于涂门外马只乡之某山。山故有"宝藏"二大字石刻，乡人于此垦掘得之，殆宋末宗室欲渡海时，中途溘逝，殉葬之物也。大者与天水出土者相近，小者宛然巨鹿所见。国姓瓶一，高约近尺，口小，外附贝壳甚多，为郑延平装盛火药之陶罐；沿海渔民往往得之，市诸泉州，只三四元而已。余为之摄一影，斯亦延平事迹之可以记载者也。辞出后，同谷苇往访铜佛寺于平民学校，寻游清源书院。书院为施烺府第之一，雅有园亭之胜，历年为北军所居，已十毁其九矣。经道口街育文堂，颉刚为风俗调查会购得泉州唱本数十小册，《府志》则缺页约百余，且价亦不贱，却之。复往承天寺匆匆一览而出。经开闽王氏家祠，叩之不应，遂回刘宅小坐，归寓。

晚饭后，翻阅各种参考书。其与今日所游有关者：

（一）《温陵事考》于开元寺条下有"……历五代至宋，更创支院百区（一作二百一十七），元刘鉴义奏将支院合为一大寺……"云云。是则小开元寺之铜像，其为宋制可以得一旁证矣。

（二）《府志》(《县志·艺术门》略同)"王弼小名盛世，晋江人，工诗文书画，尤喜塑上写真及诸仙佛像，独造其微，虽阿尼哥，刘秉元絫帛脱活者，不能过也。同时又有何朝宗者，不知何许人，或云祖贯德化，寓郡城，善陶磁像，为僧伽大士，天下传宝之"。此即今日所见建磁造像之作者何朝宗也。

（三）承天寺，本为月台寺，五代节度使留从效之南园也。南唐时建，号南禅寺，宋景德四年赐今名。有七佛石塔，宋僧祖珍建，间植榕树，砌栏之。宋宋邱葵诗"堂外幡幢垂夜影，栏边榕树动秋声"者，即指此。元末毁于兵火，洪武初僧原辅建佛殿，道陵建佛堂，东西二经藏，智庄建轮藏及三门，永乐中建罗汉堂及山门，己未复被兵燹，庚申重建佛殿，万历二十四年重修东西廊。是以除石塔外，承天寺固一再被兵而重建者也。

一七，早起，天雨，城外之游，只得作罢。与颉刚、孟恕参观戒坛藏经，散缺甚多。戒坛以木栏围之，拾级而登，四面均有阶道，建筑极庄严崇焕。上悬"法净法身"匾额，为紫农山人洪承畯所书，颇挺拔。

考诸《闽书·方外志》，戒坛为宋时敦照禅师所建，关于戒坛建筑的内容记载颇属详细，其言曰：

……

本州开元敦照禅师……览南山图经，因太息以寺之戒坛制度，梱陋不尽师古，其徒作新之。既成，恐来者诞之也，使崇灌者序表法刻之石，其略曰：按图，经坛五级者，五分法身也。位北向南者，生善灭恶也。第一级高一肘者，制心一处也。第二级一肘半法轮土坛量者，绍法王位也；第三级高二指者，直俗二谛也。稷方七尺者，七觉意也。下二级阔狭随宜，不表法也。四阶道者，便涉降也。中尊象者，佛在临其上也。上三珠中天建坛释梵所献者，戒珠莹也。佛后四位，一楼至，二定田邪，三马兰邪西土注立坛主，四南山师，北方弘律祖也。东西相望十坐者，十师位也。下级十金刚者，不坏也。四围神象者，护久住也。下列龛穴者，准灌顶经护三归，各十二神，合三十六护，五戒各五神，合廿五，有六十一龛也。上级四王环十六神者，并以本愿在处护法也。龛列廿八宿，出没照临同护也。栏柱金翅啖龙者，制除业惑也。栏柱下多狮子者，出家寓？其魔，外无敢犯，如彼咸伏百兽也。内有九龙擎珠，效祇园钟台下龙沐水也，灌顶相也。中置法界轮者，以法界境量开悟受者，万法惟心，无始倒迷翻恶成善也。为屋而涂绘者，俾登之上敬也。

今之所见，或未必尽与宋制相符，顾大体尚不谬也。随以镁光摄飞天一幅，以备后日参考。

九时，似有晴意，遂与颉刚、孟恕往访谷苇兄于新府口，小坐，同游玄妙观。继往玉犀巷黄宅，晤吴君藻汀，园中老桂尚作花，盆兰颇多。出至李宅（世袭壮烈伯李廷钰后裔），因主人他出未晤。还访黄孙戴君，黄君出示旧藏黄山谷祝允明墨迹手卷，石章一，刻"帝许能文"，为李家物也。辞出后，复至李宅，候久，主人卒不来，乃出。途经县教育会，观韩魏公石刻画像，系道光时周凯所摹。往南大街，颉刚为风俗调查会购件。遂往金鱼巷某宅，得见磁器二三十件，顾德化精品极少，一水盂，磁胎细而薄，刻龙亦颇生动，一侧有寸余长之裂痕，至为可惜。观音像一，双鬟后垂，斜倚莲座，衣褶细劲而飘举，惜叶茎复折其二。此外又见书十余件，仅有王渔洋《柳州话别图》手卷及杨西鹤《仿古册页》尚佳。二时同谷苇至玉兰亭午饭。

饭后，往清净寺，晤许主教，略坐即出。至三义庙武成殿，看诸葛鼓，又往南校场棋盘园，蒲寿庚府第遗址也。讲武坊、待礼巷、灶仔巷一带，当时均在府第范围以内，蒲氏声势可想。自此往南门，游天后宫。宫宋庆元二年建，永乐五年使西洋太监郑和奏请拓之，而宫宇益崇。殿前石柱，雕盘龙，极飞舞，此在漳泉两州祠宇大抵如是。顾此天后宫，则别有一故实焉。据《闽杂记》云：

> 两石柱……右柱者犹疑神工，相传师徒二人分制。师成，胜于弟，人皆誉师；徒耻之，闭门精思，龙降于室，凝视而默识之，遂成此柱。师亦束手，自叹不及，即今右柱也。

龙降之说，虽涉诞妄，而此二柱，其为名手所作，可断言也。出南门访陈泽山先生，云尚在南安，未获晤谈，至以为憾，遂往新桥，折北，过文信国祠回寓。

途中见有迎神问卜者，详情具见颉刚所记，兹不复述。沿街搭台演剧者有两处，勾脸扎扮，均在道旁。聆其所歌，音节简单，后场用笛色，亦用梆胡，有时和声合唱，酷类高腔班之帮腔。谷苇告我，此大班也。别有所谓七子班者，班仅数人，专尚小戏云。考诸《闽杂记》有"七子班……其旦穿耳傅粉，并有裹足者，即不演唱，亦作女子装，往来市中……"之语。民国以后，恐亦无此习俗矣。

一八，早起，往访谷苇。至洪衙亭，寻洪承畴旧府遗址，仅存石阶，余则瓦砾一片而已。志称"承畴方贵盛，畯独偃蹇岩壑，夷然物外，自号紫农山人，以书翰篇什自娱，其兄不能强焉。"旁有唐忠烈祠，祀张巡、许远，为承畯所建，匾亦山人手笔。闻泉郡新正有明糖一种，亦为承畯所命名，其志可见矣。出至朱文公祠，以门扃不得入，转至蔡巷。蔡巷者，因有蔡京府邸旧址，故名。遂出东门趋泉洛车站，候车，行半小时，乘之东行。约二十分钟，达洛阳车站。站在蔡忠襄祠侧，离桥约半里，桥口有"海内第一桥刻石"。

洛阳江，古名万安渡，界晋江、惠安二邑，唐宣宗微时游此，谓山川胜概，有类洛阳，因以名江。江流迅而险，设遇风雨，数日不能渡。宋皇祐五年，郡守蔡襄为建石桥，翼以扶栏，并建石塔，以为桥饰。计在南者有二，中部椭圆，四面刻佛像，方础尖顶，与承天寺之七佛石塔同式。中央有四，为民家所占者一，方形，顶部四角有突起，其一则四面分刻梵文经偈月光菩萨种种。在此者有三，作五层塔式，桥堍复有石像焉。北岸略有市集，有朱文公祠，塑像似漳州白云山所见,为有军队驻此,未获摄影。遂还车站,小憩蔡忠惠祠中候车回泉。

正殿两侧立《洛阳桥记》石刻二,其碑文云:

> 泉州万安渡石桥,始造于皇祐五年四月庚寅,以嘉祐四年十二月辛未讫功。累趾于渊,酾水为四十七道,梁空以行,其长三千六百尺,广丈有五尺。翼以扶栏,如其长之数而两之。靡金钱一千四百万,求诸施者。渡实支海,去舟而徒,易危而安,民莫不利。识其事卢王实、许忠,浮图义波、宗善等十有五人。既成,太守莆阳蔡襄为之合乐醼饮而落之。明年秋,蒙召还京,道由是出,因记所作,勒于岸左。

说者谓君谟此书,雄伟遒丽,结法自颜平原来,束法用虞永兴云。台侧供一塑像,左手持小牌,上书醋字,即相传投文下海之隶卒夏得海也。犹忆《洛阳桥》杂剧中有《下海》一折,二十年前余曾向名曲师张云卿习之。惟此剧中有低四,音节近弦索调,唱虽难而动听异常。其间妙处,尽在顿挫得宜,若呆守工尺,则棱角显明,兴趣索然。七八年前,云卿走京师,笛锋锐退,仅有《絮阁》、《佳期》数折,尚能流利自如,不减当年,《下海》即远非昔比。今则云卿去世已五年矣,谁能奏此《下海》曲耶?兴念及此,不胜天上人间之感!

三时乘车至瑞枫岭,岭离灵山回教墓尚有二里余。到山后遍觅阿耐氏所称之基督教徒刻石不得。康熙间重修碑记,因风大亦不能拓,遂还大道。谷苇导游东岳庙,庙在凤山之阳,规模极阔大,惜为军队所毁。附记唐宋以来忠义者十人,有关岳,有张巡、许远,有文文山、陆秀夫等。又有三王祠,三王者,开闽王潮、王审知、王审邦也。国圣妈,即郑延平之母平川氏,泉人之好花摊者,多祈梦于此。余详颉刚所记。

将近东禅寺,忽发现古墓一处,石棺约四五具,其偏近大道者,有亚剌伯文石刻焉,文字之下,复雕图案花纹三层,寺之后亦有石棺四五,惟无文字耳。拟明日来此,工作一切。遂进东门,往游崇福寺。寺在城东北隅,宋初陈洪进有妹为尼(《闽书》作洪进女),以松湾地建寺,名千佛庵,元祐六年,改名崇福。地有晋松四株,询诸寺僧,寺僧茫然不能答。荔树颇茂,相传亦宋时物。钟楼悬巨钟,能声闻二十里,并附有一种传说,孟恕记之。至东街,饭于四海春。

回寓后,以日间被风,全身极倦怠,乃拥被而卧,竟发寒热。寓所中仆役入夜则哄然聚谈,未明即叩门,搅人清梦。半夜楼上,复有慈儿念经夜课,钟磬并作。此外蚊也,蚤也,均能使人感受不快。颉刚日来,亦苦失眠,常于夜半披衣起,燃烛阅书。

一九,谷苇来,同出西门。五里,西埔乡,访所谓十字架石刻,至则一释氏造象也。胸间刻卍字,乡人遂以误为十字云。又五里,至南安县学,有郑忠节焚青衣处碑石。进南门,小憩于南安高等小学校,校故南安书院,频年驻兵,毁损颇多。十二时,往游九日山,黄君为导。山在城西,离城约三里,重九日邑人于此登高焉。唐秦系、姜公辅、韩偓先后寄迹,宋为士大夫饯送雅集之所,朱文公曾载酒于此。山麓有寺曰延福,仅有一殿。山半有"泉南佛国"四字。其上曰秦君亭,为秦系遁迹处。《闽中摭闻》云:

  会稽秦公绪系,避天宝之乱,居南安九日山,有大松百余章,为东晋时物。公绪结庐其下,穴石为砚,注老子,弥年不出。姜公辅谪泉访之,与语穷日不能去,乃筑室依焉。公辅卒,公绪葬之山下,人为立亭曰秦君亭,号山为高士峰。

石佛岩在高士峰巅,有石佛一,为陈洪进所镌。此外晋朝松、妙墨堂,已无遗迹可寻,遂怅然下山。候车山麓,许久不能得座,复步行至南安站。最后得一车,客座已满,予与颉刚、孟恕、谷苇分立车傍。肩为车顶所压住,不能直立,极为狼狈。予笑谓颉刚曰:此马弁生涯也,个中甘苦,洵非局外人所能知矣。到西门,访大中经幢于站旁,剥蚀处已不少,不逮漳州咸通经幢远甚。进城至南大街,购规宁锭,归寓服之,寒热复作,睡后又屡醒,深以为苦。

二〇,早同孟恕,往访谷苇。复至清净寺,晤许主教,十一时归寓用饭。饭后出东门至东禅寺,先在寺西工作。孟恕助予抚拓石棺上亚剌伯文石刻,拓后摄影,孟恕复一一为之测量石棺长短,层次高低,及其与大道并东禅寺屋角石阶之距离,予又为之助。如是约两小时,遂即转至寺后,次第工作如前。最后于大道之北,又得石棺五具,并有一亚剌伯文碑记焉。抚拓、摄影、测量、绘图,惟我与孟恕二人是赖,蔡仆童稚,照顾镜箱器具,又虑未周,安能望助,孟恕与余共同操作。此为第一次,颇得其力,予甚感之。

此古墓三处,予以在东禅寺西者,假定为甲区,寺后者为乙区,大道之北者为丙区。甲区石棺之显露于地面者有五,其有亚剌伯文石刻之石棺凡三,可拓者仅二,乙、丙二区之石棺均无亚剌伯文石刻。

石棺第一级刻亚剌伯文,其不刻文字者以花纹代之,第二级花纹,作扁平宽阔之箭头形而略倾斜。第三级花纹回环,亦有作五瓣花式者。第四级略似如意,勾搭处颇见匠心,花纹之大略情形如此。石棺上面中央部,往往有长方形之空陷,其式颇似近代基督教徒石棺中央之种花部分。乙区,区域大而石棺少，其一上部已倾斜，微露石棺内部。丙区石棺排列极整齐，亚剌伯文碑记树于石棺面上之一端，其式亦常见于近代基督教徒之墓地。碑记文字阴文，以年代久，磨泐颇多。惟此丙区，四面荒冢累累，疑皆后代所侵占者，非一事也。

《东禅寺志》称在仁风门外东湖畔，唐乾符中建庵，广明元年改赐今名。《真福和德理行实记》所载之古十字架三石，其一即得自离东禅寺百余步之田中者也。今此甲区古墓，离东禅寺亦仅数十步，甲区之南即系田园，相去只数武耳。然则此古十字架石刻，其与古墓有关系耶？此可疑者一也。

据阿耐氏之所报告，灵山回教墓附近，有用亚剌伯文记载基督教徒姓名籍贯之残石，因此可以证明当时在泉州之基督教徒，有应用亚剌伯文字之事实。则此甲区所发现之古墓，其为回教徒耶？抑为基督教徒耶？此可疑者二也。

回教徒之墓地，其显露于地面者，底部边缘长方，突隆面作半圆形；雕琢者往往在长方部之一侧，此常例也。基督教徒墓地，显露于地面之部分，往往高至数尺，作层阶式，四侧常刻花纹，中央部空陷，便于种花，亦常例也。此可疑者三也。

中世纪在泉州之基督教堂，东门外有一所，屋宇华美，园林茂密，当时西洋教士致彼国教友函中，常称道之。其与前见之古墓相近耶？抑当时教堂之墓地即此甲乙丙三区耶？此可疑者四也。

所幸甲区石棺上之亚剌伯文，完好可读。丙区碑记，虽多剥蚀，尚能分辨。翻译之后，可以告吾人真相矣。

五时工作完毕，归寓晚饭，精神颇佳，翻阅《闽书》，得关于倭寇材料甚多，录之别册。

二一，谷苇来，同往西隅师范学校，参观日本教堂。有光绪二十七年郡守赵文教所赠之"雅化作人"匾额，当时传教师田中善，为大谷所派，来泉州任新化学堂堂长兼主布教事宜。后有田中秀明及松本义成二墓。田中秀明者，田中善之女也。出至莲心庵，有"大无莲心"横额，款署两朝隐人洪承畯拜书。说者谓莲与良谐声，殆指其兄洪承畴欤？随往城隍庙，庙为五代留从效故宅，周显德三年舍为寺，名报惠。宋初名资寿，明嘉靖间始改为城隍庙，故院中有释氏石塔焉。往东，至小山丛竹书院，其地为一高阜，志称其地气独温，温陵之名始此，朱文公种竹建亭，讲学其中，自题曰小山丛竹。有朱子石刻像，为明通判陈尧曲镌所。嗣后亭毁于兵，像碎为三，书院亦侵作民居。

康熙四十年通判徐之霖,庀材修之,石像亦经补缀,始稍复旧观矣。今则断垣残瓦,触目皆是。翠竹数株,摇曳于蔓草间,咸呈憔悴可怜之色!夫晦庵德泽在泉漳间,地方人民不应如此漠然置之,殆别有隐衷欤?(泉郡书院,均驻军队,小山丛竹若经修苕,当然亦不能免。)继至梅石书院,书院在郡东北,明嘉靖八年建,祀一峰先生(罗文毅公伦),故亦称一峰书院。今已改为农科高级中学,晋江农会附设焉。去书院约数十家,相传为一峰读书处,已改建土地庙,称之为一封书佛祖,可笑也。还至北鼓楼,经都督府街,俞大猷府第尚在。俞为晋江人,当其任千户守御金门时,以"海寇频发,上书监司论其事。监司怒曰:'小校安得上书,杖之夺其职。'"(《明史》本传)朱纨巡视福建,荐为备倭都指挥。嘉靖三十一至三十七年间,倭寇沿海诸郡,大猷辗转苏浙击却之,后与戚继光合击蹂躏闽广海倭。迨倭平,复大破两广山贼,由是威名震南服,今闻其后已式微矣。复经生韩古庙,志称"当韩国华守泉时……衙中榕树生斑枝花,侍婢连理,取以奉国华,国华幸之,怀孕,为嫡夫人所逐,乃生魏公于庙,世传《斑枝记》杂剧是也"。庙中并有血石一,举以为证,殆齐东野人之语也。饭于玉兰亭,余仍畏风,脾胃亦不健,据案默坐而已。饭后至忠所访蒲晋贤,叩门见一五旬余之妇人,据称晋贤去世已三年,仅留一侄,在南门外为商,族谱已为永春同族者取去云,仍然不得要领。乃至某宅,见德化磁观音像一,底部虽有裂痕,却尚完善。主人云可割爱,索价二百金,非大腹贾不能得也。遂到泉苑,向苇邻、霭人二兄告别,晤曾、王二公,谈泉州掌故颇多。王公者,开闽王审知之后,近主持修志事宜,故于泉郡古迹,尤饶兴趣。

归寓晚饭后,搜寻关于蒲寿庚后裔之记载,竟不可得,惟连日来得诸传闻者,约有数种:

(一)南门外浦口黄姓,为寿庚嫡裔,即第一次所记载之吴姓也。泉州称黄为吴(吴音),因致此误。

(二)涂门外寻浦乡居民,男子在家照呼儿女,不与外间相往来;妇则对外买卖一切。说者遂谓明初蒲姓子孙,因太祖欲治其先世导元倾宋之罪,不得读书入仕,致有易姓者。易姓之后,复虑事泄,致终身家居,不敢外出。后乃相沿成习,有此特殊风俗焉。

(三)新桥一带渔户,以水为家,互联姻好,为"不齿于士"及所谓"终夷之也"之结果。

(四)忠所蒲姓,为一回教徒,且其地址,逼近棋盘园寿庚府第。

就以上四种传闻，加以揣度。自以第四说为较近。此后进行，应先从调查永春蒲姓家谱入手，复参酌《明实录》关于禁锢蒲姓之事实，或可得一线索也。

二二，早起，为《东塔佛传图》摄得十余片。东塔之由砖为石也，先仅一成为嘉熙间僧本供所建，嗣后僧法权造四成，僧天锡造第五成，至淳祐十年始竣工。《佛传图》之排列，依塔形而分别八区。今为列表如下：

  1 逾城出家 2 雪山苦行 3 牧女献糜 4 天王争钵
  5 连河澡浴 6 道树降魔 7 锡解斗虎 8 钵降火龙
  9 薄荷示迹 10 乳光受记 11 流水活鱼 12 口井狂象
  13 三兽渡河 14 三车出宅 15 育王迁善 16 耶舍现通
  17 童子聚沙 18 萨诃造塔 19 僧到赤乌 20 经来白马
  21 云岩狮子 22 二龙争珠 23 三富评树 24 斗勇金毛
  25 玉象薙塔 26 金鹿代庖 27 天人赞鹤 28 田主放鹰
  29 雉扑野烧 30 禽警毒蛇 31 忍辱仙人 32 独角大仙
  33 舍身饲虎 34（已换） 35 童子求偶 36 青衣献花
  37 兜率求仪 38 毗蓝诞瑞 39 太子出游 40 沙门示相

谷苇来，同去访李某，拟一观李卓吾先生画像，适遇于途。据说有两幅，一藏祠中，已毁于火，一则不知去向矣。遂回寺用饭，饭后雇车至车站，往安海镇。访谢君于养正学校，适回泉州，仅晤校中教员张君。遂将行李交付讫，复同颉刚、孟恕至站，候久不得车，乃步行至灵水。约十里余，出泉州英公介绍信，访吴君谱玱于后乡。承假楼屋，为余等寄宿之所，并介绍其戚属蔡君来谈。蔡君曾肄业于上海美专者，具述某氏图骗存款之事颇堪发噱，吴君大公子亦来谈，现在鼓浪屿英华书院，适于前日回乡云。谱玱君早年经商爪哇，回国已二十余年。建洋楼一，颜曰福寿堂，以西太后光绪曾赐福寿字故也。匾题同知衔吴景洲，想系谱玱君之兄。室内有民国四年十一月，福建巡按使许世英发结吴景津购买内国公债六千元之公字四百另四号奖状一纸。内国公债欤？大典筹备费也。入夜，风甚厉，极寒。

二三，八时余，蔡君偕一吴某来，导往华表山，探索摩尼教遗迹。山离后乡只三里，志称"两峰角立如华表，故名"，实则不如今名刀尖及石刀之为妥也。先越一岭，沿华表山腹往西北，至紫竹寺，自山麓至此计有四里。予以《闽书》所称草庵在山背之麓，实非今之紫竹寺，乃折至华表山腹，复由此下山，据吴君云，旧传有寺基两处，予等先后至其地。所谓基址者，并无残迹遗存,仅山地一片而已。但其旁有泉,后有石级达山顶。所谓玉泉,所谓云梯百级者非耶? 随即摄取数影,复还原道,孟恕与蔡、吴二君先行,予与颉刚则沿山麓小村,往北再行搜索,直至华表亭遗址,仍无踪迹,始返后乡寓所。饭后已三时,即赶至车路,始悉新章、灵水并不停车。然则车站路程表,何以有灵水站耶? 遂与颉刚、孟恕步行回安海,晤谢、李二君。少坐,复去访郑君于平民医院,谈往游石井事极畅,傍晚回校。

关于华表山摩尼教之遗迹,《闽书》卷七《方域志》云:

华表山与灵源相连,两峰角立如华表,山背之麓有草庵,元时物也。祀摩尼佛,摩尼佛名末摩尼光佛,苏邻国人也,号具智大明使。云老子西入流沙,五百余岁,当汉献帝建安之戊子,专形榛晕。国王拔帝之后,食而甘之,遂有孕。及期,擘胸而出。榛晕者,禁苑石榴也。其说与攀李树,出左胁,相应。其教曰明,衣尚白,朝拜日,夕拜月;了见法性,究竟广明,云即汝之性,是我之身;即我之身,是汝之性。盖合释、老而一之,行于大食拂麻火罗波斯诸国。晋武帝太始丙戌,灭度于波斯,以其法属上首慕闍。慕闍当唐高宗时朝行教中国,至武则天时,慕闍之弟密乌没斯拂多诞复入见。群僧妒赞,互相击难。则天悦其说,留使课经。开元中作大云光明寺奉之。自言其国始有二圣,号先意夷数。若吾中国之言盘古者,未之为言大也。其经有七部。有《化胡经》,言老子西入流沙托生苏邻事。会昌中汰僧,明教在汰教中。有呼禄法师者,来入泉唐,授侣三山,游方泉郡,卒葬郡北山下。至道中,怀安士人李廷裕得佛像于京师卜肆,鬻以五十千钱,而瑞相遂转闽中。真宗朝,闽士人林世长取其经以进,授守福州文学。皇朝太祖定天下,以三教范民,又嫌其教门上逼国号,摈其徒,毁其宫。户部尚书郁新、礼部尚书杨隆奏留之,因得置不问。今民间习其术者,行符咒,名师氏法,不甚显云。庵后有万石峰,有玉泉,有云梯百级诸题刻。

《温陵事考》诸书记载较简,但何乔远当时所谓草庵者,是否尚在,无从加以证明,则明万历时此庵犹在之说,似有疑问也。呼禄法师之墓,云在郡北山下。按诸志乘,清源山在郡之北,故名北山,是其墓在清源山麓。惜山多伏莽,游者裹足,寻访法师古墓,当俟诸第三次调查时矣。

同时余于《古今图书集成·方舆汇编》第一千零五十二卷《泉州府部》艺文下得朱文公诗一首:

与诸同僚谒奠北山

联车陟修阪,览物穷山川。疏林泛朝景,翠岭含云烟。
祠殿何沉邃,古木郁苍然。明灵自安宅,牲酒告恭虔。
肸蠁理潜通,神蚌亦蜿蜒。既欣岁时举,重喜景物妍。
解带憩精庐,尊酌且流连。纵谈遗名迹,烦虑绝拘牵。
迅晷谅难留,归念忽已骞。苍苍暮色起,反斾东城阡。

证以陈援庵先生之《摩尼教入中国考》(《北京大学国学季刊》第一卷第二号)文中,引用沈继祖劾朱熹所谓"剽窃张载、程颐之余论,寓以吃菜事魔之妖术"之语,则朱文公之所谒奠者所谓祠殿,所谓明灵,所谓名迹,似有谒奠呼禄法师之可疑。余复稽诸志书,关于记载清源山部分,在朱子当时,是否别有可以谒奠之祠殿及遗留之名迹足供纵谈者,曰无有也(仅有梅岩,为留从效别墅故址)。中峰有纯阳洞,有喜雨亭为祷雨之所,大休岩为唐欧阳詹、林蕴、林藻读书处,而《清源山志》又有"……又西为观音岩……相与琢像岩端,下为羽仙岩,在罗武二山之下,即老君岩。宋时二山下,朱子尝游焉"之说,亦可供参证焉。

二四,早到安平桥,以风大,未能往游水头。后至龙山寺,大殿药签筒,区别为外男女幼眼五科,殆亦仿效医院分科制欤?十一时回校午饭,饭后,别谢、李诸君至船埠。上船,以候潮故,下午一时半始缓缓开出。照例自安海开回厦门之轮船,每月阴历初六,二十为最晚,大概须在下午二时左右。初七,二十一最早,趁夜潮出口也。自此渐次递后,利用早潮。据闻近拟疏浚港口,果尔则厦、安交通,便利多矣。

出口后略有风浪,到厦门已六时。关卡海军两次稽查,费时颇久。余等先由驳船上岸后,在太古码头,雇舢板,以浪大只能到电灯公司而止。复在黑夜中沿海岸步行归寓。

综计此次调查结果,关于风俗、神祇及传说方面,颉刚、孟恕所获成绩甚多。余则于东禅寺畔,发现古墓三区,差堪自慰。蒲寿庚后裔虽难证实,顾较第一次调查时,已有进步。至于宋代石刻造像,在泉州为特多。除万安桥外,均为南渡以后,即西历十二、十三世纪之作品。其年代及建造者,根据确凿,尤可信也。今为列表如次,留备异日作系统研究时之参考。

1.万安桥

2.安平桥

3.顺济桥(即新桥)

4.承天寺七佛石塔

5. 开元寺西塔
6. 开元寺东塔

	开始建筑年代	竣工年代	建造者	石刻种类
1.	皇祐五年（1053A.D.）	嘉祐四年（1059A.D.）	郡守蔡襄	桥神石像、石塔，及石塔上之造像图案
2.	绍兴八年（1138A.D.）	绍兴二十一年（1151A.D.）	僧祖派及郡守赵全袗	桥神石像、石塔，及石塔上之造像图案
3.	嘉定四年（1211A.D.）		郡守邹应龙	桥神石像、石塔，及石塔上之造像图案
4.			僧祖珍	石塔及石塔上之造像图案
5.	宝庆间（元年）（1225A.D.）	嘉熙四年（1240A.D.）		石刻天王像及各种图案花纹
6.	嘉熙间（元年）（1237A.D.）	淳祐十年（1250A.D.）	僧本供、法权、天锡	石刻天王像及《佛传图》雕刻

（造像之在附郭诸山者，如清源山天柱峰之释迦石像，赐恩岩（即观音岩）元祐间所镌之观音像，南安九日山石佛岩陈洪进及岱华山宋僧守静所镌之石佛，类此者尚多，兹不一一列入。）

此外城中之古物古迹，均能得一大概。自信此行，尚不辜负。后日者，匪患肃清，社会安堵，复能假以时日，或有相当成绩，是则余所希望者也。

泉州第三次游记

一六，一，一六，未明即起，到模范小学，晤蔚深、早因同赴厦门，趁江宁船往安海。六时半开出，一路风浪颇大。二时到泉州，先至泉苑，晤伟人。未几，谷苇来，遂同至潘宅，看磁器，品均中下，仅有明磁两件，尚可入目。然索价奇贵，付之一笑而已。五时回寓泉苑，晤霭人。

一七早，谷苇来，同至吴宅，得见所藏古物，乾隆刻磁笔筒一，精品也。周天球手卷，何子贞字册均佳；伊墨卿联虫蛀已多。蔚深得一德化酒杯，质料细腻,色似乳白;何朝宗观音像一,视酒杯逊一筹矣。回寓饭,饭后往开元寺。东塔已支木架,据闻只此搭架费已二千元,修理完竣,非数万金不可。为一侨商某所独任也。仓卒间,随为《佛傅图》石刻摄二十幅,环而观者数十人,复托谷苇招拓手全拓之,约过阴历年后进行。后同霭人、谷苇直上东塔最高层,泉州全城,一览无余。塔顶铁缸已倾斜,空无所有,随摄数片,出开元寺。霭人诸君先回,余与谷苇往访刘君于市政局。交涉搬运大街上亚剌伯文残石至厦大国学研究院事。后复到天主堂,晤任神父。到泉州书社接洽代售朴社所出版书籍,然后回寓,应霭人、伟人二兄约。在座有曾振仲、吴桂孙、陈泽山诸先生,与泽山谈蒲寿庚后裔事颇久,约明日偕一吴姓者来寓晤谈。七时撤席,诸友即匆匆散去,实缘近来泉城绑匪充斥,入晚后,除大街外,行人绝少,仿佛戒严状态。地方秩序如此可虑!

一八,昨夜闻枪声颇清晰,质诸伟人云,此寻常事!同蔚深、谷苇、早因复到潘宅、吴宅,无所见。饭后往访古董掮客林某;出至黄宅,同居林君出示赵文敏、董文敏手卷,吕西邨金书磁青纸临汉碑册页,并明无名氏山水手卷,皆佳,后以天雨即归。悉陈泽山先生同吴姓者来寓见访未晤,庄君送来家藏吕海山龙虎大幅,黄君石田立幅及洪承畯字轴,足饱眼福。

一九,五时起,雨势已略止,决计回厦。七时同蔚深趋汽车站,往安海。十时开船,稍有风浪,下午三时到厦门,例受海关检查,即雇船回校。

旅厦杂记

余自民国初元入京,忽忽居十余年,其间虽一度作西北之长途旅行,顾仅数月即返。十五年八月三日始别京华,南下就事。十八日自沪赴厦,海行二日有半,因同行者有沈兼士、顾颉刚、黄振江、潘介泉四先生,时聚甲板谈笑,颇不寂寞。而余所不能去怀者,为十九日开始之个人作品展览会也。先是余以历年所摄者,益以西北诸片,陈列于苏州青年会三日。既到沪,江小鹣君怂恿余在上海开一次展览会,乃由小鹣假得慕尔堂为陈列会场,日期定十九日,而新宁启行,适在十九日早晨,遂以陈列展览事完全托之小鹣。犹忆十八日晚,与小鹣、介泉自大马路北冰洋回到新宁船时,仓卒间以所有应行陈列各片,检付小鹣,尚历历在目前也。后在厦校,得小鹣来书告我展览会盛况,上海各报均欲刊载揄扬,为之愧悚。国庆日,伟英、娴儿、孟甥来厦,即以此陈列于慕尔堂者,复陈列于厦大国学研究院之陈列室,一时参观者纷至沓来，自此遂有厦大摄影学会之发起。而厦门人士，竟有约余在鼓浪屿开一次展览会者，终以仅居数月，即离厦北来，未能一践宿诺，至今耿耿！

厦大背山面海，风景绝佳。中央群贤楼、礼堂在焉。学生宿舍曰映雪，曰囊萤，教职员之无家眷者，其宿舍曰博学楼，与眷属同居者曰兼爱楼，女生宿舍曰笃行楼，此外依山住宅已落成者，约有二十余所。生物院三层为国学研究院，其偏南者为化学院，计划建筑中者有图书馆等等，规模颇阔大，惟终嫌散漫无系统耳。

校址为前清时之南校场，僻处海滨，离繁盛市场约七八里。船行，一遇风浪，颇不便，步去，则厦门港腥秽遍地，令人欲呕，是以终日在校，转觉处处晏然，不愿涉足尘市。逢星期，与同来诸友一游鼓浪，购置零件，有时在白室（为一夫一妇所开之广东餐室）用膳，然后回校。常日则五时以后，必至海滨拾贝。此事发动于余及振玉，不数日，兼士先生亦加入竞争，时步海边，以手杖拨检，不当意，则大踏步奋勇直前，冀有所获。余常尾其后，随检随拾。振玉选择极精密，佳品不易错失，往往株守一隅，反复搜剔，及至暮色苍茫，始各满载而归。匆匆晚饭后，即检理所得，洗水也，剔垢也，纷扰约一小时。于是罗列盘中，争相夸耀，如是习以为常课。振玉有时清晨即去，余亦不甘落后，尽力搜罗。及至兼士、振玉北归，搜寻者仅余一人，因此所获独多，而精品亦日有所集。娴儿、孟甥来，拾贝兴趣益浓，此时南开转学诸君，亦时往来于南炮台附近，盖振玉有以启发之也。嗣后莘田、士偶亦好之，顾佳者极少。振玉携眷来厦，海滨拾贝团体中复添入君之爱女北华、燕华二小友，拾贝精神，愈见发皇。自此陈廷谟夫人携其公子仆役，顾颉刚，容元胎并其夫人，均不惮跋涉，努力搜检，有沿海滨走数十里者，其间以元胎之搜索为最勇，廷谟之所得为最精，异军突起，我其退避三舍矣。闻入春后，贝类愈多，佳者亦复易得，惜已回苏，不获参预比赛。回首昔游，曷胜怅惘！

余于授课及自己研究之余，除拾贝遣兴外，常与莘田唱皮簧为乐，操弦者为南开转学之某君。嗣后郑君瞩余授昆曲，早因恋人蔡女士则习《长生殿》之《定情赐盒》，未得曲笛，即以常笛奏之。其声高亢激越，竟若梆子班中所习闻者，以海滨素不闻昆曲，遂亦假用之，不嫌憔杀焉。娴儿肄业附小，蔡女士授之舞，居然上台歌《月明之夜》，饰快乐神。振玉女公子北华、燕华，向在北京孔德，娴于歌舞，至此寂寞海滨，益增声色。尤可爱者，振玉三女公子常效其姊，作种种舞蹈姿势；振玉夫人则于其哄睡五女公子时，亦复高唱其"好朋友，我的好朋友……"之句。博学楼上歌舞承平空气，其浓郁也有如是者!

摄影机会,凡在旅行时,余决不让其放过,惟作画颇少。此数月中堪以入目者,只有《雨后》等数幅。其时余居博学楼三层,北窗外有走廊,廊有石灰制栏杆,雨后栏影,屈曲现于走廊之铺砖上,余即以此为画幅之中心,廊外南普陀山,蜿蜒向东,云气郁蒸,似尚有雨意者,作为画幅之背景。摄成后,以粗面 Bromide 纸放大,画意较从前作品,略见浑厚。泉州任神父肖像,由 120 号软片上放出,亦较从前所摄人像为有进步。此外十之八九,均系记载片,于两次游泉州时所得为最多。

同事艾克君,好摄影,所常用者,为大学置备之 5×7 箱,镜头 Zeiss4.5,外有 Telephoo-tens。一余于复写院中所藏古物时,每借用之。艾克君对于泉州开元寺东塔之石刻,拟尽数摄之,编一专集,期于十六年春间进行,不悉曾否实现也。振玉原为北京光社中同志,但在厦门,摄影兴趣较淡,殆为拾贝所分心欤?学友中亦有数人好此。而成绩尚少,此无人提倡之故也。

在厦数月,除旅行泉、漳二州外,曾一赴集美参观,一游龟屿。参观集美之日,为九月十四日,同去者,有兼士、颉刚、介泉、伏园、丁山五人。先是叶采真校长来信相约,及期叶君复来大学同去。船行约一小时半,到集美社。(集美社一名浔尾,厦门岛北对岸,地属同安县辖。)上岸,即在校长会议室午餐。得晤蒋孝丰、王世宜二君,皆出身北大者也。饭后参观科学馆,底层为化学物理博物标本室,与之毗连者为教室及实验室,二楼为商业部借用教室,三楼即校长办公室并会议室。出科学馆后,经植物园,参观最先成立之集美两等小学校旧屋。

集美乡初有私塾七处,各不相谋,陈嘉庚民元回国,倡办小学,乡民均不愿废私塾而就陈意。陈遂填平池塘,为建木屋十余间,四围复疏浚成小溪以养鱼焉。所入以四之一归学校,四之三归乡民,乡民始诺,是为集美学校开始之两等小学校,旧有木屋,现拟改建校舍,余力劝保存,以为纪念,未识当局对之曾否表同情也。随往图书馆参观,馆屋落成于民国九年,建筑费四万元。屋顶盖以绿色玻璃瓦,栋楹走廊,均加雕刻,饰以金箔,备极轮奂。二楼书库,三楼阅书室,现有图书约近四万册。继至男师范部,有立德、立言、立功、约礼、居仁、尚勇、瀹智诸楼,东部校舍为水产部所借用。女师范部校舍曰尚忠楼,曰诵诗楼,曰文学楼,曰敦书楼,前有旷地为运动场,幼稚园方在建筑中。遂至小学部,近海处有郑成功旧时营堡,今存一角,特为留影焉。折至陈嘉庚花园及嘉庚回国后办事之小楼,然后回校长室略坐,经中学商业各部而至校长住宅休息,五时乘集美渔轮回校。

总计集美全校面积有一百六十五万余方尺,未经建筑之校舍及空地尚不在内。在校学生截至十五年暑假前止,师范部五百七十二人,中学部五百一十九人,水产部八十八人,商业部一百七十九人,女师范部二百七十二人,女小学部一百七十人,农林部九十五人,小学部三百四十五人,幼稚园一百四十五人,合计二千三百八十五人。广东籍者约占十之一,其他客籍约占二十分之一,余均本省学生也。十五年度经常费二十八万余,建筑费二十六万余。全校经费,陈嘉庚自民国八年起以在新嘉坡之不动产橡园七千英亩,并屋业地皮面积百余万方尺,向英政府立案,定为集美学校基本金生产地。

此次往游,仅得大概,若消费会社、储蓄银行、医院及农林部均以时间关系,未能参观。

游龟屿之日为十月二十四日。清晨先访许雨阶、李公瑞二君,同赴鼓浪屿,晤艾克及其友人某君,遂雇一帆船往游。屿在海中,系一荒岛,山尖有砖塔一,艾克即以塔岛(Pago da Island)称之。近午泊岛岸,余等全由蔓草丛中上山,约行三里许,始达其巅。塔为八角形,已倾其半。底部有石刻造像,同时复于附近丛草中得二石刻,其一已折为四矣。按志书仅列龟屿之名,砖塔既无考,遑云石刻。以余度之,当与南太湖之塔有关系也。当时即拟将石刻迁存国学研究院中,后以未得校中同意,暂缓搬运,此时是否尚在龟屿,我不敢知。

此外以南普陀寺离校近,常为课余憩息游览之所。方丈常惺,江苏如皋人,与莘田尤熟识。太虚法师自星洲归来,即在该寺居留十余日。寺有僧学校一,常惺实主持之。十一月中建水陆道场,演剧半月,香市称极盛,据知其内幕者云,糜费至五六万元,东南丛林,无此大功德也。

鼓浪屿为富商别墅所在,山巅有郑成功阅水师台,曾为黄氏园林所占有,因此而发生讼案者。间尝登之,鼓浪及厦门景物,尽在眼底,临风长啸,间足一洗尘襟。林氏菽庄,建筑未就,主人商业失败,遂致停工。然其所占形势,在别墅中,可谓最擅胜地。就海滨岩石,支架石桥,委婉曲折,极尽布置之能事。中途复有石亭二,可以凭栏远眺。惜为九月十日飓风所毁,今已不能通行矣。余于此桥,曾摄多幅,均以石亭入画,各有经营,质诸振玉,亦颇以不落窠臼为然。振玉就一圆洞中摄成一幅,取景极停匀,佳片也。

鼓浪有工部局，街道随山坡建筑，颇洁净。对岸厦门市繁盛区域，尚能差强人意，近城部分污秽不堪涉足，公娼所居小巷尤肮脏。余以往南轩（著名菜馆）应酬故，曾至其地，实一变相地狱耳！局口（地名）因有骨董铺，数往游观，然为台民土娼所在，余只得掩鼻疾趋过之，不敢稍停留也。（十五年春间，局口实为腺鼠疫流行之处。）厦门港情形亦然，数年前友人告我厦门街市，人与豕相争道，今也目睹其景，不禁为之哑然。

余到厦门，适值虎疫流行甚剧，死亡颇多，因此同人往游厦门市街，心颇惴惴。但龙眼正上市，岂能轻轻错过。购归后，即浸入过锰钾液中消毒，然后剥而食之，幸均无恙。秋间苦于蚊，每晚必服规宁数丸，会语堂及熟友中患 Dengue 者不少，颇以被染为虑，竟获平安。按厦门已多热带所习见之疾病，Dengue 于一八七〇年来自新嘉坡东航而至安南、中国，一八七二年厦门大流行，被传染者约占全岛人口 75％ 以上，Sir Patrick Manson（*Tropical Diseases* 著者）时在厦门，亲见之。Manson 氏居厦门十余年，为近代有名热带病学者。

厦门市并无市立医院，厦大医科，方在规划，医院设置，更在其后。此时厦门市应有一卫生局，海港船舶之检疫，不当操诸外人。传染病医院，为必不可少之建设事业。厦大医院，应分设于厦门市及厦门港，别立一研究所以研究厦门一带之地方病，并设寄生虫学、热带病学特别讲座及学侣，以期有所发明，与世界学者相见。我意以陈嘉庚之财力，当能任此远大事业也。

厦门市无旧书肆，骨董铺则在局口，珍品罕见，惟日人龟冢氏所设者，常有佳件耳。何朝宗制观音像，高仅五六寸，确系牛乳白，——德化磁之精者，称牛乳白（Milk White），或称"Cream White"，古法兰西之著作家称之为支那白 Blanc de China，见 R.L. Hobsonand A. L. Hetherington *The Art of the Chinese Potter*.——以千三百金脱售，惜未留影。私家收藏最富者，太古邱君闻名已久，余曾谋面一次，得见所藏蓝白磁十余件，原约改日至其寓所，一饱眼福，终以北来缘悭，不胜遗憾！刘交涉员亦好收藏，匆匆仅见数幅，至今亦追念不置也。

国学研究院之成立，语堂先生实主持之。语堂热心任事，不辞劳怨，且胸无城府，坦白率直，因此不容于现代潮流，愤而去厦，余甚惜之！亮丞潜心于中西交通史者数十年，颉刚治学，事事求实际，其用攻之刻苦，只有令人拜服而已。研究院得此二公，岂仅闽南文化之幸，不意竟连带去职。事之痛心,孰有甚于斯者!余以末学,参加其间,五阅月中往游泉州三次,极想继续努力,搜集材料,著"宋代石刻录",并为何朝宗成一专集。何意北来后,消息日趋险恶,同人咸退出厦大,空负此愿,复有何说!惟旅厦数月中,拾贝而外,读书时间颇多。曾就《云冈影片拓本》,稍加整理,拟即付刊,草《云冈石窟小纪》一文,以为弁言;倭寇事迹,就《图书集成》、通志、《明史》、《四夷馆考》以及其他载籍中搜集材料,亦颇不少,而《中国历代医政考》一书,适于年前编就,亦一可喜事也。

录自选自《厦门大学国学研究院周刊》第一卷第一、二、三期;陈万里著:《闽南游记》,上海:开明书店,1930年

伏园游记

孙伏园

南行杂记

I

到家了

九月六日的旁晚,我坐在飞也似的京奉车中,向着正阳门疾驰而来,心中不期然而然的得到一个感觉,是"到家了"。这是从前杜威先生一家由福建讲演回来时,三个人不约而同的感到过的。但我相信我并不受他们一毫影响。

北京有什么值得令人牵记?这个问题用理性解剖起来,我实在也没有话说。不过我一看见这四十天没有看见的北京,总觉得比初到绍兴时看见四年来没有看见的母亲还要亲昵,那么"到家了"这个感想,不发生在绍兴轮船将到西郭门的时候,却发生在京奉火车将到正阳门的时候,似乎也同出一源的了。

我在正阳门一下车来,看见样样东西都是我所愿意看见的,即如拉车的兜客,似乎也比绍兴的"少爷!坐得我个(的)车则(子)起(去)者唧(了罢)"好听得多多。这个理由连一句话也讲不出,若要勉强说起来,或者可以举一个象征。北京是一株极大的枯树,下面长出一支嫩绿的新芽,而我此次经过的各处,绍兴自然更甚,却全是一蓬乱草,要整理也无从下手。或者因这一点不同,我便发生"到家了"的感想。

我是不承认生长的地方为家,也不承认久居的地方为家的。所以我觉得这次的旅行不可以称南归。我的回去是母亲重病把我叫去的,迨回京时我母亲的病还没有全好,所以旅行时总提心吊胆,觉得背上负着一担重担,与平常没有其他目的的纯粹旅行不同,所以我又以为这次的旅行不可以称南游。自己既有其他目的,那么一切路上的观察和感想,难免受这个目的的影响,这是我自己也知道的,但因为保存他的本色,有许多地方索性照着感想时录出,并没有修改,因此文中侧重感情的话或者更多了。

我不出京门一步既四年了,所以满想借此旅行找点材料,但后来坐在京奉车上,经验便告诉我一切都未必成功。原来旅行之所以可贵,全仗有健全的身体,健全的精神,尤当有客观的态度。像我这一次的样子,这三个条件连一个也没有具备,所以自己也觉得完全给这许多材料战败了。酒量窄的人,容易酒醉;久饿的人,据说又容易饭醉。现在知道能力薄弱的人,一旦感受知识太多了,还会患一种知识醉。我实在受不起这么多的知识,所以被知识醺醉了。我醉中时时想念着大社会学者,大人类学者和大诗人了。他们有那么大的学问,因为就近找不出材料,所以要跑到非洲去。我们呢,有了这许多材料,却没有力量享用。

追感过"到家了"这个感想以后,又想从醉中追找一点可找的材料,把他记录下来,总算不虚此一行,这结果就是下面几篇小东西。

II

战　氛

仲密先生写信给我,每每谈起山寺中的战氛,使我发生一种感想,以为不但山寺,凡属人类足迹所至的地方——甚而至于凡有生物的地方——大概没有不弥漫着战氛的罢。不过我不是诗人,因而我对于战氛的见解也不与诗人一样。我以为战氛弥漫着太空,并不是悲惨的事情,好战原是生物的本性,也是生物所以能进化的唯一原因。战氛尽弥漫着好了,——只要不残杀同类。

生物中同类自相残杀的很少,最厉害的莫如人了。我们做人类一分子的,应该用力消除这同类相残的战氛,并且为生物本有的好战性质找一个相当的对象。我以为这对象便是自然。

诗人爱"自然",我不爱"自然"。我以为人与人应该相爱,人对于"自然"却是越严厉越好,越残酷越好。我们应该羡慕"自然",嫉妒"自然",把"自然"捉来，一刀刀的切成片段，为我们利用。

爱"自然"的朋友们："自然"不是好爱的呵。这回淮水南北的人们，可谓饱享了自然之赐了，几千几万的兄弟，那怕你不愿意的，也硬要你"与自然同化"了。这是爱恤"自然"的报酬。人不杀"自然"，"自然"便要杀人了，你知道吗？

我用这个根本观念做标准，去观察评判这次经过各地的种种感受。这标准就是：人与人的战氛几等于零，而人与自然的战氛却达于最高度的，这是好的。反是，人与自然的战氛几等于零，而人与人的战氛几达于极高度的，便是坏的。

例如江北的人们，只知拔几根"自然的汗毛"来盖屋，对于自然可谓爱护极了。但是据龚宝贤君对我说，这种草舍到第二年拆卸下来，腐草中尽是三寸来长的软虫，就此一端已经够可怕了。倘使你很起心肠，去剥下"自然"的皮来盖屋，三寸来长的软虫就不会光降了。"自然"还该爱护吗？

这是江北人对于"自然"的和平态度，战氛之薄，可谓几等于零了。但是他们人人相互间的待遇又怎样呢？我离开浦镇的前一天晚上，一个惨痛的消息飞来了。

工厂里工头要荐一个私人入厂，厂中却正没有位置。他一看只有扬州老五是个孤帮，还可以使点手段。但是当这江北一带生计困迫的局面，要找工作何等为难，讽他辞退是绝对没有希望的了。他于是妙想天开，对厂中同道伙计四五人都暗地说好了，一待老五下工时候，有意同他寻衅，不问皂白，先把他打个半死不活，然后钻出和事人来，给他抬到医院。

伙计们遵命办了。到医院时，他们问他：

"你辞工吗？要辞工，我们可以给你代辞的。"

"不辞！一辞没有饭吃了，女人小孩子都要饿死了。"

"你自己性命都要没有了，还要管女人小孩子。"

"我不辞！我要问工头……"

伙计们一看没有话可以同他讲，大家都溜走了，一面且将私人叫来在厂中先行工作。数天以后，老五的伤痕渐渐好了，走出医院来想与工头理论前事。工头老实对他说："你难道吃了这个教训还不够，一定要把两颗眼珠断送的吗？"

老五记起两月前一个工人被挖去眼珠的事，便只得忍着气懒懒的走出。一切都完了。

这是他们人与人的相待！

凡是放弃"自然"不肯去杀戮的人，他的好杀的天性一定要找到同类的人来发泄。同类相杀的人恐怕一辈子只配住草屋的，因为他们把爱人类的爱情误爱了"自然"，对于"自然"连掘一点黄泥来烧瓦的残忍心都没有了。

天下惟至弱的人才杀人，好汉应该杀自然。

Ⅲ

大 水

津浦路的固镇、新桥、曹老集、蚌埠、门台子、临淮关、板桥、明光等各站附近的一带，今年闹出了一场极大的笑话，无论如何不可不记的，这就是淮河的汛溢。

我在北京是七月三十日下午动身的，八月一日经过江苏、安徽境内，就看见有大水的痕迹：稻穗已经成熟了，只待人早晚便可收获，水却把他淹没了半茎；低的地方，连成熟不成熟也看不出了，只露着几片青叶，表示这水下面原来也是稻田。房屋、树木、电杆，这时候都变了我的测水深浅的器具。啊！这边二尺，那边三尺，那里还有几乎半电杆的呢。可是这些东西谁也不来管领，只是懒洋洋让他摊着。

这是我南行时的景象，是长江大水的遗痕。迨我回来，可就大不相同了。八月十六日我在绍兴动身，经杭州而到上海。十八日离上海，而十九日上海便大遭飓风之灾了。从此风呀，雨呀，长江的大水呀，把我紧紧的困在浦镇者共十三日。长江沿岸雨量本多，益以八九月正是雨季，我在浦镇十三天，足迹不能下楼梯一步，简直可说是悄悄的伴了十三天的风雨。本地人不论男妇老幼，谁也卷起裤腿，在水深二尺的街道上徒涉。

我初得津浦车被淮水冲断的消息，便跑去问车站几时可以修好，他说照例一天修好的也有，三四天修好的也有。待一等十三天而没有开车，我似乎心中起了一种感触，以为就算天下至愚的人，也没有候车十三天而不想改走他道。我于是打定主意，无论天晴天雨，一定在九月二日动身。路呢？到北京的本有三条。从朋友的劝告，京汉路防受战事影响，北洋轮船防有大风，最安全的莫如仍走津浦路。九月二日早上，我的理想中的虽断犹连的津浦路旅行便开始了。津浦车南段只能到临淮关，北段只能到固镇，这是我所知道的。中间冲坏的一段，我知道他的轨道还在，即使步行也要走到固镇。

临淮关将到了。呵，车旁两面，白茫茫的，是大海吗？那我们坐的是轮船了，又何以走的这么慢呢？这时候我一生的经历样样都想出来了，当中忽然引起了我一个记忆，仿佛这种情形已经是经过一回了的。呵，这原是那年冬季旅行时京汉道上的大雪。一片无风浪的水面上边映着满天的白云，这景象与大雪时可谓毫无两样了。

临淮车站四旁，除了少数高地及铁路轨道以外，尽是一片汪洋。站长的老太太对我说，这一块是从前的豆田，现在化为大海了。那一块是去年的高粱地，收成很好，现在也化为大海了。我一到临淮，本想即刻雇民船上蚌埠的。站长说："这里到蚌埠，相隔仅两个小站，铁路一二十分钟可达。民船非不可雇，不过极危险。遇逆风时，竟能慢至六七点钟，代价至少也要八元或十元。好在津浦路后天能通了，你不如暂住临淮两日。但是我知道临淮几个客栈都住满了。地下房不必说，早已是半屋的水；楼房能租人的，每晚至少十元一榻，但已经没有隙地。就近的医院，也已住得很拥挤。"他硬留我在他车站暂住，我也只得住下了。

总工程师拍来电报，九月四日可以通车，不过乘客到门台子须步行一段，约计半里，行李则叫浦口事务所派三四十人到地搬运。北行车开到门台子，由北段派空车来接，南行车则叫南段也照样办理。这是初二三的消息。初四早晨，消息又变了。乘客不必下车，门台子危险的一段轨道，上面放着空车数十辆，北行车开到门台子，与空车相接，北来的空车也与轨道上的空车相接，乘客行李等等，只须全在空车中行走，这样便省事多了。但一到下午，方针又变，车到门台子，将车头移到车尾，慢慢的把列车向前推去，推过危险地点，再由北段预备的一个车头把列车接去。如此车头斤量较重，可不经过危险地点，而乘客与行李，均可不费搬运的麻烦了。

门台子到了，一切都照计划实行。轨道两旁的大水，自然比临淮更甚。水深浪大，助之以风。轨道震动，上及车身。道旁为风浪冲坏之处，全用车站附近的石墙拆来填补。车行之慢，几乎不及人的步行。乘客都懔懔然，甚至不敢出声。如此四五十分钟，难关渡过，这才到了蚌埠。蚌埠以北，本来是第一次冲坏的，现在早已修复，没有什么危险了。

如此一场大水，我所以当他一个大笑话看，不用说，因为这完全是由人自己招来的。我们只要看成灾以后，那班人的态度，便可知道他们对于生命的不以为意了。安徽实业厅派了一个人到各属来调查实业。据他说，他路

经临淮时候,见有一所大屋,顶上站着七八人,水离屋顶仅三四尺了。他对他们说:

"我船中只有一主一仆,空着呢,你们可以到我们船中来。"

"不要下来,站在这里不打紧的。"

"为什么不要下来?"

"屋内都是家具,水退了恐被别人拿去。"

"水还要涨呢。性命都快不保,怎么还管家具?"

"不!已经问过神明,水快要退了。"

两天以后,船再经过这个地方,屋子也没有了,人也不知去向了。淮水下流,五六个七八个用汗巾或裤带帮着的死尸,是常常看见浮过的。他们说,这是因为一家人宁愿死在一起,不愿离散。那屋顶上的七八位,料想后来也变作七八只虾蟆模样的一串,浮出淮水漂到东海去了。

这是他们对于生命的见解。

除了这些人以外,那向着自然挣扎,正如大水中的草木的,自然也还有不少——或在船中生活着,或在高地上搭起草舍来生活着。那挣扎不过的,便和挣扎不过的草木一样,俯首往死亡的路里去了。

遇见天灾,人也会和草木一样的挣扎,我看了觉得有生之物对于生命都具同样的热诚。但我所不满意的,人之所以异于草木鸟兽,是在他对于自然,除肉体以外,还能用精神挣扎,除自己以外,还能为他人挣扎。大水来了,大家各自逃命,非但同种族同乡村的人可以掉头不顾,就是父母兄弟妻子也可以顷刻离散,挣扎能否得到美满的结果,看各人挣扎的力量,这与草木鸟兽有什么区别。

我希望受灾的人们,从此得到教训,顶好先用心合力的设法防堵。天灾没有不可以用人力预防的。我试问:自以为有一点儿文明的人所居的地方,是不是应该让河流永久无边的?地球上没有人类的时候,水自然放胆流着好了。但人有人的能力,能把河流引入一条规定的道路,使他不向外面泛滥。现在中国的大河,其流法还是甚古,水势大时江面也加大,小时江面也减小,这种样子,如何能保得住沿江居住者的安全呢?我希望大家赶紧拿出自己的精神来,在未成灾时尽力预防,还拿出对于他人的同情来,在成灾以后尽力救济。倘不管这些,只知大难来时各自逃命,那么天灾将未有已时,而人类将永为自然的俘虏了。

IV
津浦车中一个女孩子

　　南行的津浦车上,我的坐位的近邻,坐着一对男女,从他们的举动推断起来确是夫妇,但年纪的相差似乎太甚了。男的和我谈话,一问而知为天津的商人,挈眷回广东去的。那女的不过二十岁上下,穿着粉红色的衣服,粉蓝色的裤子,不系裙,并且脱下男人式的皮鞋,把两脚搁在对面凳上,似乎显出十分广东人的神色。远远的相隔两三比坐椅,还坐着一个十一二岁模样的女孩子,戚戚的面色,看着那一对男女,似外人,又似自家人。是外人吗?仿佛中间有一条无形的线牵着;是自家人吗,却又比外人还着实恐惧,而恐惧中又含着几分憎恶。两夫妇吃面包了,那男的也客客气的递给我一个,我婉辞了,然后他转去凶狠狠地递给那女孩子一个。我看出他这凶狠狠的神色,只是装给他的女人看,我遂明白这三个人的关系是怎样了。

　　晚上九十点钟时分,女孩子早已毫无挂牵的,安然的独据一个椅子睡了,这时候两夫妇也全不理会。那男人的勇气,虽然也能跳下车去买点零星食物来供两夫妇共吃,但要抛开了这妇人,或说妥了这妇人,分出一点功夫来去爱那本性要爱的孩子,据我看来,却是梦想不到的事。他虽然也间或偷眼去望那孩子是否招冷,但也并不拿点东西给伊去盖,一直懒懒的在"父性的爱"与"夫性的爱"的歧路上睡到天明。

　　次日午间,车将到浦口了,各人都整理自己的身面。这小孩子也受着男人的命令,叫伊自己梳过发辫。伊轻轻的走到他们身边,用着大力从椅子下面拖出一只笨重的皮箱来,从箱内取出梳子和刷子,悄悄的自己梳刷,一直到自己打好发辫,将梳子和刷子再向皮箱中藏好。这时候男人固然不惯这种梳沐的事,只能在旁呆看,那女的也不但毫不援手,反用恶眼斜看伊,冷脸嗤笑伊。同车的许多旁人呢,谈天的也静止了,瞌睡的也醒松了,只是张大了眼睛,陡起了精神,注视这三个人的一角。我从他们眼光里,看出他们的脑子也不绝的在那里工作;我痴痴的想,要是此刻没有机轮转动的声音,我们一定能够听出各人思想转动的声音了。

　　这女人极寡言笑,即不是对于孩子,他永远板着面孔。伊的丈夫因为他们的茶壶里没有茶了,拿着杯子到我这边来倒了两杯,一杯他自己喝,一杯给他的妻子。伊喝时显出一种神气,不是感谢丈夫给伊倒茶,也不是对于给他们茶者有所表示,却依旧板着面孔,带点愤恨的样子,仿佛说,为什么我们自己没茶,却要去喝人家的?我看出了一部分伊的性质,推想伊对于孩子,并不增加多量的仇视的感情,因为伊对于一切都仇视,这是有别的心理上的原因的。

有这一种性质的人,做了后母,自然容易显出十分后母的彩色。但我以为前妻所生的子女,对于后母算不算是子女,实在是一个问题。他们虽然是伊的丈夫的子女,但也是伊的情敌的子女,并且决不是伊自己的子女。既不是伊自己的子女,叫伊从什么地方爱起呢?母亲对于子女,自然有伊的世间最大的母亲的爱;平常女人对于平常孩子,自然也有他们的广泛的母性的爱。但这都非所论于后母对于前妻的孩子。要伊用母亲的爱吗?他们并不是伊的孩子。要伊用母性的爱吗?名义上他们却是伊的孩子,又不能用普通母性的爱来爱他们。在这个难题上,再参和一点后妻对于前妻的妒的分子(前妻虽然死了,后妻对于伊的妒心是事实上常有的),于是乎后母对于前妻孩子的态度造成了。

所以我说,要是世界上有一种承认人们可以再婚的制度,同时必须有一种规定儿童公育的制度。倘像现制度的模样,人必可以问,制度将何以处前妻或前夫的孩子?

V
故乡给我的印象

同乡许钦文君解说怀乡心的话很妙。他说大概几十年的老出门者,还有吃不便,用不便,听不便,说不便等故障,而出门时一定非带干菜火腿做路菜不可的,这种人的怀乡心一定极浓厚。我是向来不喜欢带火腿干菜出门的,怀乡心之薄,照他说来也是当然的了。

我对于故乡,虽没有浓厚的感情去怀念他,却也并不想用愤怒的感情去憎恶他,正如不想憎恶任何地方一样。但觉得他对于我也未免太薄待了,为什么没有一点儿好的印象给我?

现在我把这次他给我的印象拉杂的算起总账来罢。

我母亲患的是半身不遂的病,我一到家以后,就主张赶紧看西医。亲戚们一个说,西医吗,某人也是同样的毛病,后来给西医医死了。又一个说,某人本来做染匠的,后来在西医身边跟了两年,现在也做西医了。西医在这里是没有人看得起的。他们都想了种种文不对题的话来抵御我。虽然后来我用病人儿子的资格，总算竭力的把他们说服，但我从此知道乡人对于生命，虽也不是不知道保护，但还凭借着习惯与成见，甘心向死路里撞去，和科学相去还很远呢。还有那等而下之的人们，忽而送仙丹来了，忽而送神药来了，忽而有人主张算命了，忽而有人主张念佛了，这些东西虽然不像毒药一般的就立刻会把人杀死，但只消略一服从他们的好意，也已够得我们病人和侍病的人头昏目眩了。你拒绝他们吗？他们真真是出于好意。你也用好意开导他们吗？那里来这许多的功夫。没奈何尽我的力量有形的无形的破坏，打定主意无论能破坏多少都是好的。

五年前我将要离开故乡的时候，城里一个老岳庙忽然遭了火灾。人们都放大胆子说："这怕什么呢？神明不要住旧屋，有意把他烧了，可以换新庙。"这倒确是实情，我目见一二礼拜以后，认捐者的芳名，已在庙前牌上揭布了一大篇，单是捐助门槛的便有三位无名的太太。乡俗，妇人再婚者，几乎不齿于人类。社会上的悠悠之口，已经够得他们不能出头，而此外还有无形的苦痛，便是恐怕将来死后下地狱。消除后一个苦痛的唯一方法，就是待修庙时去捐助门槛。老岳庙遭了火灾，当然是那班内省多疚的太太们希求超度的大好机会，所以捐大殿门槛者竟有三人之多，——但这也不消说，谁肯将真姓名宣布出来呢？所以变做无名的太太了。果然，我这次回去，老岳庙早已美轮美奂，并且香烟缭绕了。

我想，人有一种瞻顾将来的天性，妇人们尤甚，这是从生物遗传下来专为保护后嗣用的。育婴院的建立呀，学校的种种制度呀，教科书的编纂呀，玩具的制造呀，以及一切精粗大小的各种对于儿童的设备，无不是这一种天性的应用。但一走错路，把所谓将来者不看作自己的子孙，却看作本身的来世，那么什么事体都随着糟了。我到故乡以后，看见老岳庙之焕然一新，而学校之愈形腐败，不禁起这一种感想，以为前途一毫也没有希望。他们还把将来的眼光不放在看得见的活泼泼的儿童身上，却放在不可捉摸的死后的自己身上呢。

* * * *

有这种统治于神权下的社会，无怪仙丹呀，神药呀，不绝的蒙那班好意的人们送来了。我当初对于中医，纯是一腔的愤怒，以为他们老是说什么金木水火土咧，风寒咧，湿热咧，捕风捉影的，听了真令人讨厌，辨不出他们是医生还是道士。后来一转念，对于他们忽然起了一种同情，以为实际上讲来，中医也正与西医一样，在这种社会里同立于劣败的地位。人们还相信吃仙丹，吃神药，不必说西医，就是中医也还相离很远呢。不过那班中医，也自有他们可恨的地方，他们对于这神权社会中的病家，非但不想鼓吹他们那半道士式的医术的万能，有时简直顺水推船，把自己的半道士式的医术也根本否认了。我从前不是这回，听见过一个医生的高论，他因为医了不见效，便对病家说："照脉象看来，他（病人）早已没有病了。这一定是有阴人，你们赶紧安顿罢。也许是他（病人）走路不小心，冲撞了他们（阴人），所以跟到家里来讨赔的。"这明明是说世界上不应该有医生的存在，却只准有鬼的存在，可谓足够丢尽医生的脸了。但是那病家也真配听这种高论，他们听了心里比吃冰还凉爽，以为这真是好医生。在这种病家的眼光看来，这个医生确比那种中医的死忠臣，斤斤较量药味应该如何包，如何煎，如何冲者着实高明。他们其实也不相信中医，他们以为这样斤斤较量倒是虚伪，难免要医死病人。

所以神方、中医、西医三个阶级，你若要考查他们对于那一个信仰最深，莫妙于反问他们那一个最容易把病人医死。他们一定说："西医没有一个医好的，中医次之，神方却是最灵验，真真药到病除的了。"看了这样的社会习俗，自然对于半道士式的中医，不免要起一点相对的同情了。

人家一定要问，这种社会里的知识阶级到那里去了，难道没有一个报馆输送点知识给普通社会的吗？我于是乎想起报馆来了。高一涵君说四川有二十四天以前的报看便是幸事，但我的故乡全不如此。上海的报，当日晚上，至迟次日一早，就可以看见。本地报呢，只是这一点小城，就也有四个报馆。不消说，一看那种报，很有可以使人寒心的地方。一切紧要新闻，本来照例是抄上海报的，可以不用管他。只就社会新闻而论，满篇都是刻板的文字，与刻板的内容。材料中最占大多数的，自然是金钱的争执，与男女的关系，而用一种幸灾乐祸的文笔记载出来。这种格式，大概先有一人作俑，后来凡属相类的事实，便翻查成案，振笔直抄。他们也不管是否新闻，大概只要是稿便登载。我曾在新闻栏中看见一则某人的丑史，内容是叙他去年一段娶妾的事，与今年毫不相涉。这也算是新闻！我记得芮恩施对新闻记者演说有一句话：狗咬人不算新闻，人咬狗才算新闻。像这一种某人去年的丑史，简直可以说是去年狗不咬人了，还可算是新闻吗？果然，现在中国的报纸，无论如何的能手，看见社会新闻也难免卷锋。但是大病每在找寻材料之不得法，和记载手段之不高妙。像故乡报纸所犯的毛病，似乎我在别处报上极其少见。所以要利用他们把知识输入普通社会，恐怕是很不容易的事。

＊　＊　＊　＊

我看了这种报纸虽然寒心，但总还有一点疑惑，以为乡人纵有别处人所有的种种恶的性习，甚或格外加多，但未必没有别处人所有的一点好的性习，即使格外稀少。但报纸上何以一无所见呢？这才又想到他们的刻板文章与刻板内容了。报纸上有了刻板的文章与刻板的内容，即使实际上发现了好的新闻，访者必将因其不能铸入旧模，弃之不顾。这还是小事，最可怕的是访者不但先有刻板的文章与内容，他自己身上还长着一双刻板的眼睛，好的事情他未必看得入眼。这是知识阶级的有无知识的问题了。

还有一个大毛病，我以为他们也正与现在的大多数人一样，是根本上缺少一点好意。我觉得记载手段的是否高妙，采访手段的是否得法，甚而至于有没有这样徒存形式的报纸，都是第二个问题，最要紧的是人们互相知道，互相谅解。我看了社会新闻不是客观的叙述事实，却是极带一种玩世意味的攻击个人，觉得他们除了欠缺知识以外，还欠缺一样别的东西，这大概就是我所谓的好意了。譬如说罢，某人做了一件什么坏事，这用社会学的眼光看来，考查这坏事究竟是谁做的，并不十分重要，报纸只要将他的真名宣布出来，也已尽够了，但他们却非将他的绰号宣布出来不可。拿起社会新闻来看，十条攻击个人的新闻，其中有九条是有绰号的。我不相信凡属乡人都有一个绰号，也不相信凡属乡人之被报馆攻击者都有一个绰号，那么这个加添绰号的罪名不免又要加到文人身上来了。

我也不必讳言，这个加添绰号的恶辣手段，本来是乡人用以陷害别人的。我敢说一句武断的话，近世数百年来，凡属中国人，无论住在那一省，那一府，那一县，都有被我的乡人用加添绰号的恶辣手段陷害的可能性。他们盘踞在大大小小的衙门里，好恶只随他们的喜怒，凡是他们认为可以处罪的，除了种种别的文字上的布置以外，最轻妙不费力而收效最大的，莫过于任意给罪人加上一个绰号。文字上的褒贬，起原本来甚古，孔二先生便早在春秋上用这种手段论人。而在一方面看这文字的大多数人，也早已种了随文字之褒贬为褒贬的毒根，以为一个人有了这样粗鄙的绰号，断断不见得是好人，就加以强盗的罪名也决不为过。于是盘踞在衙门里的人们得其所哉了。最近一二十年来，这些人的势力逐渐减杀，但是这些人的孩子们，还着实相信法政学堂是唯一的出路，蚂蚁附腥气一般的瞎撞进去，外省的人们似乎还应该紧紧的防着呢。

但是事实竟出人意料之外,害人者即所以害己。我想九泉之下的老师爷们要是有知,看见现在的本地报纸上,尽是一大篇的绰号,并且用那种毫无同情的文笔,玩世的记载他们子孙自家人的事迹,一定要号啕大哭一场。

文人的任务,是在一面将人的好的处所发现出来,客观的记载出来,告诉别处的人们,这里也有你们的兄弟,一方面将人的恶的处所发现出来,客观的记载出来,告诉本地的人们,这些是你们应该改善的。故乡的报纸,在北京少有见面,只有从前在大学门房里看见过一份封面上写着"蔡鹤卿、周启明二先生同启"的外省报,从邮印上看出确是从他们的故乡寄来的。他们一个住在东城,一个住在西城,后来怎样的"同启"了一下,我终于没有知道。因此我很想在这一次南行时,顺便看看故乡的报纸,借着他和我的久别的故乡会一会面,或者介绍给大学的图书馆,使别人也知道浙江省里有这样一块地方,这样一群人,在那里干这样的事。但是结果很使我失望。我相信故乡决不像他们记载的样子。他们是一面哈哈镜,有意把真实的人照得七凸八凹了。

* * * *

看了这样的社会,我想无论什么人,一定要同样的发生一个疑问,就是他们的教育如何?正如植物被虫吃了的时候,人一定要问:"芽头萎了没有?"

前面已经说过,乡人的瞻望将来的眼光,还放在不可捉摸的来世,着实无暇顾及脚跟前活泼的小孩儿。但是因为种种关系,教育却也不能不有,于是我要先将他们对于教育的态度来说一说了。

初开学堂的时候,他们看出学堂是洋字一类的东西,所以都敬而畏之。学堂的第二个时期到了,他们觉得这是官字一类的东西了,于是乎畏而轻之。后来学堂越开越多,内容越长久越明了,发现这并不是洋鬼子的侦探,也不是皇帝的钦差,不过设立来教育他们的"小畜生"①的,这时候的教育真不值得半文烂铅钱了。

现在他们对于教育的态度,还陷在第三个阶级里。要整顿教育,此刻无论如何不能在教育的本身下手,最要紧的是使他们看重自己的孩子。待他们对于自己的孩子真是当人看待了,然后再使他们知道研究学问的重要。

---

① 我一点也不冤枉他们,他们十人中有九人骂自己的少爷小姐为小畜生。从这三字可以推知他们对于孩子的态度。

因为我常常听见有人用一句口头禅,是"我们反正是经商的,读书做什么呢"?这已不是看不起学堂,也不是看不起孩子,只是把学堂与孩子看作两件极不相关的东西。因为他们只知道经商的人便不用读书,不知道经商的道理也要从书里面得来。

有一个中学堂和一个师范学堂,都是别人来替他们办的,好坏他们都不管,其实连怎样叫好坏他们也未必知道。从前也经过一个时期,这两个学堂都是自家人办的,但是这怎么得了呢?熟面孔最容易吃群众的亏,熟面孔与熟面孔又最容易争夺,只要走来一个远客,便什么都好办了。

这次我到家以后,有一位师范学堂的教员来看我,我便问起他们学校的近况,他说:"学生们是想新的,但是缺少根据。"我当初没有细问,后来一想,这所谓根据究竟是什么,却有些答不上来,大概是说学生们不能看《进化论》、《互助论》、《资本论》、《相对论》一类的书罢。但是我又疑惑,中学校的学生能够不能够,应该不应该,看这些新思潮根据的书籍,实在是一个问题。再想下去,中学校的学生是否应该有新有旧,想新想旧,实在更是一个问题。中学教育的目的,是使学生们知道横的天然界有多少东西,纵的人事界有多少历史。要是中学教师能尽这个目的做去,我可断定中学的学生一个也没有新的,一个也没有旧的,只是一个一个的都是预备做成人的健全胚子。所以我觉得教育学说的新旧,教授方法的新旧,都是教员方面的事,中学校的学生实在可以暂且不管。

新思想传播到乡曲,色彩本已不见得浓厚了,再加上多少的误解,结果自然只落得一场短期的空热闹。我便中走过书肆,问他们近来有什么新到的书籍,他们说:"新思潮现在已经过时了,所以上海来的新书也很少。从前大大的通行过一时的,如今买的人也渐少了。"

但这都没有什么要紧。我以为感染来的新思潮,或者远不如自己发生的格外可贵。我所唯一希望的,是父兄们自己已经腐败了,千万不可再去害子弟。他们所认为宝贝的东西,千万不要往孩子肚皮里乱塞,只要让他们自己发展,那么三四十年后的故乡,一定可以不如今日的样子了。

* * * *

还有许多不成片段的宝贝,似乎也很有保留起来的价值,可惜我的记忆力太坏,记载手段又太劣,不能好好的尽保留之职罢了。

现在把这些东西暂且一条条的写在下面。

一、一个钱铺子里的漂亮商人说:"蔡元培真是个败家子呵!他可瞒不得我的一双眼睛。他的兄弟整千整百的洋钱汇给他,我都是亲眼看见的。这种兄弟真是好兄弟,这种阿哥真是傻阿哥!"

又一个年老点的人说:"他这翰林远不如黄寿裦这翰林,一个虽然也不见得能干,总还做一任知府,掳了十几万家私,他是连一任知县也轮不着!"

二、一个在北京的银行里当文书的人,议论他一个朋友的儿子的病症,说:

"这该死!这该死!他得病以前是真老悖,但是这一点好:汽水冰其林从来不上口的。我究竟没有病痛。哼,这种后生们那里肯听!他们爱时髦!"

"去年,老范也上过一回大当,他学了时髦,也要看看西医。毛病并不重呵,西医却把他的头拿去到冰里面一冰,那可糟糕了。后来还是我劝他,他自己也觉悟了,赶紧请中医,吃了二钱'至宝丹'才开了窍。"他伸出两个手指,摇摇头,再说:"险呵!你学时髦去!学时髦的人应该给他们吃点苦。"

三、又一个在北京银行里当收支的人,年纪也有五十多岁了,在席上闲谈,中间有一段说:"所以我现在的嫖兴也大减了。第一现在的姑娘们都是大脚,看了与看男人一样,先鼓不起我的兴致!"

四、一个在上海衣庄里当经理的亲戚问我说:"现在令弟在法国做什么呢?"

"学图画。"我说。

"他跑了三四十天的路程只是为学一点图画吗?"他意以为这是我骗他的。

"他的性质与图画相近,法国的图画又有名,所以他学图画倒是很相宜的。"

"我想太不值得了,你劝改学法政好不好?"

"不好!一个人只有他爱学的东西学了才会成功,法政与他性质不相近的。"

"我看总是法政好。学法政回来的人至少也是一个省长。你看现在的督军省长掳起钱来多少利害,起码总是几百万。"

"倘只为要掳几百万,那么何必跑到外国去,只要在本国学掳几百万的方法就好了。"我这样回答他。

"我想路越跑得远,回来挣的钱便应该越多。他原来去学些图画,跑这许多路太不值得了。"他很失望似的说,意谓年青不懂事,跑得远路到那里去学点玩意儿,却把正经事抛了。

"那么他学了回来仍是与我们生意人一样!"

"正是。"我说,"生意人靠每天工作吃饭,他将来回国也是靠每天工作吃饭。整天不作工,却要去掳几百万,还不是和做强盗一样吗?"

"那不用说了。一个人不是为名,便是为利。我知道了:你们既不要利,一定是为名了。"他自己勉强把这个难题解决了,其实依然没有明白。我想我何必同他争论,还是让他自己解决就算了。

以上四则,真是沧海里的一粟,其余为我所没有遇见,或遇见而此刻一时想不起的,还不知有多少呢。但是只看这一点,已经也尽够可以宝贵了。照例这些东西未必能走进我的耳朵,因为怀着这些东西的人也早已自知谨慎,不大肯给他们心中的某一种人看见。但是我颇有这个本领,使他们觉得我的存在直与不存在一样,他们尽可以畅乎言之,——像第四则我同他对话是很少的。这个本领从什么地方得来,我自己也不大晓得,仿佛记起从前在什么书上见过,到蜜蜂窝里取蜜,采取的人须得小心谨慎,使蜜蜂们觉得与没有这人一样,否则便要被他们放毒刺,或者我无形中受了影响。但是我敢深信,我不像采蜜的人一样,他是越采得多越快活,我是越采得多越心伤。

Ⅵ

浦镇十三日之勾留

我万万想不到,这一次回京时,要无端的在浦镇去住十三天。津浦路冲断是我早经知道的了,但我以为只要在南京停留两三天可以通车,所以绝不想到海道,长江轮船与京汉路。

到南京的第二天,许钦文君就渡江来把我邀去,说在南京与在浦镇反正是一样的等车。我就当夜同他到了浦镇,预定明日一早再渡江来,逛一两天南京名胜。不料当晚风声大作,次日早上又继以阴雨,遂决定暂不渡江,只写一信给下关旅店,说倘有人找我,或有信件,都可转到浦镇来,讵知事又出人意表，从我到浦镇的第二天起，一直断断续续的下了十三天的风雨，中间没有半日的停止。到第五六天时候，雨稍除点，我硬着头皮渡江去，走到旅馆，掌柜的惊问我这么多的日子在那里，说有许多来找的人都碰头，许多信也退回了。我说我明明有信给你们，说我在浦镇。他说没有收到。我说我明明写着江南第一旅馆执事先生收，怎么会不收到的呢？他说："阿，原来那一封信就是你先生写的吗？我们因为这里没有执事先生其人，早已拒绝了。"这怎么好呢，真把我气得不能开声了。没奈何再在旅馆里写了一张条子，贴在门口，并叫掌柜的紧紧记着，我在浦镇什么里多少号，于是我又遄返浦镇了。

这十三天当中，在浦镇得到些什么？这我已在许、龚二君面前受过一回考试，可以背诵出来一点也没有错，现在再覆试一回罢。

背东南而向西北的房子，面临街道，后临河道，正对面是一家孔四房清真客栈，里面是一个六十余岁的老年妇人，一个四十余岁的中年妇人，一个十八九岁的少爷式的青年儿子，以下再是两个十岁以上的女孩，一个十岁以下的男孩，因为常要朝着我们装作嬉皮笑脸，所以我们叫他顽童的。从老年妇人直至顽童为止，身上都带着孝，我们均猜想这死的大概是中年妇人的丈夫。但又不然，老年妇人为什么要给儿子带孝，发生了问题。于是许君天开妙想，说老年妇人一定是死者之妻，中年妇人是死者之妾，但我们终不大以为然。

老年妇人勤俭极了，一早五六点钟的时候，有时我们还没有起来，便听见伊在门口鲜菜挑里买菜论价的声音，从此开手劳作，整整一天，直到晚饭以后才停止，如纺纱咧，淘米咧，煮饭咧，上上排门咧，去豆芽菜的根咧，水淹入屋内时在地上搭挑板咧，什么事体都做。其次便是中年妇人与两个女孩子，他们除了互相梳鬎，稍费一点功夫以外，其工作的没有间断，也不亚于老年妇人。至于两个男孩，一个顽童式的，年纪已经到学龄了，但并不看见他入学，他的样子是告诉人他将来大了以后也像那十八九岁的哥哥一样。那十八九岁的哥哥是怎样的呢？他居恒并没有什么特点，我真的太不善于观察，当初看见他穿的一身立领的洋服，以为他是个铁路上的剪票员之流，龚君说不然，他一定是个休学的中学生，后来研究，觉得大体不错。他除了吃饭吸纸烟与弟妹们玩耍，或街上有什么风吹草动的小事便出去观看以外，便坐在店门口闲望，他们说他是在望我们东边楼窗里房东的小姨子，这也许近是。但我并不以他为不然，我主张青年们只要不可忘了自己的事业，这时候男看女女看男是极应该的,尽管放着胆子正大光明的选择自己的伴侣。不过第一不可躲躲闪闪,越怕人知道或者越闹出大笑话。第二不可在选择定了以后,再有这样类似选择的行为,在爱情中转辗的生活着,虚糜了一世。

少爷的生活,但是也很清苦。老年妇人、中年妇人与两个女孩子更是不用说了。少爷与幼年的一个所谓顽童,是合家所奉为宝贝的,有时他们与姊妹们有什么争论,两个妇人照例不问是非,屈女孩而直男孩,吃饭时也给他们两个人先吃。但是我们从楼窗口偷望下去,这两个阔人也不过吃豆板菜过日子,潮水来时鱼价贱,也只有间或几条小小的,便算作他们的盛馔了。这也难怪,新死了一个人是无疑的了,而他们这客栈,是从来无人照顾的,我在他们对面住了十三天,绝不见他们有一个旅客,所谓客栈也不过只有一个名头,住住几个自家主人罢了。

* * * *

孔四房客栈是在我们正对面,与他并列的还有许多临街的小屋子,多半都是草舍,间或也有几所瓦房。其中的人有劈蔑为箄的,有炸油条、烙烧饼的,有开小杂货店的,生活都是不堪其苦,而且大多数没有楼房,一涨大水,大家都搭挑而居。我们住在楼上的,水淹入屋内时,尚且常见有极大的钱串子虫爬上楼来,可以料想他们没有楼房的在大水时所吃的苦,只论虫豸一种也已尽够了。

孔四房的后面一带是山。离他不远,山脚下还住着许多人家。因为他的后门可以通到山麓,所以我们间或看见山下人家的男妇老幼,为贪近便起见,有从孔四房的前门出来的。但这自然须得孔四房的允许,谁也不能任意假道。不过这个允许当然不是说有什么方式的,只要一向假道下来,双方没有异言,便自然率由旧章。但这绝非所论于忠厚的人,憨直的人,或不大知趣的人。

山下人家有一个所谓傻婆也者,年不过二十一二岁,大水涨时,伊天天赤着脚,高卷着裤褪,往二三尺水深的街道上缓步的走过,每天总要走十趟上下;到市上去买菜一二趟,提了磁茶壶两三把到近市的地方去买开水又是一二趟,拿着米箩菜筐到河埠去淘米洗菜又是两三趟。据说伊的丈夫还在市上开着一家小杂货店,所以傻婆有时空手上市,是去管理自己的店务的;店务余暇,伊还要抱着自己的孩子,就近街坊闲逛,间或每天也要一二趟。伊是这样一个来去频繁的人,也天天在孔四房假道,加以伊的性质既可使人名之曰傻婆,当然是不大活泼,孔四房女主人们的不满意是无疑的了。一天，我们看见孔四房自老女主人以下，差不多全家，在自己门口，像什么衙门的卫兵一般，排队站着。我们知道有异，出去看时，傻婆正提着米筹菜筐，新从我们屋旁的河埠回来了。伊要是早知他们挡驾，反正有路可走，只差得稍远一点，不到孔四房去假道也就罢了，但是傻婆的单纯的心理还办不到如此。老女将军率领小孩子，一见傻婆依然没有改变方向，朝着他们的大门而来，便紧紧的堵着门口。在傻婆一方面呢，却是与从前同样的舒徐，到了门口，也仍是如入无人之境。这样一面紧张，一面弛缓的空气之下，结果是傻婆依旧闯进了门口，挡门的人只拔出拳头来在伊的背脊上打了几下出气了事。但是傻婆一直往里走，仿佛只想即刻穿出孔四房的后门房的后门，达到山下的伊的目的地，对于他们毫没有什么抵抗。

傻婆而外，还有一个使我不容易忘记的，是卖鲜菜的妇人。伊的住所大概也在山麓，不过离得远了，我们没有详细知道，我们所知道的只是伊天天担了鲜菜——绿白相间的韭菜与小白菜——在满水的街道上徒涉，并且每每找一个空闲的地方等着人家买罢了。我估量伊的年纪大概也与傻婆仿佛，不过二十一二岁。我倚着楼窗看了伊的身面，对龚君说，这个人还是才做了新嫁娘哩。伊赤脚是不用说的了，这是浦镇极平常的风气，况且这回又有大水。伊的头上首饰，似乎银色既毫无转变，而上面染着的翠点又极其新鲜。土布衣服、土布裤子，深蓝都没有褪色。这明明表示是伊的嫁时衣。从伊的面色与这些服饰上的根据，我便说伊是才做了新嫁娘的。龚君也以为然，遂继续说出关于伊的一段故事。这一说而使我连上述的一段情境也不会忘记了。

龚君说伊是一个极忠厚的女人。有一回，他初见伊担着鲜菜到这条街上来的时候，街坊一个人出来问伊买菜，秤好以后，将付钱了，伊又添了他一小把。谁知做好人是极危险的，旁边小孩子和妇人们都看见了，大家走到伊的菜挑旁边，初时还正正经经的问伊购买，要伊加添，后来你一只篮，我一只手，迫得伊无暇应付，不问曾否付价，只大家混水捉鱼，各得着一点便宜去了。这面伊一个人，脸上也看不出什么感情的表现，等了一会儿依旧慢慢的挑回去了。从此大家都要到伊这里买菜，就算不妄想不出代价，也各人希望着沾点便宜了。不过现在大概伊也有了经验，渐知与人较量，不大像从前的肯随便送人了。

这是浦镇里面的小小波澜。龚君说完以后，我们都倚栏无语，相对不禁怃然。

※ ※ ※ ※

　　我第一天往浦镇，是在晚上九点余钟。我与许君坐在长江轮渡的二层楼上，看着黑黄腌鸭蛋一般的云彩，东一大块，西又无数小块，任月亮穿梭似的过去，几乎看不出云的本身在动。风呢，打在这么大的轮船上，虽然没有影响，但我们坐在船头楼上的人，已经觉得过凉了。我们说，天气也许要有变动，但此时绝不想到一变动而能亘十三天不肯休止，也绝不想到一变动而能使我们从此逛不到南京。许君先为我称述这一只"澄平"轮船，是渡船中之最大的，船身也最新，并且说他与澄平的感情最好，他已经知道他每天的开船时刻，凡他渡江一定非乘澄平不可的。但这还不能表示他与澄平为知己，最妙的是他住在离江八里的浦镇，而能辨出澄平的叫声。这是我亲自试验过的，有时我们坐在一起谈天，大家都不注意外事，正如在北京时要对准时计，用心听着午炮，但忽然来了朋友，一谈天便能把午炮误了。而许君处这个当儿，却绝对不会误过，在大家谈兴正浓的时候，他能独自叫出来："喂，澄平开了！"——不消说，他是知道澄平的开船时刻的，自然要比我们不知道的人容易听见，但是我们何尝不知道午炮的时刻，为什么一谈天便会误过呢？况且沿江一带，轮船火车的叫声，一天不下数十次，于数十次当中辨出一种特别的声音，似乎更不容易。这一来而许君对于澄平的浓厚感情便证实了。许君自己还说，澄平是有生命的，你看他朝着码头走去了，而且从来不会走错。

　　我们坐在澄平头上，看见他也如月走云端一般，乘势在凉风与月色中飞渡。在这渡江的十分钟内，许君还继续同我讲述浦镇景物，说他们的房子背面临水，是扬子江的支流，楼上后门以外，有极大的晒台，虽在盛暑天气，日光斜过，晒台上顿若初秋。前面一带小山，顶上有韩信将台，这是浦镇的唯一古迹，到浦镇的人都要上去观览的。待我们到了浦镇以后，走近楼窗，他们就在朦胧月色的当中，为我指点说，这就是所谓将台。后来一连风雨，非但使我逛不成南京，就是这眼前的将台，也没有上山去逛的机会。等到一天雨霁，我们用人力车仿佛乘舟一般的在满水的街上斜渡过去，再走到小山顶上的将台去逛。但是很使我失望，第一他的建筑已经有了一点洋气。这倒也就罢了，谁敢奢望韩信时的房子还能流传到今日呢？凡属古迹一代代的修葺下来，自然一代代的加入新式建筑的分子。经过最近的一次修葺，自然不免带有几分洋气了。但是第二件更使我失望的，是没有一点文字上的证据给我，使我们逛完以后依然不知道究竟这是谁的将台。将台是三层，上层因楼梯楼板已被拆毁，不能上去，下层则堆着泥土秽物。我们到的是中层，其间空无所有是不消说，而壁上正中嵌一石碑，是先有了字再凿去的。近去看时，还能辨出勒石是民国三年，撰文者是柏文蔚。隐隐约约的碑文末句，仿佛"是所望于后之来者"！这使我不解，安徽都督为什么要到江苏的浦镇来撰一篇碑文？他后来虽遭种种失败，但为什么竟并韩信将台中的碑文而亦连带犯罪？多心的我们，又不免要把这个罪名猜疑到群众身上来了。大家你一句我一句的讨论，其结果是：一定将台修好以后，近村遭了水火时疫等灾，乡人便迁怒到修葺将台动了风水，所以上去捣毁一番，连碑文也给他不留一字。

* * * *

偷得晴天一瞬，我们总算把将台草草逛过了，但是游兴未阑，很愿意再找别处。龚君说，听说二三里外一个庙里，供着一具已死和尚的尸身，我们可以去看一遭。大家都以为可，龚君一边走，一边讲他所闻关于这和尚的故事。这和尚已死十年了，本来葬在一覆一载的两只缸中，今年他的弟子忽然宣言，他师父给他梦兆，说他的尸身至今未腐，愿搬到庙中来享受香火。弟子遵命掘出坟来，果然面色如生，后来搬入庙中，香客之盛，几乎举镇若狂。一路说说笑笑，到了寺门，见门上匾额写着"普利律寺"四字。入门走到大殿，就在左边看见供着簇新袍服的金面像。这时候我心中顿起一种寂寞的畏惧，觉得同去三人还嫌太少。我出世以来，与死尸同室，虽然也有两三次，但都是熟人。现在与一个不相识的老和尚的死尸同在一室，似乎很少经验，所以极想壮一壮自己方面的声势。凡人到畏惧时，一定要想到同类，我少年时候最喜听人讲鬼怪，讲完后又怕走夜路回家，夜深人静，街上寂然无声，只听得自己衣袋里滴滴的表声，我这时候心中暗想道，人类的知识，已经到了能够造表的程度，难道还怕鬼吗？防鬼来侵时才想到人类了！我在大殿门口站着，又把心来一定，想道，他或者还有气味罢，我虽然去掉畏惧，也似乎不该近前。但是又怎肯不看呢，大家走近前去，细细的看了：金色面孔，稍微歪着；眉间眼际，似乎有点模糊；眼睛又紧闭着。这明明告诉我是个风干的死尸。再向四旁一看，神龛右边，放着原来的两只水缸，而神龛前面则钉着许多簇新的匾额，具名的多是弟子陆军中尉、陆军少尉，下面又攒着许多名字。我很奇怪，为什么杀人不怕血腥气的军官，竟肯到老和尚的死尸面前来称弟子。许君说，然则你承认他一定是真的死尸了。我说是，他说："要是春台在这里，一定还有许多怀疑，许多假设，态度决不像你这样独断。"他的意思是想因我们的一去而能发现这不是真的死尸。后来我说："事实不必怀疑，何必定要怀疑。你只要看他的微歪的头，旁边的缸，紧闭的眼睛，便可以证明是真的了。你如不信，可以用浦镇人民的知识程度做担保，他们这样的知识，要他们去抬一个死尸来到庙里供着，并不算得什么一回事。"但是军官上匾的问题，总不能解决。我想，这或者完全是老和尚弟子的欺诈手段，他想藉着师父的死尸骗钱，恐怕别人不信，所以去弄了一班军官来撑场面。这个假设我自以为并不是，没有几分道理，不过太把军官与弟子都看作聪明的坏人了。或者他们的蠢笨，还使他们坏不到如此呢。

浦镇是属江浦县的，本身并不是县，但也有城，仿佛从前是一个营寨。我曾到过一趟城里，看见东门市颇形热闹，其余都是泥房草舍，与乡下一式。我所最不安于心的，是他们住在这样的泥房草舍里，几乎连生活必需的供给都还没有充分，却也与都市中的人同样下流，终日玩骨牌过活。我凡走到这些地方，一定要想到我们的先民，常常把这些人与尧舜来比。我觉得尧舜与尧舜以前的人，也与他们一样，是人类的萌芽。但我很奇怪，尧舜何以能有《尧典》、《舜典》传下来，却从来不听见有尧赌、舜赌，尧烟、舜烟传下来呢？现在他们既然还做不出《尧典》、《舜典》，何以居然能玩这种复杂的赌博呢？此时我不禁发生一种奇想，以为我们的野蛮的先民之为人类的萌芽，是犹植物之三四月的萌芽；现在野蛮人之为人类的萌芽，却是八九月的萌芽。成熟的果子已经正在收获了，碧绿的萌芽或者也只配出来经一番霜雪，然后毫无收成的再从来处去罢了。难道今日之世运，真如一年的秋冬，老先生们所谓末世吗？这就引到凡是落后的生物能否进化的问题了。但我以为先进的人们，无论如何总应该尽力，帮助这些要从来处去的人们，——无论他们在那里想从来处去。

浦镇的十三日，虽然在我觉得像过了十三年一般，但也是这么一天天的过去了。到十二三天头上，我半夜醒来，扪心自问："我是做人的人吗？要做人的人不应该候车十三日而不想别的法子！"于是不管晴雨，把九月二日的行期来决定了。这一天早上，天还没有亮，室内的钟声，户外的虫声，都低低的把我叫醒，七点钟上津浦车来京了。但是我的心中，从此有一个模模糊糊的浦镇，时常要涌现起来。

VII

傻　子

我既"到家了",一下车便跑到学堂,别来无恙,我心大慰了。我在学堂接收了许多积下的信件,正打算要按着日期一封封的去看,忽然在学堂旁边,看见迎面站着一个新开的澡堂。这是我南行以前所没有的,今天仿佛等着为我洗尘,我便也不客气的踏了进去。

在澡堂里,我先把信件草草的看完了,然后开始洗澡。喂,窗外无端的送来一种什么声音,陡然把我引到两年前的旧世界去了。影片一般的,那旧世界辘辘的在眼前过去,迷迷朦朦看见他那片上的中心人物——"傻子"。

冬天的深夜,大学近旁,东一簇西一颗的,雪地里散布着灯火,远望去如星星一般,仿佛正在等待东方的发白。每一颗星星都会发出叫声,隐隐约约的又可辨得出来,是落花生、水果糖、硬面饽饽……

石油灯底下,伏案读书太疲倦了,我硬拉着我的兄弟出来闲走。"夜深了,可以不去了!"这是他常常用来拒绝我的,但结果还是出来。这时的空气,虽然是在霜雪中滤过的,寒冷自不消说,但或者也因为是在霜雪中滤过的,所以特别新鲜。我们一边走,一边谈天,不知不觉的闯入星丛里买点心。买了以后,手中一拿东西,便只能回去了。走到我兄弟的书房里,合起书本,摊开点心,石油灯底下又另开谈天的一幕。这一幕每每是很长的,那天自然也依旧,我直到一二点钟后才回去。

第二天早上,我仓忙起来,觉得缺少了一件东西,走到我兄弟那里去问:"我昨晚把钱票夹落在你这里没有?"他说没有,我说那一定是掉在糖果挑里了。但是我们怎么知道这挑儿不点灯的时候是在什么地方呢?同样,他又怎么知道我们不买点心的时候是在什么地方呢?我要去找既无从找起,他要来还是无从还起了。

我兄弟说:"不是你昨天问他住在那里,他说在三眼井吗?"我也隐约的记起来了。我说我们不如到三眼井去问一遭。一边走,我们一边谈笑,心想无论找得着找不着钱票夹,去访问一个卖糖果的总是一件有意思的事。待到了三眼井,一问而知,凡是卖糖果的全住在一个庙里。我们便走到庙里去问,这可令人奇怪了,原来庙里有这么大的一个社会。谈论的,打架的,自己收拾衣服或用具的,不知有多少人。在这么大的人群里,我们便访问大学旁边摆摊的是那一位,他们都说:"在后进屋里,王大的兄弟——傻子!"

我们又走到后进。他们正要围坐起来吃饭,是新蒸好的黄色的一大块一大块的东西,热气腾腾的正端了出来。我们问在大学面前摆摊的是那一位,他们都指着傻子说是他。我们又问,我们昨晚买东西的时候落了钱包没有。他一声也不响,脸上也一点没有什么表情。旁人说,大家可以到挑儿上去看一看,傻子也许不留心,还放在挑儿里,挑儿此刻搁在大殿里呢。

我们走到大殿,呵,这真叫我们惊异了,大殿里一排一排的满放着一样的糖果挑儿,约莫有二百个内外。这仿佛年幼时夏天玩络纬虫,家中只养着一个,忽然在街上卖络纬的挑儿上看见几十个小笼儿都关着络纬,令人感得一种说不出的快乐和惊异。但是傻子将他挑儿用布盖着的,挑儿翻起来,我们只看见昨晚卖剩的水果糖、落花生一类的东西,并不见有皮夹,我们因为要上课,便匆匆回家了。

我走到房里,整理书籍打算上课去了!唉!我这卤莽人,原来皮夹就放在书下。我们都觉得无端到傻子的挑儿上仿佛像搜检一般的去看,总是万分难过。后来大家说通了,傻子也毫不为意。只是从此看见糖果挑儿,听见糖果的叫声,一定要想起傻子。

从澡堂的窗门里进来的声音,今日又引起我心中的傻子了。

不知不觉的洗澡完了,一路的风景也于此结了,猛然记起品青还等着我呢,遂匆匆出门,从此开端再过我的北京生活。

一九二〇年九月

从北京到北京

两星期旅行中的小杂感

一

旅行是读活书,是读不用自己动手,而能一页一页的翻了过去,并把一部分重要的处所已用红线勾了出来的活书。读死书的只要有精神上的准备就够了,身体的无论如何孱弱,于读书可以毫无阻碍。读活书却不然,身体上稍有不健全,便感受不起旅行中的种种知识,任他风驰电掣般的活书一页一页的翻着过去,读书者只觉得反而增加头昏目眩罢了。这一层我在《南行杂记》上也已提及。中国人平素对于饮食、男女、作息、起居等等,大率毫无节度,且莫论一旦仔肩什么大任,只小小的作一次旅行,也就十分表示出担当不起的样子,像一条煮熟了的白鱼,懒得连眼珠都不能转一转。我从这次赴济南中华教育改进社年会并游泰山曲阜的两星期旅行中,更觉得这种情况非常普遍,而我们的这身躯,实在是一文也不值了。

二

这回遇见许多从前不曾见过的人物,其中有几位给我极深刻的印象,一位是陈君颂平,我以为只有他,在这几百人的大集合中,可以算作我第一节中所说的例外。他自己说,从出生以至三十,差不多无时不在疾病缠绕的当中。三十以后,渐知考究西洋卫生的方法,一面探讨,一面实行,现在五十二岁,这二十年来,精神身体两方面,健康的程度只是有增无减。二十年前的老朋友,看见他几乎不认得他了;身体的孱弱与壮健,是显然不必说的。因身体而影响及于精神,于是从前萎靡者而今振作了,从前悲观者而今乐观了,从前踯躅不前者而今希求进步了。他不像我们这些不知自爱的少年,因为事忙的缘故,每天的睡眠的时间,可以通融减少到两三小时。我们这种荒谬的行为,是断断不足以为训的。他虽在旅行中,依旧不改规律的生活,每晚十时许一定睡了,每早五时许一定起身,起身便即用冷水洗澡。对于会务,他也提出议案,也发抒意见;全体大会,讲演大会,也多半参与。会务以外,应该游览的几处古迹、风景、名胜,也都到了。他能把自己的身体与事业看得一样的重要。这件事,说来虽然容易,实行却是极为难的。你看:许多人因为把事业看得太重,辛辛苦苦的奔走半生死去了,丢着些未了的事业让后人来干;许多人因为把身体看得太重,对于什么事都存一个观望的态度,又未免近于自私了。还有许多人对于身体与事业的轻重,终生辨别不清楚,于是乎颠连一世,百事无成了。能操持这两方面的平衡,使不生倚轻倚重的弊病者,我从前不多见,这位陈先生其庶几了罢。

陈先生与我谈话的中间,很留着些他对于各方面的意见。他看着火车两旁濯濯的山头,起了非常的感慨,以为如果这些地方在日本人手中,不出十年,一定将树木栽的蔚然可观了,朝鲜就是一个很好的例。他并说,积极的造林,似乎不及消极的防止较为重要。森林警察是应该与造林同时举办的,森林中须禁止采伐固矣,尤须禁止牛羊上山,这些都是森林警察的职务。

他又提出二件事征求我的意思。一件是学界公办一个避暑的场所。地点以山东蓬莱为最相宜,一则可以洗海水浴,二则可以看海市。此外或者青岛,或者烟台,均无不可。中国国内几个避暑的地方,如北戴河、莫干山、庐山,都是外国人经营的。中国人并不是不可以去,不过一般学界中人,其生活的程度决不能与他们那些外国的阔人大老抗衡。一旦我们自己举办,设备但求清洁,尽不妨稍微朴素,用费以普通学界中人所能担任者为合度。苦学生或连这一点低廉的用费也不能负担,则避暑场所,很需要各项工作,他们尽可每日去作工一二小时,博得暑假中的低廉生活费。这件事,如果由中华教育改进社举办,似乎更属相宜。

　　还有一件事是关于精神生活方面的。中国人的信仰是什么?这个问题,在大嚷非宗教同盟的时候,似乎也有人连带提及。我觉得中国人的信仰有数千数万种,而一旦横加暴力,则无论那一种信仰都可以顷刻摧破,所以中国人或者可以说是还够不上有信仰,或者可以说是只有一点儿风雨飘摇中的信仰。陈先生说,岱庙中拖着长须、穿着黑袍的老道,秦始皇就上了他们的当,历代相信封禅的帝王也就上了他们的当,他们在思想界中是着实占一部分势力过的,但是现在只替人拿钥匙开大殿的门了。孔子的势力,在过去时代也并不小,现在却颓败到这样了。一般人谁还奉行孔子之道!所以过去的势力,从前很维系过人心的,现在早已过去了。现在的需要,是在思想界中建造一个共通的道德的目标。这个目标不是一二个人所能议定的,但是我们至少可以先定一二个基本条件,例如诚实,就是凡人决不该欺骗别人,也决不该受人欺骗。这种道德上的集会,倘能兼办物质上的事业,其势力扩大时,可以使全国人的道德生活受一番新鲜的洗刷。

　　陈先生对于极琐小的事也能悉心体会。他尝同我说,有许多专门的学问,在专门学校的课程中,尽有略而不全的。他因为耳鸣,曾遍访各医生,多数是医专毕业的,都说不出所以然。后来同一位日本医生谈起,知道用铜管从鼻孔中通气,只是治标的方法。最好是用盐水洗鼻管,鼻管全愈,空气流入,与耳朵方面气压平均,耳中自然没有鸣声了。

　　陈先生给我的印象很深,所以即他的一言一动,也使我非常注意。他的精神,比我们好得多多,我们同游泰山曲阜以后,他还余勇可贾,又独自逛青岛去了。

三

还有一位给我印象很深的是田君中玉,他是山东的督军兼省长。据平常的经验,凡是大官,多半是讨人厌的。一则因为他们在一呼百诺的舒服生活中过惯了,平素谁也不敢冒犯他们,于是逐渐养成一种病态的心理,以为只有他的主张是对的,别人的主张都是不对的。大官又好说官话,模棱两可,似是而非,初听好像是说一段正经话,待按实下去,才知道其中毫无主意,只是把许多好听的名词,用许多圆熟的调子,连缀在一处就是了。但我从他的两篇演说中,看出田中玉却毫没有这些讨人厌的处所。我第一次听他的演说,是在中华教育改进社开幕礼的会场上。当全国教育专家数百人之面,要来谈论教育,田中玉也知是不可能的,所以他说了许多真心真意的谦虚话。他说:

> 我是一个武夫,平常很少机会与国中大文学家(记者原注:此文学家想系文人或教育家之意)会面,所以对教育可谓毫不明白。但我这个不明白教育的外行人,对于教育也有一点儿外行的意见,要提出来向诸大教育家说一说,说对了,就算对了;说不对,还请诸君原谅我一个卤莽的军人,当作没有说就算了。

以下就提出他的意见:减少教员与学生间的障壁,增加教员与学生的亲爱。"大多数的学生是很好的,但少数淘气的学生,也不是没有;他们说先生是出钱雇来的,用不着敬爱。而在先生一方面,以为学生既不敬爱他们,他们也只要按月,按星期,按点钟算薪水就得,把学生的学业一点不放在心上了。"这是他这个"外行人"对于教育的"外行意见"。以下他又要谦虚了:

> 所以我今天特别提出来请诸君研究——不,我这种浅薄的意见也说不上劳诸君的研究,只是希望诸君知道有这么一个意见就是了。

他自己说今年五十三岁了,十几岁时也受过旧式教育,那时的学生生活是很苦的,先生还要责手心,那里像现在的可以自由发展。"教育方法应随时代而变迁,数千年前科学没有发明时的教育方法,对于现代的不相宜,正如衣服的不合时宜一样,如果在今天这种炎热的气候,有人穿起皮袍子来,一定要闹乱子了"。

他还有一篇在全国农业讨论会的演说。

他因为黄任之先生一再替他宣布他非但主张裁兵,并且早已实行裁兵,所以不得不将当时实况叙述一下:"其实也算不得一回事的,黄先生未免过誉了。"

我向来从军时多,为学日少,近二三年不在军营,间或听人演讲,始对于学问稍有一知半解的见识，什么事就容易弄糟。好在我今天所讲，只是些断片的过去事实，无关于学问。察哈尔大地数千里，绝少水草树木，间有一树之地，土人即以"一颗树"为地名。种植之事，多少年来，无人讲究。我那时办"屯垦队"，并没有含着什么高深学理，只是在旧书中剽取了一点移民实边和寓兵于农的旧观念。我也并没有化兵为农的意思，身在军营当然以兵为重，故仍用屯垦队这个名目，并不专事垦牧。当时我在东三省徐东海手下当差事，大约的计划了一下，后来周少朴巡抚吉林，继续办理，然无大效，前安徽督军倪嗣冲甚至于因此革职永不叙用。现在我将这已经过去了的屯垦队大略说一说，屯垦队每队百人，枪一百杆，选定以后，叫他们向北自由领地。不过地愈北而内地人愈少，赤塔以北竟没有人敢再上去了。兵必须都有家眷，所以更非有大资本不可。照我当年办理的情形，房子是给他们起好的，每兵领两间，目领三间；房子旁边凿井，四面则留为空地，既可种植，又可操练。皮衣是四季不能免的，也要给他们置办好。但是我办理时间太短，统共不过二年余，已办成的只有三队。当时的制度，在现在看来，似乎太严了一点。我把他们的精神力气，都当作我自己的那样计算，每天规定的作工时间是十一小时，所以结果他们太劳乏了。如果现在再要办理起来，经费似乎应该稍微增加一点，大约从前办三队的钱，现在只能办二队，每队的经费约计二万五千元乃至三万元。那时我还与铁路上办好交涉，车费可以打点折扣。其余小节，此刻也不便多说，诸君如要举办，我可以将当时的图样及计划书等件找出来，或者可以供诸位的参考。不过人的脾气都是一样，失败的事，一提起来，就要伤心，所以那些图样之类，三年来竟不曾重行翻阅。至于我对于农业，全是外行，但关于肥料，我要讲一段故事，诸君或可以当作笑话听。从前东三省有个农事试验场，讲究肥料，说要美国什么省所出什么颜色的牛的牛粪才能合用，那时的劝业道乃特派人员往美国购买，听说虽然路上死了几头，但多数真是运到东三省的。这种故事听去似乎可笑，但是无论为学，无论办事，我以为必要有一点这种呆气。有的是不自觉，有的是明知道的，但是事业的成功，比那些自以为没有呆气的聪明人都要特别伟大。

　　统篇都是切切实实的叙述，没有一句浮泛话，也没有一句乖谬的议论。这种清楚的讲演，我以为就在他所视为"大文学家"的当中，也并不多见。平常的看法必以为读书人总该比不读书的人明白，但我觉得这件事毫无把握。聚一百个不读过书的人于一处，仔细考验起来，当中不会连一个明白人也没有罢。而一百个读书人当中，求其明白者恐也不过一人。如果把读书的意义扩充一点,当作受教育讲,当作研究学问、经历世务讲,那么他的几数当然可以比狭义的读书大得多多,但也须看他受的是什么教育,研究的是什么学问,经历的是什么世务。许多人被"子曰"弄得傻头傻脑了,许多人被教育弄得像一具机械了,许多人被世故磨练得连志气都没有了。田中玉只是在十几岁时受过一点旧式的教育,然而我看他头脑的清晰,简直驾好些个欧美留学生而上之。这类事常使我怀疑,而且有时竟使我不得不减少对于教育的信仰。但这当中的问题非常复杂,决不是三言两语可以解决得了的。

这且莫论,我只说给我印象很深的人物,田中玉君总要算作第二位。

四

上述二君以外,给我印象很深的,还有一位半,一位是王君伯秋,半位是张君士一。

王君是劝过胡适之君"读书读政治,演说演政治,做事做政治(不是做官,是做政治运动)"的,依我从前主观的见解,若根据这几句话评判,他这位先生一定是大谬的。且莫论劝人遽尔改换行业,不能不说他于友道有亏,且在事实上,要教胡先生家中的五千分之四千九百九十九分的非政治书,暂时搁落冷宫让蠹鱼享用,试想这是一回什么事?

但是这次见面以后,知道王君实在是一个思想很缜密,头脑很清楚的学者。他至高等教育组提出一个"创办青岛大学"的议案,提案原文虽然简短,但他在议席上详细说明,几历一小时之久,关于青岛教育的调查表多至十数种。此外如改良法专一案,考虑很周到,并声明自己是法专一分子,深知各处法专内幕,即不能一时废止,亦非立时改良不可。只这数点,我已非常佩服。再加上许多次的谈话,几乎令我把"读书读政治,演说演政治,做事做政治"这件事根本忘记了,因此虽然见面了多少回,却终于没有提到这一点。但是有一点应该注意,无论如何思想缜密,头脑清楚的学者,谬论是大都不能免的。我们决不能因为他发了几句谬论,便承认这个人的全部议论都是谬论,也决不能因为在好几件事实上观察出他是思想缜密头脑清楚,便担保这个人万不至于偶然发一二句谬论。

这是王君此次给我的印象,大大的改正我以前的印象的。

至于张君,从前的议论似乎更谬了。他说过"现在社会上还需要汉字,并不需要注音字母"。他也主张用京话作国语。这些谬误都是显而易见的。

他还没有懂得：在不识字的人看来，汉字与注音字母，是同一意义的。他说"社会上并不需要注音字母"，其实社会上何尝需要汉字！照他的调子，我们也可以说："现在社会上还需要结绳，并不需要汉字。"那么我们应该废除汉字恢复结绳么？他对于现有的注音字母总要做冤家到底了。但这一回，他却略微放弃一点"社会上并不需要注音字母"的主张，在国语组提议用科学方法另造注音字母。他以为注音字母是需要的了，不过现在的注音字母太不好，应该用科学方法重新造过。议案原文真简单到令人诧异，其理由与办法项下，一共只有十数行文字，理由是注音字母不合科学方法，办法是用科学方法重新造过，——差不多依着主文做了几句文章就是了。

他又主张用京话作国语。京话是什么？当然是北京人所说的话。但是北京人这个范围是非常广大，北京人所说的话这个范围也非常广大。照北京市自治会的章程，我就是个北京人，我的话也就是北京话。但我的话与北京老妈子的话相差还远，不知张君所谓北京话，是指我的话呢，还是老妈子的话呢？难道张君所指的北京人，不是合乎自治章程的北京人，而是丁惟忠所说的北京土著，必有祖宗坟墓在京而自身又在北京生长的人才合格吗？这一来困难更层出不穷了。凡是熟悉北京情形的，都知道北京城里的土著是年复一年的减少。这个原因有好几层。第一，是年来外省旅京的人的乡土观念逐渐淡薄了。从极细小的地方，也可以看出这种趋势。例如大门的牌子上，从前为"天津徐寓"、"湘江王寓"的，现在每每单写"徐寓"、"王寓"了。这种趋势下面含着的经济上的意义，就是从前只是租房子居住，早晚预备回籍的，现在都改而为买房子居住了。第二，有买房子的人，对面自然还有那卖房子的人，卖房子的人自然多半是北京土著。他们在卖房子的时候，心理上只有贪图重价这一个观念，得价后他们都跑到乡间去另买便宜的房子居住，却决没有想到丁惟忠君会来主张只有他们才够得到北京市民的资格，也决没有想到张士一君会主张只有他们的话才够得到做国语的资格。张士一君如果一定要用他们的话作国语，而事实上他们现在已经变为北京城外的乡下人了，然则张君非把他的根本主张改作"必须北京乡下人的话才配作国语"不可。张君如果说一定要北京市内的人，那么我又合格了。但是我要警告各位聘请国语教员的先生们，千万别上了我的当，倘请我去当国语教员，我的京话只是一口老绍兴话。所以我的意思以为，以官话作国语则可，以京话作国语则不可。官话与国语，只是名称不同，实际上是一个东西。国音字典的读音就是官话的读音，也就是国语的读音。北京的土著，也承认这个话是官话,只有这个话可以做国语。但万料不到不是北京土著的张士一君却偏喜欢那一口北京土话。

老发这种谬论的张君,我以为其态度一定更是缪不可当的了,但据国语组里的多数先生们告我,他的态度却是非常之好。陈颂平君给他四个字的批语叫做有论无争。他提出的议案,经大家讨论之后,他自己愿意把原案撤回。他是陈颂平君的学生,陈君在散会后非常称许他,以为除了他的主张以外,他的态度是万分难得的。

可惜我实在为编辑日刊的事务忙得要死,没有功夫去托陈君介绍与他见面畅谈一回,所以张君给我的印象只能算作半位。

除了上述三位半先生的印象,在散会以后还是萦绕在我的脑际之外,其余大大小小的人物的举止言动,我细检起来,留着的影子或是轻描淡写的,或是胡里胡涂的,都没有拿出来晒在白金纸上留作纪念的价值了。

五

中华教育改进社年会的事务所,设在"督办鲁案善后事宜公署"内,这地方最先是德国兵营,后来又做过日本兵营,新近始改为督办公署。除留出一部分他们自用外,六所房屋都借给改进社做事务所与宿舍。第一舍最大,是从前的兵房,改进社事务所即设在楼下,楼上及其他五所房屋,均为宿舍。宿舍房子宽大,至少可容三四人,多者且容八九人。聚十四省教育界同志于一处,是极难得的机会,所以大家互相访问,夜以继日。我们这一间房屋,是七个人合住的,七个人的朋友来往,其热闹是可想而知了。有时我在夜半十二时许编辑完了回舍,满室的人还正闹的起劲,我想这可见合住之不妥当,何等妨害我的睡眠呵,讵知等一会我自己的友人也来了,又同样的妨害别人的睡眠了。睡眠,是没有人敢提起的。夜深人静,在宿舍中是没有这回事的。比较的静一点,要算两点半到三点半这一个钟头。要睡的人,便勉强在这一个钟头中安睡。

因欠缺睡眠的缘故,而我的精神有点恍惚了。我想:山东人这样周到的招待我们,我们是非常感激的。大家都说,我们是客人,他们是主人,但是招待最辛苦的,我想莫过于室中的听差和街上的车夫了,他们也是山东人。我们对于这种人有没有主客的关系?他们也是我们的主人吗?我们也是他们的客人吗?再说,我们带去的听差,对于山东人的名分是怎样呢?山东人欢迎我们的时候，他们是不参与的，那么他们对于山东人是不算客人了。我从此明白，人类中有这样一种永远不作客人也永远不作主人的人。

我们室中的听差，恐怕还是新从乡间来的，他的举动也永远不能使我忘记的了。整天在楼板上泼水，楼上的灰尘本来不泼也未必飞扬的，但楼下的灰尘恐不久就要往下掉了。临走给他一块钱，他几乎无所措手足，待往伙伴那里商量以后才收受的。

同学柳忠介君要想逛山东的窑子了。我这个精神恍惚的人于是又发生了问题，山东人刚刚欢迎我们过的，难道我们就要嫖他们吗？山东妓女对于我们的关系怎样？嫖山东妓女算不算是嫖山东人？山东妓女是山东的女人，这个说法大概是不错的。嫖山东妓女就是侮辱山东女人之一部分，大概也是不错的。山东人这样周到的欢迎我们，我们就侮辱他们女人的一部分吗？再说，嫖妓一面固然是侮辱他人，一面同时也侮辱自己，我们为什么要做侮辱他人同时也侮辱自己的事呢？经这一番的谬论而柳君嫖妓之念也冷下去了。

六

因主客问题而又想到泰山上的轿夫了。逛泰山以三四月为最盛，像近日的气候与季节，泰安人是再也想不到我们会有一百七八十人去逛的。统共只有八十乘轿子，还是托县署代办来的，所以我们分作两队上山，每天一队。坐在轿子中我又痴想了：我真对你们不起呵！逛了你们的泰山，还要你们抬着逛。希望将来你们来到北京，我也抬了你们逛西山去，此外没有法子报答的了。

但是上山一看，知道轿子实在可以不必用。这种宽阔路，虽然峻险一点，步行是决不会出毛病的。一用轿子可就不得不担心了。我下山时在平地上断了一根轿索，试想如果断在峻险处将怎样呢？

盘道以外，我以为不妨另造一条汽车路，将来能步行的走盘道，不能步行的乘汽车，汽车路上也不妨行人，都各听自己之便。不过好古的先生们或者又要说，一造汽车路则古趣全失了。但是我要回答他们，盘道也不是最古的东西，就是全座泰山也不是最古的东西。泰山在地质史上的年纪，比汽车在人类文明史上的年纪，幼稚的远远哩。

七

　　人谁不读过孔子书。故入孔子之庙,谒孔子之墓,而腰骨不酥酥的往下软者,想来是很少的罢。但自己要软,一个人去软也就算了,却偏要叫别人也跟着他们去软,我几乎要笑出来了。幸而周建侯君用极圆到的语调答复他们:"大家不妨自由行礼罢!你们行完以后,我们再来行。"其实对于孔子的大部分学说,我们也未始不折我们的腰的,不过他们是对着烂泥的孔子,折他们皮肉的腰,我们是对着精神的孔子,折我们精神的腰就是了。

　　孔子墓前,当初大家都只是游览罢了,后来不知谁也发明了行礼。所幸我已走到旁的地方去了,没有受着西装赞礼员的指挥,一同卷入旋涡,只是远远的望着他们,好像秋熟的稻田里,被南风吹了三阵。吹完以后,又送来一阵娇滴滴的歌声。我几乎要这样想了:"这许是他们正式承认自己是难养的表示罢!"但是终于没有想。

一九二二年七月

长安道上

开明先生:

　　在长安道上读到你的"苦雨",却有一种特别的风味,为住在北京的人们所想不到的。因为我到长安的时候,长安人正在以不杀猪羊为武器,大与老天爷拼命,硬逼他非下雨不可。我是十四日到长安的,你写"苦雨"在十七日,长安却到二十一日才得雨的。不但长安苦旱,我过郑州,就知郑州一带已有两月不曾下雨,而且以关闭南门,禁宰猪羊为他们求雨的手段。一到渭南,更好玩了:我们在车上,见街中走着大队衣衫整洁的人,头上戴着鲜柳叶扎成的帽圈,前面导以各种刺耳的音乐。这一大群"桂冠诗人"似的人物,就是为了苦旱向老天爷游街示威的。我们如果以科学来判断他们,这种举动自然是太幼稚。但放开这一面不提,单论他们的这般模样,却令我觉着一种美的诗趣。长安城内就没有这样纯朴了,一方面虽然禁屠,却另有一方面不相信禁屠可以致雨,所以除了感到不调和的没有肉吃以外,丝毫不见其他有趣的举动。

　　我是七月七日晚上动身的,那时北京正下着梅雨。这天下午我到青云阁买物，出来遇着大雨，不能行车，遂在青云阁门口等待十余分钟。雨过以后上车回寓，见李铁拐斜街地上干白，天空虽有块云来往，却毫无下雨之意。江南人所谓"夏雨隔灰堆，秋雨隔牛背"，此种景象年来每于北地见之，岂真先生所谓"天气转变"欤？从这样充满着江南风味的北京城出来，碰巧沿着黄河往"陕半天"去，私心以为必可躲开梅雨，摆脱江南景色，待我回京时，已是秋高气爽的了。而孰知大不然，从近日寄到的北京报上，知道北京的雨水还是方兴未艾，而所谓江南景色，则凡我所经各地，又是满眼皆然。火车出直隶南境，就见两旁田地，渐渐腴润。种植的是各物俱备，有花草，有树木，有庄稼，是冶森林、花园、田地于一炉，而乡人庐舍，即在这绿色丛中，四处点缀。这不但令人回想江南景色，更令人感得黄河南北，竟有胜过江南景色的了。河南西部连年匪乱，所经各地以此为最枯槁，一入潼关便又有江南风味了。江南的景色，全点染在一个平面上，高的无非是山，低的无非是水而已，决没有如河南、陕西一带，即平地而亦有如许起伏不平之势者。这黄河流域的层层黄土，如果能经人工布置，秀丽必能胜江南十倍。因为所差只是人工，气候上已毫无问题，凡北方所不能种植的树木花草，如丈把高的石榴树，一丈高的木槿花，白色的花与累赘的实，在西安到处皆是，而在北地是得未曾见的。

自然所给与他们的并不甚薄，而陕西人因为连年兵荒，弄得活动的能力几乎极微了。原因不但在民国后的战争，历史上从五胡乱华起一直到清末回匪之乱，几乎每代都有大战，一次一次的斫丧陕西人的元气，所以陕西人多是安静、沉默、和顺的。这在知识阶级，或者一部分是关中的累代理学家所助成的也未可知，不过劳动阶级也是如此：洋车夫、骡车夫等，在街上互相冲撞，继起的大抵是一阵客气的质问，没有见过恶声相向的。说句笑话，陕西不但人们如此，连狗们也如此。我因为怕中国西部地方太偏僻，特别预备两套中国衣服带去，后来知道陕西的狗如此客气，终于连衣包也没有打开，并深悔当时以小人之心度君子之腹。（北京尝有目我为日本人者，见陕西之狗应当愧死。）陕西人以此种态度与人相处，当然减少许多争斗，但用来对付自然，是绝对的吃亏的。我们赴陕的时候，火车只能由北京乘至河南陕州，从陕州到潼关，尚有一百八十里黄河水道，可笑我们一共走了足足四天。在南边，出门时常闻人说"顺风！"这句话我们听了都当作过耳春风，谁也不去理会话中的意义，到了这种地方，才顿时觉悟所谓"顺风"者有如此大的价值，平常我们无非托了洋鬼子的宏福，来往于火车轮船能达之处，不把顺风逆风放在眼里而已。

　　黄河的河床高出地面,一般人大都知道,但这是下游的情形,上游并不如此。我们所经陕州到潼关一段,平地每比河面高出三五丈,在船中望去,似乎两岸都是高山,其实山顶就是平地。河床是非常稳固,既不会泛滥,更不会改道,与下流情势大不相同。但下流之所以淤塞,原因还在上流。上流的河岸,虽然高出河面三五丈,但土质并不坚实,一遇大雨,或遇急流,河岸泥壁,可以随时随地,零零碎碎的倒下,夹河水流向下游,造成河床高出地面的危险局势。这完全是上游两岸没有森林的缘故。森林的功用,第一可以巩固河岸,其次最重要的,可以使雨水入河之势转为和缓,不至挟黄土以俱下。我们同行的人,于是在黄河船中,仿佛"上坟船里造祠堂"一般。大计画黄河两岸的森林事业,公家组织,绝无希望,故只得先借助于迷信之说,云能种树一株者增寿一纪,伐树一株者减寿如之,使河岸居民踊跃种植。从沿河种起,一直往里种去,以三里为最低限度。造林的目的,本有两方面:其一是养成木材,其二是造成森林。在黄河两岸造林,既是困难事业,灌溉一定不能周到的,所以选材只能取那易于长成而不需灌溉的种类,即白杨、洋槐、柳树等等是已。这不但能使黄河下游永无水患,简直能使黄河流域尽成膏腴,使古文明发源之地再长新芽,使中国顿受一个推陈出新的局面,数千年来梦想不到的"黄河清"也可以立时实现。河中行驶汽船,两岸各设码头,山上建筑美丽的房屋,以石阶达到河边,那时坐在汽船中凭眺两岸景色,我想比现在装在白篷帆船中时,必将另有一副样子。古来文人大抵有治河计划,见于小说者如《老残游记》与《镜花缘》中,各有洋洋洒洒的大文。而实际上治河官吏,到现在还墨守着"抢、堵"两个字。上面所说也无非是废话,看作"上坟船里造祠堂"可也。

　　我们回来的时候,除黄河以外,又经过渭河。渭河横贯陕西全省,东至潼关,是其下流,发源一直在长安咸阳以上。长安方面,离城三十里,有地曰草滩者,即渭水流经长安之巨埠。从草滩起,东行二百五十里,抵潼关,全属渭河水道。渭河虽在下游,水流也不甚急,故二百五十里竟走了四天有半。两岸也与黄河一样,虽间有村落,但不见有捕鱼的。殷周之间的渭河,不知是否这个样子,何以今日竟没有一个渔人影子呢?陕西人的性质,我上面大略说过,渭河两岸全是陕人,其治理渭河的能力盖可想见。我很希望陕西水利局长李宜之先生的治渭计画一旦实行,陕西的局面必将大有改变,即陕西人之性质亦必将渐由沉静的变为活动的,与今日大不相同了。但据说陕西与甘肃较，陕西还算是得风气之先的省份。陕西的物质生活，总算低到极点了，一切日常应用的衣食工具，全须仰给于外省，而精神生活方面，则理学气如此其重，已尽够使我惊叹了。但在甘肃，据云物质的生活还要低降，而理学的空气还要严重哩。夫死守节是极普遍的道德，即十几岁的寡妇也得遵守，而一般苦人的孩子，十几岁还衣不蔽体，这是多么不调和的现相！我劝甘肃人一句话，就是穿衣服，给那些苦孩子们穿衣服。

但是"穿衣服"这句话，我却不敢用来劝告黄河船上的船夫。你且猜想，替我们摇黄河船的，是怎么样的一种人。我告诉你，他们是赤裸裸一丝不挂的。他们紫黑色的皮肤之下，装着健全的而又美满的骨肉。头发是剪了的，他们只知道自己的舒适，决不计较"和尚吃洋炮，沙弥戳一刀，留辫子的有功劳"这种利害。他们不屑效法辜汤生先生，但也不屑效法我们。什么平头、分头、陆军式、海军式、法国式、美国式，于他们全无意义。他们只知道头发长了应该剪下，并不想到剪剩了的头发上还可以翻腾种种花样。鞋子是不穿的，所以他们的五个脚趾全是直伸，并不像我们从小穿过京式鞋子，这个脚趾压在那个脚趾上，那个脚趾又压在别个脚趾上。在中国，画家要找一双脚的模特儿就甚不容易，吴新吾先生遗作"健"的一幅，虽在"健"的美名之下，而脚趾尚是架床叠屋式的，为世诟病，良非无因。而我们竟于困苦旅行中无意得之，真是"不亦快哉"之一。我在黄河船中，身体也练好了许多，例如平常必掩窗而卧，船中前后无遮蔽，居然也不觉有头痛身热之患。但比之他们仍是小巫见大巫。太阳还没有作工，他们便作工了，这就是他们所谓"鸡巴看不见便开船"。这时候他们就是赤裸裸不挂一丝的，倘使我们当之，恐怕非有棉衣不可。烈日之下，我们一晒着便要头痛，他们整天的晒着，似乎并不觉得。他们的形体真与希腊的雕像毫无二致，令我们钦佩到极点了。我们何曾没有脱去衣服的勇气，但是羞呀，我们这种身体，除了配给医生看以外，还配再给谁看呢，还有脸面再见这样美满发达的完人吗？自然，健全的身体是否宿有健全的精神，是我们要想知道的问题。我们随时留心他们的知识。当我们回来时，舟行渭水与黄河，同行者三人，据船夫推测我们的年龄是：我最小，"大约一二十岁，虽有胡子，不足为凭"。夏浮筠先生"虽无胡子"，但比我大，总在二十以外。鲁迅先生则在三十左右了。次序是不猜错的，但几乎每人平均减去了二十岁。这因为病色近于少年，健康色近于老年的缘故，不涉他们的知识问题。所以我们看他们的年纪，大抵都是四十上下，而不知内有六十余者，有五十余者，有二十五者，有二十者，亦足见我们的眼光之可怜了。二十五岁的一位，富于研究的性质，我们叫他为研究系（这又是我们的不是了）。他除了用力摇船拉纤以外，有暇便踞在船头或船尾，研究我们的举动。夏先生吃苏打水，水浇在苏打上，如化石灰一般有声，这自然被认为魔术。但是魔术性较少的，他们也件件视为奇事。一天夏先生穿汗衫，他便凝神注视，看他两只手先后伸进袖子去，头再在当中的领窝里钻将出来。夏先生问他"看什么"，他答道："看穿衣服。"可怜他不知道中国文里有两种"看什么"，一种下面加"惊叹号"的是"不准看"之意，又一种下面加"疑问号"的才是真的问看什么。他竟老老实实的答说"看穿衣服"了。夏先生问："穿衣服都没有看见过吗？"他说："没有看见过。"知识是短少，他们的精神可是健全的。至于物质生活，那自然更低陋。他们看着我们把铁罐一个一个的打开，用筷子夹出鸡肉鱼肉来，觉得很是新鲜，吃完了把空罐给他们，又是感激万分了。但是我的见识，何尝不与他们一样的低陋：船上请我们吃面的碗，我的一只是浅浅的，米色的，有几笔疏淡的画的，颇类于出土的宋磁，我一时喜欢极了，为使将来可以从它唤回黄河船上生活的旧印象起见，所以问他们要来了，而他们的豪爽竟使我惊异，比我们抛弃一个铁罐还要满不在乎。

　　游陕西的人第一件想看的必然是古迹。但是我上面已经说过，累代的兵乱把陕西人的民族性都弄得沉静和顺了，古迹当然也免不了这同样的灾厄。秦都咸阳，第一次就遭项羽的焚毁。唐都并不是现在的长安，现在的长安城里几乎看不见一点唐人的遗迹。只有一点：长安差不多家家户户，门上都贴诗贴画，式如门对而较短阔，大抵共有四方，上面是四首律诗，或四幅山水等类，是别处没有见过的，或者还是唐人的遗风罢。至于古迹，大抵模糊得很，例如古人陵墓，秦始皇的只是像小山那么一座，什么痕迹也没有，只凭一句相传的古话；周文武的只是一块毕秋帆题的墓碑，他的根据也无非是一句相传的古话。况且陵墓的价值，全在有系统的发掘与研究。现在只凭传说，不求确知墓中究竟是否秦皇汉武，而姑妄以秦皇汉武崇拜之，即使有认贼作父的嫌疑也不在意。无论在知识上，感情上，这种盲目的崇拜都是无聊的。适之先生常说，孔子的坟墓总得掘他一掘才好，这一掘也许能使全部哲学史改换一个新局面，但是谁肯相信这个道理呢？周秦的坟墓自然更应该发掘了，现在所谓的周秦坟墓，实际上是不是碑面上所写的固属疑问，但也是一个古人的坟墓是无疑的。所以发掘可以得到两方面的结果，一方要存心发掘的，一方是偶然掘着的。但谁有这样的兴趣，又谁有这样的胆量呢？

私人掘着的，第一是目的不正当，他们只想得钱，不想得知识，所以把发掘古坟看作掘藏一样，一进去先将金银珠玉抢走，其余土器石器，来不及带走的，便胡乱搬动一番，从新将坟墓盖好，现在发掘出来，见有乱放瓦器、石器一堆者，大抵是已经古人盗掘的了。大多数人的意见，既不准有系统的发掘，而盗掘的事，又是自古已然，至今而有加无已。结果古墓依然尽被掘完，而知识上一无所得。国人既如此不争气，世界学者为替人类增加学问起见，不远千里而来动手发掘，我们亦何敢妄加坚拒呢？陵墓而外，古代建筑物，如大小二雁塔，名声虽然甚为好听，但细看他的重修碑记，至早也不过是清之乾嘉，叫人如何引得起古代的印象？照样重修，原不要紧，但看建筑时大抵加入新鲜分子，所以一代一代的去真愈远。就是函谷关这样的古迹，远望去也已经是新式洋楼气象。从前绍兴有陶六九之子某君，被县署及士绅嘱托，重修兰亭屋宇。某君是布业出身，布业会馆是他经手建造的，他有很有钱，绝不会从中肥己，成绩宜乎甚好了。但修好以后一看，兰亭完全变了布业会馆的样子，邑人至今为之惋惜。这回我到西边一看，才知道天下并非只有一个陶六九之子，陶六九之子到处多有的。只有山水，恐怕不改旧观，但曲江灞浐，已经都有江没有水了。渡灞大桥，即是灞桥，长如绍兴之渡东桥，阔大过之，虽是民国初年重修，但闻不改原样，所以古气盎然。山最有名者为华山。我去时从潼关到长安走旱道经过华山之下，回来又在渭河船上望了华山一路。华山最感人的地方，在于他的一个"瘦"字。他的瘦真是没有法子形容，勉强谈谈，好像是绸缎铺子里的玻璃柜里，瘦骨零丁的铁架子上，披着一匹光亮的绸缎。他如果是人，一定是耿介自守的，但也许是鸦片大瘾的。这或者就是华山之下的居民的象征罢。古迹虽然游的也不甚少，但大都引不起好感，反把从前的幻想打破了。鲁迅先生说，看这种古迹，好像看梅兰芳扮林黛玉，姜妙香扮贾宝玉，所以本来还打算到马嵬坡去，为免避看后的失望起见，终于没有去。

其他，我也到卧龙寺去看了藏经。说到陕西，人们就会联想到圣人偷经的故事。如果不是半年前有圣人去偷经，我这回也未必去看经罢。卧龙寺房屋甚为完整，是清慈禧太后西巡时重修的，距今不过二十四年。我到卧龙寺的时候，方丈定慧和尚没有在寺，我便在寺内闲逛。忽闻西屋有孩童诵书之声，知有学塾，乃进去拜访老夫子。分宾主坐下以后，问知老夫子是安徽人，因为先世宦游西安，所以随侍在此，前年也曾往北京候差，住在安徽会馆，但终不得志而返。谈吐非常文雅，而衣衫则褴褛已极：大褂是赤膊穿的，颜色如酱油煮过一般，好几颗纽扣都没有搭上。虽然拖着破鞋，但是没有袜子的，嘴上两撇清秀的胡子，圆圆的脸，但不是健康色，——这时候内室的鸦片气味一阵阵的从门帷缝里喷将出来，越加使我了解他的脸色何以黄瘦的原因。他只有一个儿子在身边，已没有了其他眷属。我问他，自己教育也许比上学堂更好罢？他连连的答说："也不过以子代仆，以子代仆！"桌上摊着些字片画片，据他说是方丈托他捕描完整的，他大概是方丈的食客一流。他不但在寺里多年，熟悉寺内一切传授系统，即定慧方丈也是非常知己，所以他肯导引我到各处参观。藏经共有五柜，当初制柜是全带抽屉的，制就以后始知安放不下，遂把抽屉统统去掉，但去掉以后又只能放满三柜，所以两柜至今空着。柜门外描有金彩龙纹，四个大金字是"钦赐龙藏"。花纹虽尚清晰，但这五个柜确是经过祸难来的：最近是道光年间寺曾荒废，破屋被三数个戏班作寓，藏经虽非全被损毁，但零落散失了不少。咸同间，某年循旧例于六月六日晒经，而不料是日下午忽有狂雨，寺内全体和尚一齐下手，还被雨打得个半干不湿，那时老夫子还年轻，也帮着同搬着的。但经有南北藏之分，南藏纸质甚好，虽经雨打，晾了几天也就好了；北藏却从此容易受潮，到如今北藏比南藏还差逊一筹。虽说宋代藏经，其实只是宋版明印，不过南藏年代较早，是洪武时在南京印的；北藏较晚，是永乐时在北京印的。老夫子并将南藏缺本，郑重的交我阅看，知纸质果然坚实，而字迹也甚秀丽。怪不得圣人见之，忽然起了邪念。我此次在陕，考察盗经情节，与报载微有不同。报载追回地点云在潼关，其实刚刚装好箱箧，尚未运出西安，即被陕人扣留。但陕人之以家藏古玩请圣人品评者，圣人全以"谢谢"二字答之，就此收下带走者为数亦不少。有一学生投函指摘圣人行检，圣人手批"交刘督军严办"字样。圣人到陕，正在冬季，招待者问圣人说，"如缺少什么衣服，可由这边备办"。圣人就援笔直书，开列衣服单一长篇，内计各种狐皮袍子一百几十件云。陕人之反对偷经最烈者，为李宜之、杨叔吉二先生。李治水利，留德学生，现任水利局长；杨治医学，留日学生，现任军医院军医。二人性情均极和顺，言谈举止，沉静而又委婉，可为陕西民族性之好的一方面的代表。而他们对于圣人，竟亦忍无可忍，足见圣人举动，必有太令人不堪的了。

  陕西艺术空气的厚薄，也是我所要知道的问题。门上贴着的诗画，至少给我一个当前的引导。诗画虽非新作，但笔致均楚楚可观，决非市井细人毫无根柢者所能办。然仔细研究，此种作品，无非因袭旧套，数百年如一日，于艺术空气全无影响。唐人诗画遗风，业经中断，而新芽长发，为时尚早。我们初到西安时候，见招待员名片中，有美术学校校长王先生者，乃与之接谈数次。王君年约五十余，前为中学几何画教员，容貌清秀，态度温和，而颇喜讲论。陕西教育界现况，我大抵即从王先生及女师校长张先生处得来。陕西因为连年兵乱，教育经费异常困难，前二三年，有每年只能领到七八个月者，或半年者，但近来秩序渐渐恢复，已有全发之希望。只要从今以后，三两年不动兵戈，一方实行省长所希望的兵农兵工各事业，一方赶紧兴修陇海路陕州到西安铁道，则不但教育实业将日有起色，即关中人的生活状态亦将大有改变，而艺术空气，或可藉以加厚。我与王先生晤谈以后，颇欲乘暇参观美术学校。一天，偕陈定谟先生出去闲步，不知不觉到了美术学校门口，我提议进去参观，陈先生也赞成。一进门，就望见满院花草，在这个花草丛中，远处矗立着一所刚造未成的教室，虽然材料大抵是黄土，这是陕西受物质的制限，一时没有法子改良的，而建筑全用新式，于以证明已有人在这环境的可能状态之下，致力奋斗。因值星期，且在暑假，校长王君没有在校，出来应答的是一位教员王君。从他这里，我们得到许多关于美术学校困苦经营的历史。陕西本来没有美术学校，自他从上海专科师范毕业回来，封至模先生从北京美术学校毕业回来，西安才有创办美术学校的运动。现在的校长，是王君在中学时的教师，此次王君创办此校，乃去邀他来作校长。学校完全是私立的，除靠所入学费以外，每年得省署些须资助。但办事人真能干事，据王君说，这一点极少的收入，不但教员薪水，学校生活费，完全仰给于它，还要省下钱来，每年渐渐的把那不合学校之用的旧校舍，局部的改换新式。教员的薪水虽然甚少，仅有五角钱一小时，但从来没有欠过。新教室已有两所，现在将要落成的是第三所了。学校因为是中学程度，而且目的是为养成小学的美术教师的，功课自然不能甚高。现有图画、音乐、手工三科，课程大抵已臻美备。图画音乐各有特别教室。照这样困苦经营下去，陕西的艺术空气，必将死而复苏，薄而复厚，前途的希望是甚大的。所可惜者，美术学校尚不能收女生。据王君说，这个学校的前身是一个速成科性质，曾经毕过一班业，其中也有女生的，但甚为陕西人所不喜，所以从此不敢招女生了。女师校长张先生说，女师学生尚有一部分是缠足的，然则不准与男生同学美术，亦自是意中事了。

美术学校以外，最引我注目的艺术团体是"易俗社"。旧戏毕竟是高古的，平常人极不易懂。凡是高古的东西，懂得的大抵只有两种人，就是野人和学者。野人能在实际生活上得到受用，学者能用科学眼光来从事解释，于平常人是无与的。以宗教为例,平常人大抵相信一神教,惟有野人能相信荒古的动物崇拜等等,也惟有学者能解释荒古的动物崇拜等等。以日常生活为例,惟有野人能应用以石取火,也惟有学者能了解以石取火,平常人大抵擦着磷寸一用就算了。野人因为没有创造的能力,也没有创造的兴趣,所以恋恋于祖父相传的一切;学者因为富于研究的兴趣,也富于研究的能力,所以也恋恋于祖父相传的一切。我一方不愿为学者,一方亦不甘为野人,所以对于旧戏是到底隔膜的。隔膜的原因也很简单,第一,歌词大抵是古文,用古文歌唱教人领悟,恐怕比现代欧洲人听拉丁文还要困难。第二,满场的空气,被刺耳的锣声,震动得非常混乱,即使提高了嗓子,歌唱着现代活用的言语,也是不能懂得的。第三,旧戏大抵只取全部情节的一段,或前或后,或在中部,不能一定。而且一出戏演完以后,第二出即刻接上,其中毫无间断。有一个外国人看完中国戏以后,人家问他看的是什么戏,他说"刚杀罢头的地方,就有人来喝酒了,这不知道是什么戏。"他以为提出这样一个特点,人家一定知道是什么戏的了,而不知杀头与饮酒也许是两出戏中的情节,不过当中衔接得太紧,令人莫名其妙罢了。我对于旧戏既这样的外行,那么我对于陕西的旧戏理宜不开口了,但我终喜欢说一说"易俗社"的组织。易俗社是民国初元张凤翔做督军时代设立的,到现在已经有十二年的历史。其间办事人时有更动,所以选戏的方针也时有变换,但为改良秦腔,自编剧本,是始终一贯的。现在的社长,是一个绍兴人,久官西安的吕南仲先生。承他导引我们参观,并告诉我们社内组织:学堂即在戏馆间壁,外面是两个门,里边是打通的;招来的学生,大抵是初小程度,间有一字不识的,社中即授以初高小一切普通课程,而同时教练戏剧。待高小毕业以后,入职业特班,则戏剧功课居大半了。寝室、自修室、教室俱备,与普通学堂一样,有花园,有草地,空气很清洁。学膳宿费是全免的,学生都住在校中。演戏的大抵白天是高小班,晚上是职业班。所演的戏,大抵是本社编的,或由社中请人编的,虽于腔调上或有些须的改变,但由我们外行人看来,依然是一派秦腔的旧戏。戏馆建筑是半新式的,楼座与池子像北京之广德楼,而容量之大过之;舞台则为圆口而旋转式,并且时时应用旋转,亦有布景,惟稍简单。衣服有时亦用时装,惟演时仍加歌唱,如庆华园之演《一念差》,不过唱的是秦腔罢了。有旦角大小刘者,大刘曰刘迪民,小刘曰刘箴俗,最受陕西人赞美。易俗社去年全体赴汉演戏,汉人对于小刘尤为倾倒,有东梅西刘之目。张辛南先生尝说:"你如果要说刘箴俗不好,千万不要对陕西人说,因为陕西人无一不是刘党。"其实刘箴俗演得的确不坏，我与陕西人是同党的。至于以男人而扮女子，我也与夏浮筠、刘静波诸先生一样，始终持反对的态度，但那是根本问题，与刘箴俗无关。刘箴俗三个字，在陕西人的脑筋中，已经与刘镇华三个字差不多大小了。而刘箴俗依然是个好学的学生。我在教室中，成绩榜上，都看见刘箴俗的名字。这一点我佩服刘箴俗，更佩服易俗社办事诸君。易俗社现在已经独立得住，戏园的收入竟能抵过学校的开支而有余，宜乎内部的组织有条不紊了。但易俗社的所以独立得住，原因还在于陕西人爱好戏剧的性习。西安城内，除易俗社而外，尚有较为旧式的秦腔戏园三，皮黄戏园一，票价也并不如何便宜，但总是满座的。楼上单售女座，也竟没有一间空厢，这是很奇特的。也许是陕西连年兵乱，人民不能安枕，自然养成了一种"子有酒食，何不日鼓瑟，且以喜乐，且以永日"的人生观。不然，就是陕西人真正爱好戏剧了。至于女客满座，理由也甚难解。陕西女子的地位，似乎是极低的，而男女之大防又是甚严。一天我在"新秦日报"（陕西省城的报纸共有四五种，样子与"越译日报"、"绍兴公报"等地方报差不多，大抵是二号题目，四号文字，销数总在一百以外，一千以内，如此而已）上看见一则甚妙的新闻，大意是：离西安城十数里某乡村演剧，有无赖子某某，向女客某姑接吻，咬伤某姑嘴唇，大动众怒，有卫戍司令部军人某者，见义勇为，立将佩刀拔出，砍下无赖子首级，悬挂台柱上，人心大快。末了撰稿人有几句论断更妙，他说这真是快人快事，此种案件如经法庭之手，还不是与去年某案一样含胡了事，任凶犯逍遥法外吗？这是陕西一部分人的道德观念、法律观念、人道观念。城里礼教比较的宽松，所以妇女竟可以大多数出来听戏，但也许因为相信城里没有强迫接吻的无赖。

　　陕西的酒是该记的。我到潼关时，潼人招待我们的席上，见到一种白干似的酒，气味比白干更烈，据说叫做"凤酒"，因为是凤翔府出的。这酒给我的印象甚深，我还清清楚楚的记得，酒壶上刻着"桃林饭馆"字样，因为潼关即古"放牛于桃林之野"的地方，所以饭馆以此命名的。我以为陕西的酒都是这样猛烈的了，而孰知并不然。凤酒以外，陕西还有其他的酒，都是和平的。仿绍兴酒制的南酒有两种，"甜南酒"与"苦南酒"。苦南酒更近于绍兴，但如坛底的浑酒，是水性不好，或手艺不高之故。甜南酒则离南酒甚远，色如"五加皮"，而殊少酒味。此外尚有"酺酒"一种，色白味甜，性更和缓，是长安名产，据云"长安市上酒家眠"就是饮了酺酒所致。但我想酺酒即使饮一斗也是不会教人眠的，李白也许是饮的"凤酒"罢。故乡有以糯米作甜酒酿者，做成以后，中有一洼，满乘甜水，俗曰"蜜勤殷"，盖酬酒之类也。除此四种以外，外酒入关，几乎甚少。酒类运输，全仗瓦器，而沿途震撼，损失必大。同乡有在那边业稻香村一类店铺者，但不闻有酒商足迹。稻香村货物，比关外贵好几倍，五星皮酒售价一元五角，万寿山汽水一瓶八角，而尚无可赚，路中震坏者多也。

  陕西语言本与直鲁等省同一统系，但初听亦有几点甚奇者。途中听王捷三先生说"汽费"二字，已觉诧异，后来凡见陕西人几乎无不如此，才知道事情不妙。盖西安人说 S，有一大部分代以 F 者，宜乎汽水变为"汽费"，读书变为"读甫"，暑期学校变作"夫期学校"，省长公署变作"省长公府"了。一天同鲁迅先生去逛古董铺，见有一个石雕的动物，辨不出是什么东西，问店主，则曰"夫"。这时候我心中乱想：犬旁一个夫字罢，犬旁一个甫字罢，豸旁一个富字罢，豸旁一个付字罢，但都不像。三五秒之间，思想一转变，说他所谓ㄈㄨ者也许是ㄙㄨ罢，于是我的思想又要往豸旁一个苏字等处乱钻了，不提防鲁迅先生忽然说出："呀，我知道了，是鼠。"但也有近于 S 之音而代以 F 者，如"船"读为"帆"，"顺水行船"读为"奋费行帆"，觉得更妙了。S 与 F 的捣乱以外，还有稍微与外间不同的，是 D 音都变为 ds，T 音都变为 ts，所以"谈天"近乎"谈千"，"一定"近乎"一禁"，姓"田"的人自然近乎姓"钱"，初听都是很特别的。但据调查，只有长安如此，外州县就不然。刘静波先生且说："我们渭南人，有学长安口音者，与学长安其他时髦恶习一样的被人看不起。"但这种特别之处，都与交通的不便有关，交通的不便，影响于物质生活方面，是显而易见的。汽水何以要八毛钱一瓶呢？据说本钱不过一毛余，捐税也不过一毛余，再赚一毛余，四毛钱定价也可以卖了。但搬运的时候，瓶塞冲开与瓶子震碎者，辄在半数之上，所以要八毛钱了。（长安房屋，窗上甚少用玻璃者，也是吃了运输的亏。）交通不便之影响于精神方面，比物质方面尤其重要。陕西人通称一切开通地方为"东边"，上海、北京、南京都在东边之列。我希望东边人的物质生活与精神生活的好的一部分，随着陇海路输入关中，关中必有产生较有价值的新文明的希望的。

  陕西而外，给我甚深印象的是山西。我们在黄河船上，就听见关于山西的甚好口碑。山西在黄河北岸，河南在南岸，船上人总赞成夜泊于北岸，因为北岸没有土匪，夜间可以高枕无忧。（我这次的旅行，使我改变了土匪的观念：从前以为土匪必是白狼、孙美瑶、老洋人一般的，其实北方所谓土匪，包括南方人所谓盗贼二者在内。绍兴诸嵊一带，近来也学北地时髦，时有大股土匪,掳人勒赎,有"请财神"与"请观音"之目,财神男票,观音女票,即快票也。但不把"贼骨头"计算在土匪之内。来信中所云"梁上君子",在南边曰贼骨头,北地则亦属于土匪之一种,所谓黄河岸上之土匪者,贼而已矣。)我们本来打算从山西回来,向同乡探听路途,据谈秦豫骡车可以渡河入晋,山西骡车不肯南渡而入豫秦,盖秦豫尚系未臻治安之省份,而山西则治安省份也。山西人之摇船与赶车者,从不知有为政府当差的义务,豫陕就不及了。山西的好处,举其荦荦大者,据闻可以有三,即一、全省无一个土匪。二、全省无一株鸦片。三、禁止妇女缠足是。即使政治方针上尚有可以商量之点,但这三件已经有足多了。固然,这三件在江浙人看来,也是了无价值,但因为这三件的反面,正是豫陕人的缺点,所以在豫陕人的口碑上更觉有重大意义了。后来我们回京虽不走山西,但舟经山西,特别登岸参观。(舟行山西、河南之间,一望便显出优劣,山西一面果木森森,河南一面牛山濯濯。)上去的是永乐县附近一个村子,住户只有几家,遍地都种花红树,主人大请我们吃花红,在树上随摘随吃,立着随吃随谈,知道本村十几户共有人口约百人,有小学校一所,村中无失学儿童,亦无游手好闲之辈。临了我们以四十铜子,买得花红一大筐,在船上又大吃。夏浮筠先生说,便宜而至于白吃,新鲜而至于现摘,是生平第一次,我与鲁迅先生也都说是生平第一次。

  陇海路经过洛阳,我们特为下来住了一天。早就知道,洛阳的旅店以"洛阳大旅馆"为最好,但一进去就失望,洛阳大旅馆并不是我想象中的洛阳大旅馆。放下行李以后,出到街上玩,民政上看不出若何成绩,只觉得跑来跑去的都是妓女。古董铺也有几家,但货物不及长安的多,假古董也所在多有。我们在外面吃完晚饭以后忽忽回馆。馆中的一夜更难受了。先是东拉胡琴,西唱大鼓,同院中一起有三四组,闹得个天翻地覆。十一时余,"西藏王爷"将要来馆的消息传到了。这大概是班禅喇嘛的先驱,洛阳人叫做"到吴大帅里来进贡的西藏王爷"的。从此人来人往,闹到十二点多钟,"西藏王爷"才穿了枣红宁绸红里子的夹袍翩然莅止。带来的翻译,似乎中国语也不甚高明,所以主客两面,并没有多少话。过了一会,我到窗外去偷望,见红里红外的袍子已经脱下,"西藏王爷"却御了土布白小褂裤,在床上懒懒的躺着,脚上穿的并不是怎么样的佛鞋,却是与郁达夫君等所穿的时下流行的深梁鞋子一模一样。大概是夹袍子裹得太热了,外传有小病,我可证明是的确的。后来出去小便,还是由两个人扶了走的。妓女的局面静下去,王爷的局面闹了;王爷的局面刚静下,妓女的局面又闹了。这样一直到天明,简直没有睡好觉。次早匆匆的离开洛阳了,洛阳给我的印象,最深刻的只有"王爷"与妓女。

现在再回过头来讲"苦雨"。我在归途的京汉车上,见到久雨的痕迹,但不知怎样,我对于北方人所深畏的久雨,不觉得有什么恶感似的。正如来信所说,北方因为少雨,所以对于雨水没有多少设备,房屋如此,土地也如此。其实这样一点雨量,在南方真是家常便饭,有何水灾之足云。我在京汉路一带,又觉得所见尽是江南景色,后来才知道遍地都长了茂草,把北方土地的黄色完全遮蔽。雨量既不算多,现在的问题是在对于雨水的设备。森林是要紧的,河道也是要紧的。冯军这回出了如此大力,还在那里实做"抢堵"两个字。我希望他们"百尺竿头更进一步",在水灾平定以后,再做一番疏浚并沿河植树的功夫,则不但这回气力不算白花,以后也可以一劳永逸了。

生平不善为文,而先生却以《秦游记》见勖,乃用偷懒的方法,将沿途见闻及感想,拉杂书之如上,敬请教正。

伏园
一九二四年七月

朝山记琐

I

朝　山

人毕竟是由动物进化来的,所以各种动物的脾气还有时要发作,例如斯丹利霍尔说小孩子要戏水是因为鱼的脾气发作了。朝山这件事,在各派宗教里虽然都视为重要,但无论他们怎样用形而上的讲法说到天花乱坠,在我却不防太杀风景的说一句:除了若干宗教信仰等的分子以外,朝山不过是人的猴子脾气之发作。我们到妙峰山去的五个人当中,至少我自信是有些如此的。

我国西南一带的山水我没有见过,尝听朋友们讲述是怎样的秀丽伟大而又多变化,在国内大抵要算最好的了。东南我是大略知道的,比不上西南自不消说,但每谓比北方一定是比得上而且有余的。泰山算得什么呢,在北方居然出了几千年的风头,我以为其余可想而知了。所以人在北方是不大会作游山之想的。自去年看见清瘦而又崇高的华山以后,虽然没有去游,但"北方之山近于土堆"的意见渐渐打破了。而妙峰山又是我生平所见第二次北方的好山。在这样的山中行走,我们才知道我们的祖宗从前是怎样的为我们开辟世界,我们现在住着的世界是曾有人不靠物质的帮助而肉搏出来的。我们虽然是步行,在好像用几个"之"字拼合起来的山道上步行,自以为刻苦了,差胜于大腹便便的或是莺声呖呖的坐轿的老爷太太们了。但是我们有开好了的路,有点好了的路灯,沿途有茶棚可以休息喝茶,手上又有削好了随处可以买到的桃树杖,前途又一点也没有什么猛兽或敌人的仇视,而有的只是一见面便互嚷"虔诚!虔诚!"的同一目的的香客。我们是何等的幸福呵!但是我们还觉得苦,这可以证明我们过惯了城市的生活,把我们祖先的强健的性习全丢掉了。

讲究的国家有公共体育场,有公共娱乐所,有种种完美的设备,可以使身体壮健精神愉快的。我们虽然知道这些,然而得不到这些,我们还是一年一回跟着往妙峰山进香的人们去凑热闹罢。

II

"星霜,星霜!"

在北京城里,街上常见有四担或五担笼盒,每担上有八面小旗,各系小铃,挑着"星霜星霜"地响着招摇过市。多少人不明白个中底细,每当他们是另外一个世界里的人物,从不去过问他们,尤其是我们江浙一带的人为然。但是到了妙峰山,我们才自惭形秽,觉悟自己是另外一个世界里的人物,那个世界却完全属于他们的。

如果你在庙里面等候着,听人说"到会了!"的时候,你要记住这是指庙外面有"会到了"。照例的,先是四担或五担乃至六担八担的笼盒,"星霜星霜"地响着过来,这做叫"钱粮把",里面放的是敬神的香烛以及纸糊的元宝等等。"钱粮把"的前面是一个壮健的少年捧着贡物,这看各种香会性质的不同,例如"献花老会"则捧鲜花,"茶会"则捧茶叶,"馒首圣会"则捧馒首。后面跟着会众,数人数十人乃至数百人不等。"钱粮把"进门后就放在院子里,各人都拿出香——讲究的再加以烛——来燃着,便跪在神前磕头祈祷。

少年跪捧表章,居主祭者的前列,由庙祝用火徐徐烧着。表章是刻板现买的,空格上填进供物,会众人数,及会首姓名,放在一个五尺来高的方柱形的黄纸袋中,置于适能插下方柱形的铁架子上,少年的手就捧着那铁架子,这叫做"烧表"。说到"烧表",我们即刻会联想到光绪二十六年的某事,其实往妙峰山进香的人们的种种举止都可以表示出他们与"光绪二十六年最先觉得帝国主义之压迫的英雄们是一路的。烧表时庙祝用两枝竹箸,夹着表章,使灰烬落入空柱中,不往外倾,口中尽念"虔诚!""虔诚!"不止。到了将要烧完的时候,"虔诚!"的声浪忽然提高,下面跪着的会众们,一听得这提高的声浪,便大家把脑袋儿齐往下磕。磕犹未了,必有年较长者,忽转身向会众起立,口中很念着几句嘹亮的言语,例如:"诸位!在这里的,除了我的老师,便是我的弟子,我特地磕一个头,替你们祈福!"

说着就跪下大磕其头。这种句语大抵是各各不同的,得由德高望重而又善于辞令的人自己去想,例如我另外听得一个是与上述的大同小异,末后却加上一个问题,问会众们"当此灾祸连年的时候,我们这种人不见炮火,是谁的力量"?会众们于是大嚷这是由于神的佑护。这种情境活像是在初行"启发式教育"的国民学校的教室里。答出这个问题之后,会众进香的手续算是完了。——但须看来的是什么会,倘是个少林会,那么,进香完毕正是他们工作的开始,因为还要在神前各献他们的身手哩。倘是个音乐会,要演奏音乐;大鼓会,要演唱大鼓。梨园中人的什么会,还要在神前演戏,不过角色是完全扮好了来的,演完便各自卸妆回去。"星霜星霜"的"钱粮把"也依然带着。

Ⅲ

香 客

除了会众以外,个人的香客的进香方法,就不是这样了。我见有一个是三步一拜,一直从山下拜倒了山里。又一个几乎是一步一拜,看他样子已经是非常疲乏了,但仍是前进不懈。我们猜测,这一定是自己或是父母——但决不是为了妻子罢——大病全愈以后来还愿的。无论茶棚子里面怎样高声的喊着那——

"先参驾!——这边落坐,喝粥喝茶!"

再加以"当"的一下磬声，这样简单而动人的音调，他也决不反顾。可怜，满眼看过来，对于这种呼声、磬声，这种来往的香客，四周的景物，取一种鉴赏或研究的态度的，实在只有我们五个人。是颉刚兄的主意，未动身以前，先劝我去了洋服，而且沿路一概随俗：对于同时上去的香客，见有互嚷"虔诚"的，我们于是也从而"虔诚"之；对于下来的香客，虽向我们嚷"虔诚"，但见同行的人有答以"带福还家"的，我们也从而"带福还家"之。到庙门，是先买了香烛进去的；在庙中，是先燃了香烛规规矩矩的跪拜的；在庙中的客室住了两宵，是完全以香客的资格受庙祝的招待的。我们以为必如此然后可以看见一点东西，否则只落得自己被他们看去，而我们所得的知识一定有限了。

三步一拜，五步一拜，乃至一步一拜的香客到底是不多的，正如全身穿了黄色衣服或红色衣服的香客也是不多一样，这种都是为着重大缘故而来的。其余大多数的人，都像我们一样的走上来，一样的进庙门，一样的跪拜，一样的磕头：我们既敢自信别人一定看不出我们是为观风问俗而来，那么我们也安敢自夸我们是知道别人怀着的是什么心眼呢？我们只能说，在外表上看来，我们都是一样的香客罢了。

照例，香是应该放在香炉里的。但在香炉后五六尺远，就有一堵照墙。照墙与香炉的距离间，左右又加筑两道短墙，这样三面短墙一面香炉恰成一个正方形了，这就是我们烧香的大香炉。我们到的时候，香市渐寥落了，但这大香炉还有倾炸的危险，三面砖墙都用木柱子支撑着。香客们决不能往香炉中插香的，只用整把的线香往大香炉中一扔，这就算是烧香了。

Ⅳ

"带福还家！"

娘娘庙的门外，摆着许多卖花的摊子。花是括绒的，纸扎的，种种都有。一出庙门，我们就会听见：

"先生，您买福吗？"

这种声音。"福"者"花"也，即使不是借用蝙蝠形的丝绒花的"蝠"字，这些地方硬要把"花"叫作"福"也是情理中可以有的。对于所谓"福"，我们在城里的时候已有了猜想，以为这一定是进香以后由庙中赠予香客的。如果真是这样,那够多么美妙呵!但是这种猜想到半路已经证实是不然了。不过我们还想,这种花一定是出在妙峰山上的。如果真是这样,即使是用钱买的,我们带回来够多么有意义啊!但后来一打听,才知道京中扎花铺的伙计们先"带福上山",然后使我们香客"带福还家"的。经过如此一场大"幻灭"之后,我们宜若可以不买花了,但我们依旧把绒花、纸花,蝙蝠形的花,老虎形的花戴了满头。胸前还挂着与其他香客一例的徽章,是一朵红花,下系一条红绶,上书"朝顶进香代福还家"八字。"代"者"带"也,北京人即使是极识字的,也每喜欢以"代"代"带",其故至今未明。但"代"字可作"带"字解,已经是根深蒂固,几乎可在字典上加注一条了。

"带福还家"也是一种口号,正如上山时互嚷"虔诚"一样,下山时同路者便互嚷"带福还家"。即使是山路上坐着的乞丐们,也知道个中分别,上山时叫你"虔诚的老爷太太",下山来便叫你"带福还家的老爷太太"了。山路最普通者共有三条,每条都划分几段短路,每段设有茶棚,并设有山顶女神的行座,大抵原意是如有香客中途不能上山,在茶棚里进香行礼也就行了。在这种茶棚里,所用茶碗、茶壶、茶桌等都非常精致坚实,镌有某某茶会等字样。而且专请嗓子嘹亮的人在茶棚下呼喊并打磬,虽然如上面所说,语句非常简单,但他们却津津有味像唱歌般的呼喊着,上山时"先参驾!这边落坐,喝粥喝茶!",下山则也嚷"带福还家"。他们在城市中打拱作揖拘拘得一年了,到这里藉着神的佑护呼喊个痛快。

V

余 论

妙峰山香市是代表北京一带的真的民众宗教。我们的目的是研究与鉴赏,民众们是真的信仰。"有求必应"通例是用匾额的,他们却写在黄纸单片上沿路贴着,这可证明香客太多,庙中已经放不下匾额了,也可证明物质生活尚够不上买一块匾额的人也执迷了神的伟大的力量而不得不想出一个"有求必应"之活用的方法了。

论到物质生活,低得真是可惊。据说连馒首烧饼等至极简单之物,也得由北京运去,本地人吃窝窝头自不消说,但他们的窝窝头据说也不及北京做得好。食品以外,我再举一件三家店渡河的用具,也可藉以相见京西北一带物质生活之古朴低陋了。河并不宽,造桥是不难的,却用渡船。水上先架一条铁索,高离水面约五尺许,两岸用木作架支之,索端则用大石块压于地上。河中是一只长方形的渡船,一端向下游,一端向上游。上游一端,有立柱一,与河上铁索相交,成十字形。使船被铁索扣住,不能随河水顺流而下。渡河的人们,就乘着这横走的渡船来往。这是说没有桥的地方。有桥的地方呢,先用桃木编成圆筒,当中满盛鹅卵石,将这种一筒一筒的鹅卵石放在中流,上搁跳板,便成了原始的桥了。总之,这些地方的用具几乎无一不是原始的,我所以说这种旅行最容易令人想起祖宗们的艰难困苦了。

但是靠了神的名义,他们也做了许多满我们之意的事。山上修路、点灯、设茶棚等不说了,就在山下,我们也遇见一件"还愿毁陇"的新闻。将到山脚的地方,车夫不走原有的小路了,却窜入人家的田陇,陇上的麦已经被人蹈到半死的。我问为什么,车夫说这是田主许愿,将路旁麦田毁去几陇,任香客们践蹈,所以叫做"还愿毁陇"。这是伟大的,此外如山中溪水旁竟写有"此水烧茶,不准洗手脸"字样,简直连都市中的文明社会见之也有愧色了。

我对于香客的缺少知识觉得不满意,对于乡间物质生活的低陋也觉得不满意,但我对于许多人主张的将旧风俗一扫而空的办法也觉得不满意。如果妙峰山的天仙娘娘真有灵,我所求于她的只有一事,就是要人人都有丰富的物质生活,也都有丰富的知识生活与道德生活,——换句话说,就是决不会迷信天仙娘娘是能降给我们祸福的了,——但我们依旧保存妙峰山进香的风俗。

一九二五年五月

录自《伏园游记》,北新书局,1926 年

北方通古斯的社会组织(节选)

(俄)史禄国

绪 论

1. 北方通古斯人在其他民族集团中的地位。
2. 对北方通古斯民族志研究的历史。
3. 社会现象和民族单位的一般特征。
4. 通古斯的社会现象概述。

第一节 北方通古斯人在其他民族集团中的地位

一般说来,北方通古斯人是通古斯人的一部分,但有别于以满族为代表的南方通古斯人。"北方通古斯人"这一名称,包括过去和现今在语言上相似的各集团,因为从人类学和民族志的观点来看,北方通古斯人可以区分为若干不同的集团。但从他们的文化和人类学基本类型来看,有某种可能可以追溯出它们是有共同起源的,因此北方通古斯人可能本来就是一个民族单位,他们具有相同的语言、相同的文化,或许还是由共同的人类学要素组成的。但是在这些通古斯人中,有些集团现在已不讲通古斯语了,他们全面采用了蒙古人的民族志复合,只是还部分地保留着他们的人类学类型。确实是这样的,某些后贝加尔通古斯人之所以包括在北方通古斯集团之内,只是由于从历史上可以证实他们的祖先是北方通古斯人。

南方通古斯人也是一个语言学集团,它的语言同北方通古斯语,毫无疑问是有共同起源的。至于它的文化就不是这样了,而从人类学来看,则只有部分是这样的。它的文化是一个复合体,主要是由汉族、古亚细亚民族和蒙古族的各要素组成,但也有一些其他因素表明它与北方通古斯人在以前是有共同起源的。虽然它的人类学类型之一,无疑是同北方通古斯人有着共同起源,但它的人类学构成基本上与北方通古斯人是不同的。所有这些事实,可以使我们做这样的推测,即北方和南方通古斯人共同起源于某些原通古斯集团,他们将某些语言的、民族志复合的和人类学构成的共同要素传给了北方和南方通古斯人。

尽管已经做出某些努力,将通古斯语同所谓的阿尔泰语,即蒙古—突厥语追溯为具有共同的起源,但问题仍未解决。这几种语言有共同起源的想法,主要基于以下几种原因:首先,有一种总的看法,认为所有语言,同印欧语类似,都有共同的起源。其次,有一种假说,认为阿尔泰各语是在相当晚近期间才从一个共同祖语分化出来的。再次,某些语音学的特征并非仅限于这几种语言。还有某些词态学的类似特点也并非这些语言所专有。最后,也是最重要的,是它们有许多共同的词汇,其中在通古斯语中的共同词汇大多是蒙古语和突厥语的借词。① 然而通古斯语与其他语种有着本质的区别。虽然通古斯语确实受到蒙古语的广泛影响,但它们似乎可以自成一个语族。通古斯语同汉语以及属于这一语系的其他语言没有关系,它同远东其他粘着语,如日语和朝鲜语也无联系;它同所谓的古亚细亚语,如吉拉克语、堪察加语、楚克奇语等等也无亲缘关系。

使人可以推测出,很久以前曾经存在过原通古斯集团的那些民族志要素,在其他民族集团中是找不到的,但通古斯人中典型的、基本的人类学类型,却可以在非通古斯集团中看到,还可以认为居住在远离现在通古斯地域的某些集团中也是存在的。这似乎表明很久以前,作为一个体质群的通古斯人有过不同的地理分布和悠久而复杂的历史。

据我个人和我前辈的调查,可以得出的必然结论是,现在的通古斯集团

---

① 但近来已做了一些新的严肃的尝试。出版了四本重要著作:拉姆施泰特的《蒙古—突厥原语词首无声唇音》,施密特的《涅吉达尔人的语言》和《奥尔查人的语言》以及佩利奥的《十三、十四世纪蒙古语中,以现在无声字母 h 为词首的诸词》。这几本书都对这个问题,从语音学角度进行了探讨,并举出了有限的一些词汇,认为在所有阿尔泰语中,它们的起源都是共同的。从通古斯语的观点看,这些新尝试并不完全是令人信服的。他们所列举的现在使用的方言是未经分析的,有关最近历史时期的语言,早在几个世纪以前就已经与不同的民族集团相混。实际上,对通古斯语言学材料的分析研究还差得很远,而在我们掌握原通古斯人、原蒙古人、原突厥人复合的民族志要素以前,我认为难以追溯出这些词汇共同来源于阿尔泰原语。本书在分析民族志现象的同时,将列举若干借用的实例,其中有些应当属于非常晚近时期。

曾经历了一个长期的形成过程。已有确凿证据证明，通古斯人在新石器时代就已经存在了。可是在汉族的压迫下，他们离开了自己在中国本部的故土。据汉族自称他们的历史可以追溯到公元前三千年，由此推论通古斯集团是非常古老的。

现在北方通古斯人居住在叶尼塞河、勒拿河和黑龙江三大河流域。除此之外，他们还居住在雅布洛诺夫（斯塔诺夫）山脉以东直到他们刚到达不久的堪察加。在中国各地都可以看到他们，尤其是在新疆，在那里的北方通古斯人仍然保持着原来的语言。在中国，他们起先将自己的语言改为满语，以后又从满语改为汉语。

他们主要以狩猎为生，如为当地生活条件所限，他们也采用其他生活方式。他们是驯鹿饲养者和猎人，在不能饲养驯鹿的地区，他们很容易学会养牛、养马或养狗，也可以改营捕鱼和农耕。通古斯民族志复合如此纷繁多样，主要是由于地区、气候、地形、经纬度和动植物区系的差异。这是分布在广袤地域的一切民族集团的共同特征，他们能够使自己高度适应他们所遇到的自然环境。

第二节 研究北方通古斯民族志的历史

十七世纪初，俄国人向东扩张直到堪察加，在他们的报告中首次直接提到北方通古斯人。一六九二年，威特森首次发表了一些有关通古斯人的语言学材料。十八世纪以来，若干旅行者将他们在西伯利亚和黑龙江的观察所得，写出了一些记述，其中最著名的有梅塞施米特·伊兹布朗茨·伊德斯、斯特拉仑贝格、格奥尔吉、帕拉斯和法国耶苏会传教士们（由杜·阿尔德发表）。但他们的观察都不够全面和系统，克拉普罗特在他的《亚洲各种语言对照词汇》一书中，使用了帕拉斯和其他早期旅行者所搜集的若干语言学材料。在十九世纪进行了更为广泛的若干调查，其中以卡斯特兰、斯帕斯基、切卡诺夫斯基、米登多尔夫、马克、麦德尔男爵和拉德洛夫等人搜集的材料最为重要。十九世纪末和二十世纪初，在各类地区进行了更为详尽的调查，胡特对叶尼塞河通古斯人进行了调查，但他在自己的材料未发表前不幸去世。雷奇科夫对他的调查发表了详细报告，查普利奇卡小姐也未能活着看到自己的材料出版。在雅库茨克州的通古斯人是由玛伊诺夫和约赫森、鲍戈拉斯、佩卡尔斯基和茨维特科夫考察的，而在后贝加尔则由塔尔科·赫伦切维茨、季托夫等人进行了考察。访问通古斯人的还有一些其他旅行者，他们也留下了一些片断记述。①

对研究人员来说，远东是具有更大魅力的地方。最重要的若干考察我已经在先前的两本著作中一一列举。② 冯·施伦克、洛帕丁、西姆克维奇、施密特和劳费尔以前发表了关于果尔德人的调查报告，鸟居龙藏和我本人出版了关于满族的报告。③ 布拉伊洛夫斯基考察了乌德赫人，玛尔加里托夫、列昂托维奇和后来的洛帕丁则考察了帝国港④的奥罗奇人。⑤ 至于对北方通古斯人，虽然已搜集到一些语言学和人类学的材料，包括极为丰富的民族志搜集品⑥的民族志资料，但关于通古斯人的一般民族志的详尽作品则还没有一本。有些报告需要校正，其中大多数过于一般化，还有一些调查的范围不够全面。⑦ 中国史籍对北方通古斯人的记载自然是非常缺乏的，这些记载，从我们今天对北方通古斯人的知识来看，已算不上什么重要资料。因此通古斯的民族志实际上还是一块未开垦的处女地。

对北方通古斯人的历史也知道得很少，这完全是可以理解的。因为北方通古斯人没有文字，除非在他们政治上强盛之时，并未引起他们邻人的注意，使他们用科学方法做出详细记录，况且他们强盛的日子也是不多的，即使在那种时代，他们也是以文化上更先进的蒙古族或满族面貌出现。

尽管考察者搜集的资料有明显的不足之处，但关于通古斯的文献已经为广泛的一般尝试性著作大大丰富起来。通古斯人，从分类上被确定为讲"阿尔泰语"的"蒙古人种"。事实上，在通古斯人中可以观察到的各种差异

---

① 见科特维茨著作，亦见拙著《通古斯语研究》。在考察者的名单中，还应加上于一九一〇至一九一四年间曾访问过某些通古斯集团的年轻考察人员。但没见他们发表重要的考察报告。

② 参见拙著《北方通古斯人的迁移》和《满族的社会组织》两书中的书目。

③ 参见拙著《满族的社会组织》和《华北人类学》以及鸟居龙藏的《满族的人类学研究》。

④ 帝国港，即现在的苏维埃港。——译者。

⑤ 也见弗雷泽的《鱼皮靴子》。

⑥ 圣彼得堡的民族学和民族志博物馆以及该市的俄罗斯博物馆，柏林的民族学博物馆，我想还有纽约的美国自然历史博物馆都有收藏。在哈巴罗夫斯克（即伯力。——译者）、符拉迪沃斯托克（即海参崴。——译者）和赤塔等地方博物馆的收藏也很丰富。遗憾的是，这些收藏的大部分，民族志学者还没有进行过研究。

⑦ 帕特卡诺夫的著作，只是对别人搜集的统计材料进行了处理，他的著作说不上是优秀的。

是如此明显,以至任何一个对这个问题感兴趣的人,即使是一知半解,也会一目了然。我已说过通古斯人在人类学上并不是同一的,而他们之属于阿尔泰语系也远未得到证实,他们的民族志复合,无论如何也不能贴上"通古斯复合"的标签。事实上通古斯各集团在构成能够形成一个"民族单位"的各种复合的所有特性上,显示出如此巨大分歧,以至通古斯这一名称,只能被认作是一个包括了一组民族单位的原始名称,这些民族单位的祖先在某个非常久远的时代曾经是生活在一起的。从那时以来,通古斯人创造出一系列的中间的民族组织,在这一过程中,有些通古斯集团已经改换了自己的语言、自己的原有民族志复合,有时甚至连基本的人类学类型也发生了变化。更有甚者,某些非通古斯集团采用了通古斯语和通古斯民族志要素,因此现在被分类为通古斯人。按照某些古老的理论,"亚利安人"在人类学和民族志上原来是同一的。但现在已经没有人相信这种假说能够继续存在下去了,对通古斯人也应采取同样的态度。然而现在在某些集团中观察到的某些语言学的和民族志的混合特征和以往历史时期的记载,毫无疑问可以追溯出这些集团的历史和他们的差异。像"北方通古斯人"、"南方通古斯人"、"游牧通古斯人"、"蒙古化的通古斯人"和"驯鹿通古斯人"等常用名称,作为某种特定含义的概念是十分合适的,但对于同这些集团保持通婚关系的,比如果尔德人、乌德赫人或者还有索伦人来说,就不是这样了。因此有些集团从语言学角度分类,与从民族志角度分类并不一致。分类的复杂性在欧洲也是同样的。例如对匈牙利人和普鲁士人的分类就不能像对挪威人那样简单,对挪威人只要分为南方集团和北方集团就可以了。应该说明,我认为,对讲蒙古—突厥语的集团中所看到的混合特征的分析,应该引导我们得出关于对通古斯集团分类的相同结论。

我确实非常希望使用一些新名称,以便在语言学、人类学和民族志上以及在民族分类上能够进行确切的区分,但鉴于为欧洲各集团创造的新名词的命运,我决定暂时放弃这种尝试,在本书中仍然使用那些限于上述意义的旧有名称。

第三节 社会现象和民族单位的一般特征

本书的宗旨在于探讨通古斯人的社会组织,为此我记述了在他们中间所观察到的事实,并尽可能地按照"通古斯人的体系和思想"去进行解释。

在许多事例中,在分析构成复合的各要素的同时,我追溯了通古斯人某些制度的历史及其更替变化。本书提供的事实,不能全都圆满地适合某些民族学和社会学的理论,对此我不应负责。但我愿对某些我确实应负责任的一般理论做详细说明。民族学的历史表明,当对事实进行一般的理论概括时,争论几乎总是不可避免的,这自然是由于作者对社会现象有不同的理解所造成的。我也将利用自己的权利坚持自己的看法。

鉴于随着对作者观点总的否定的同时,对作者提供的事实也常常予以否定,为此,在谈论我对民族志现象的看法以前,先做一些说明,以便于理解我的观点,也可使那些不同意我的结论的读者不至于完全否定我所提供的事实。我所使用的"社会组织"这个术语指的是民族志各要素的复合,这些要素规定了作为持久的人们共同体的社会功能,这些要素所形成的复合具有某种内部的平衡关系,以使民族单位得以繁衍,并维持一定的经济制度、物质文化、精神和心理的活动——亦即保证民族单位的存在和延续。不言而喻,社会组织是民族单位生物学适应的结果。从这种观点来看,"社会组织"这个术语,只限于某一类民族志现象是太狭窄了,而对民族志现象作这样的分类也未免多少是人为的。实际上,由于密集居住的结果,纯粹心理的和遗传的特征在社会功能中起着最重要的作用。可是经济制度和物质文化复合,只要是由自然环境形成的,在许多情况下,决定着社会制度的形态。再者,从生物学功能这个用语的狭义来说,也意味着某种社会制度的创立。不同的社会形态表现出不同的精神的、经济的和生物学的现象(从这些用语的狭义来说)。这些现象只不过是人类真正的生物学功能的不同表象。①

另一方面,我所使用的"社会"一词,并不是指将凡是单独一个人所不能完成的一切都包括在内的那种意义上的"社会"。我对这个词虽然不够满意,但还找不到令人更少误解的其他用词,所以只好用它。

---

① 由于在社会组织中表现出来的生物学现象的多面性,在社会学者中已产生了强调心理的、经济的、生物学的各方面的若干学派。对社会现象不令人满意的解释(和描述),终于导致否认"社会学"一词的必要性。为了统治在民族学和民族志学上暂时的、在组织上失去平衡的广大人口,实际需要这样一种科学,于是产生了社会学的一支研究"能动性适应"的特殊分支。社会学中的这种实际上的偏差只不过是民族单位生物学功能的一种新形式,因此应当包括在社会科学范围内,或正确地说应该成为民族学研究的一个课题。这里应该说明的是,这种新技艺的起源是由于在大多数文化高度发展的民族单位中当前发生的变化过程的加剧,由于这些单位准备应付与可以预期到的人口过剩相关连的即将到来的民族斗争的特殊需要和某些所谓的落后的民族单位的可能灭绝。

社会组织的任何制度、形态和要素，只要它不破坏民族志复合整体的平衡，或者它最能适应社会组织的需要，都可以被民族单位所采用。如果一个民族单位已经经历过作全面的或某种民族志复合的变化过程，任何这样的制度、形态或要素也可能发生变化。为了保持平衡，这种变化是必要的。

由于这些变化构成复合的各种要素，可能具有不同的年代和不同的来源。按这种观点，就不会有某种要素的残留。事实上，民族志现象是不能用是否合理的观点来解释的，因为它们全都形成了复合的要素，就这一点而论，他们对复合的平衡，对作为一个整体的民族单位都有某种分量和影响。合理的观点，只是对处于强烈变化过程中单位的特性的反应之一。现象的过分扩大和发育不全是有害的，当然也是常见的。如果这种情况没有其他中和性因素补偿，那个单位自然要陷入失去平衡的不稳定状态。作为单位的生物学适应的特殊形态，社会现象的性质，使我们可以从动物机体的适应现象中，特别是在各种不同器官，为维持种的生存的适应中去寻找类比；从这个观点来看，动物的机体是一个从它们的年限看有不同来源的各种器官（和功能）的复合体。它比起民族志的现象，特别是社会现象是更基本的，不可测量的。因为后者，如前所述，是复杂功能的可以感知的表现，而不是像动物那样的身体器官。

我在本书中所使用的"民族单位"一词，是指这样一种单位，在这个单位中民族志要素的变化过程及其向下一代的传递和生物学的过程正在进行。这些单位永远处于变化（变异）的过程中，因此昨天的单位同明天的不会完全相同，但是从发生学来说它是相同的。这些过程可以快，也可以慢，或者处于停滞状态，这类似于动物中的种、亚种、变种、属等等。在这些单位中，这些过程时常发生，但并非总是发生，而引人注意的是"暂时的不平衡"的状态。变化过程的速度和强度，取决于两种主要情况：(1)单位对自然环境中发生的人为的或自然的变化的反应，地域的扩大或缩减和人口的增长；对这些反应可能很慢也可能很快，可能是肯定的也可能是否定的，或者也可能完全没有反应；(2)民族间的压力。某种情况下显示出保守主义的形式，即对旧制度的喜爱、对熟悉形式的依恋或者是喜爱革新和激烈的变化。这种心理适应性的差异似乎是遗传的。当民族单位不能改变其制度和习惯时，自然要同它所不能控制的变化发生冲突。在这种情况下，反应虽然是否定的，然而是强烈的,可能导致失去心理平衡,并由此而产生各种后果,[1]或者甚至失去民族间的平衡,它自然导致可以感知的民族间压力的增强。未受民族间压力影响的过程,自然同在民族间压力下进行的过程是不同的。在后一种情况下,民族单位可以从邻族那里借用各种新的形态,地域的绝对的或相对的缩小和人口的增长造成文化上的变化,而这些也可以由民族间压迫造成。[2] 由于这些情况,文化复合的变异速度极大的增强,而在起初,当民族间压力不强烈时,速度是非常缓慢的。[3] 当然,表现在反应能力上的生物学适应,如果跟不上变异过程,变异就可能延迟。

各个单位,从组成它们的个体的数量上来讲,有的是众多的,而有的则非常稀少。而组成单位的个体数目的多寡,不能构成作为人类生物学适应现象的单位的特征。

由于民族单位中发生的过程性质,我将尽可能避免使用那些可能引导单位向"劣等"和"优等"状态变化概念的词语,因为这些词语中,包含着某种

---

[1] 应当注意的是,大多数所谓的"革命"发生在持"保守的"态度,即倾向于保持现状而同时又易于发生心理不平衡的民族单位中。在政治术语中,变化的这种特殊形式,或更正确地说,从一种状态向另一种转变,并非都认为是政治的和社会的革命的一切现象的特征,因为它们很少影响到民族志复合,更不影响社会组织及其基本要素,其结果只不过是个人和民族单位的变化及其合并。

[2] 实际上,表现在人口的稠密和文化的以及地域的分量上的民族单位的实际势力,由于民族间压力而产生的变异的综合性冲击而增强。请参见拙著《民族单位和环境》,第32页。

[3] 参见拙著《民族单位和环境》。阿瑟·基恩爵士,在他的《人类古代史》最新版(一九二五年)的序言中,提出了这样一个公式,"世界上人口稠密的地方,也是(人的体质)最急速进化的中心"(第18页)。他以前曾经说过,体质上的变化过程至今仍然在进行着。但应注意的是与民族志现象中所起的变化过程比较起来,它的进度是非常缓慢的。这两者确实都能够在同一单位中观察到。在民族单位中,形态学以及民族志的各种变化,是相互紧密结合的,这恐怕是由某种机制规定的,这种机制影响着以文化现象为其表现形式的各种状态。民族志的变化如已经叙述的那样,只不过是单位的生物学适应的功能,毫无疑问,也受到民族单位之间相互作用的影响。

程度的主观判断因素。① 因此,在可能时我将不使用像"进步"、"发展",甚至往往招致误解的"进化"等词。事实上,直到变化过程完结以前,我们不能预言它是否有利于那个单位(即维持那个单位的存在),还是导致那个单位的灭亡。② 最低限度来讲,作为单纯功能性的民族志现象,不能同发展着的生物学上的器质现象同样对待。比如我们可以说哺乳动物的腿的进化,但是除非对"进化"一词的不同含义有明确的区分,我们就不能说"行动的进化"。已发生变化的量的表现是可以测量的,即使现在不能,以后也许可能。但是,如果不是从该民族单位的观点和从谈这个问题的个人观点来对过程的最后阶段进行估计的话,那么使用诸如"现象的扩大或减小"、"成长或衰退"、"复杂或简单"以及"变化或变异"等表示某种状态或过程的定义词,对用于分析和叙述民族学或民族志现象的目的就足够了。在有些事例中,比如变化的过程包括人口的绝对减少和体质上的退化,确切地说明了单位衰退的总倾向。但即使对这些现象有时也可能产生误解,因为单位在民族志学上由一种状态向另一种转变激烈变化时,有时也表现出衰退迹象。

　　民族单位的灭亡,可以是肉体死亡的形式,也可以是固有的民族志复合

---

　　① 如克罗伯(一九二五年)、托泽(一九二五年)等作家最近的出版物所指出的,某些人类学家试图使读者相信,集团和人种有平等和不平等之分,并仍在讨论民族集团和人种的"劣等"和"优等"问题。争端仅仅依据政治意图而定(在相当晚近的一些出版物中,还可以看到有些作者由于政治意见的不同而将对手归入非科学之列。但是有些作者在这个问题上却是非常聪明的)。严格地说,这个问题对科学分类来说是毫无关系的,同样在形成宗教的、道德的、政治的和往往是哲学观念的背景问题上也是如此。他们自己也应当作为一个民族志调查的对象被考察,人类集团就是那样存在着。他们可以用具有"复杂的"或"简单的"民族志学和形态学特征来说,构成这些特征的主要的次序也可以这样来说明(如可能的话,是多年来的理想)。至于"劣等"、"优等"这些用语只是属于欧洲人的复合(不知道为什么像洛伊等有些作家称之为"高加索的"),而且是对外民族的反应的真实写照。对"野蛮的"、"原始的"和其他一些与"文明的"相对的称呼,这些本来是试图对人类集团进行分类的早期人类学的残余,但至今仍然在民族志作品中出现。确实它们不仅仅是残余。在民族志著作中还可以看到作者提出一些理由说明取消"迷信"和"民族偏见"等的重要意义。他们认为这是民族学的任务之一。如果从政治观点或从民族斗争观点来看,这或许是正确的。如果从教育观点来看,也是对的。但这些考虑是完全同科学无关的,除非像上一个世纪那样,再提出一个新的"政治人类学"来。这只不过是民族志学者研究欧美复合的一个课题。

　　② 这是唯一可能的判断方式。实际上,如果单位由于变化而保存下来,这种变化就应当看成是有利于这个单位的。马足比人的手,是更晚近、更发达的,但从形态学的观点来看,马足比人手要简单得多。但是一个对马来说,一个对人来说两者都是最完美的适应形式。

完全消失的形式，甚至也常由于混血、融合和同化而导致民族的灭亡。的确，有时一个单位就这样灭亡了，但留下来的子孙却以新的形式使母亲单位继续存在。

将"社会制度进化"作为在民族志学和人类学上彼此间多少有些独立地变化着的现象进行研究，显然是毫无意义的，不能取得成功的，正如"动物行动的进化"，如果不同行动器官的形态发展史和该动物的一般历史乃至动物群的历史相联系，就不可能理解一样。社会现象比起其他任何生物学现象要更为复杂得多，如前所述，它们是以人类和动物活动为基础的现象的变异的结果。他们只是单位的生物学适应的副产品，如果可以类比的话，他们就像生命是一种物质状态一样的现象。异体同功和异体同形的功能和器官的混淆确实是不可避免的。由于作为一种功能的社会现象的性质，恢复一种社会制度的原来的历史，其构造只不过完全是一种人为的东西。另一方面，任何一种社会制度和任何一种观念，除非这个民族单位或个人准备接纳它、同化它，否则是不可能被接纳的。如若不然，社会制度和观念总是要采取与原来的民族志复合或与精神的与心理的状态相符合的形式，而这样它们自然就同原来的面貌完全不同了。所以很明显，作为一种功能的社会现象，只能同其他活动中的民族志现象联系在一起进行考察。

在本书中，我还使用了其他一些术语。由于它们都有通俗的意义，应该明确它们的科学定义。如"氏族"、"家庭"等社会单位的名称，不同作者对它们的理解就不完全一致。作者之间往往由于对不同现象使用了同一名称而引起争论。[①] 我所使用的"氏族"这一术语所指的现象，在第三章中已作了限定。但是这个定义只有从静止的观点来看时，才是正确的。我已叙述过，满族对这种制度的名称，至少已经改变过两次。哈拉、嘎尔甘和穆昆，这几个名称指的是不同时期的同一社会单位。事实上，一个显示出要区分为两个新的，不同的外婚制单位的氏族，不是上述定义的氏族，虽然从发生学来看是一样的。这个定义仍然留在满族的头脑中，因为他们仍然保留着哈拉的称呼，但这种单位已经完全失去了功能，它之所以留存下来，主要是由于书面记载。北方通古斯人的情况也是同样的，他们没有发明或借用任何新的名称。然而北方通古斯人通常已将老氏族的名称忘记，不像满人那样还保留着。在满人和北方通古斯人中没有创造出更大的功能单位，所以我使

---

① 参见洛伊的《原始社会》和里弗斯的《社会组织》。

用了"氏族"这一名称,并称产生出新单位的氏族为"父氏族"。对北方通古斯人来说,"家庭"这一名称的意义比"氏族"更为有限,这在第六章中可以看到。非常明显,这一制度所指的现象,如仅限于纯粹的社会现象是不能理解的,因此我将这一概念包括了这个单位的经济①的和生物学的功能。② 由于这一限制,我在需要强调的地方往往使用"家庭单位"这样重叠的词。

第四节 通古斯的社会现象概述

同其他任何社会组织一样,通古斯人的社会组织是极为复杂的。仅限于观察和事实的记述,既不能对它的整体也不能对构成这一复合的各要素进行全面了解。事实上,通古斯的社会组织和习俗当然是同物质文化以及宗教的、心理的和精神的文化活动有机地联系在一起的,它们部分地依据生物学条件和自然环境,共同形成了一种复合。从通古斯人的观点来看,他们的社会组织是绝对完美的,是足以保证他们生存的。他们认为,除了新近借用的某些习俗外,他们的社会组织无论从整体上,还是从它的各个要素上都纯属通古斯人所固有的。然而对这些要素进行分析时,事实似乎并非如此。其中有些是非常晚近的,而其他一些则是从通古斯早期保存至今的。有些要素从其起源上看,可以同早期通古斯制度相联系,而有些则是从邻族借用的。社会组织和习俗非常明显的是由不同年限和不同来源的要素所组成。现举例说明如下:婚礼的风俗,包括在婚礼的前一天新郎去新娘家,并在那里圆房(这也是居住在满洲的古老集团的风俗);彩礼的风俗是在很久以前从非通古斯集团借来的,至今仍然在实行;亲吻新娘的手,是新近从俄罗斯人借用的。满洲通古斯人的亲属称谓是很复杂的,既包含古老的通古斯称谓和很久以前从蒙古人借用的称谓,也包含了新近经由满人从汉人借用的称谓,这表明上述事实的另一些例子。尽管年限和来源不同,婚礼风俗和亲属称谓是完全确定了的,是特殊的复合,如果不影响既定民族志复合的整个体系,这些复合是不能发生变化的。事实上,关于初夜的习俗,一种形式消灭了,又重新建立起另一种形式,例如在满族中的情况就是如此。除非采用新的亲属制度,某些亲属称谓也会消失。另一方面,婚礼风俗是同现行制度

---

① 参见里弗斯前引书,第16页。
② 家庭的生物学功能是洛伊所强调的。

紧密结合在一起的,按照这种制度,氏族要在婚事上起积极作用,因此现在的婚礼风俗部分的意味着氏族组织的主导作用。亲属称谓制度也与氏族制度紧密相依,财产的继承和其他制度也如此。甚至像亲吻新娘手这样不重要的风俗也取消不了,即使实行了另外一种像新娘在丈夫氏族长辈成员面前下跪的习俗,以象征新娘被丈夫氏族接纳,吻手的习俗仍然保留下来。除非在九代内承当的司法责任(这确实是在汉满影响下的新制度)首先取消,不然称呼这九个世代的称谓就不能消失。因此,例如上述亲属称谓制度中,新旧称谓往往并存同时使用,但其中之一必将消失或改变其含义。如果整个复合不发生动摇,显然它是不能立即改变的,而由一系列风俗和习惯所组成的复合是不会变化的,假若由一个平衡链条与这些习俗直接相连接的属于其他复合的习俗不受影响的话。

如前所述,通古斯人的社会组织是同他们的物质文化,也同他们的心理的和精神活动紧密的连接在一起的。实际上,通古斯人的家庭制度的变异,是由于经济上的原因,因为家庭首先是一个经济单位。在若干例子中,妇女的"从属"地位是由神灵活动的理论规定的。现在我们假设通古斯人普遍改变了关于神灵的理论,全都变成了基督徒,甚至都成了博学的理论家,那么部分地基于神灵理论,规定着他们对动物和森林资源的保护和开发利用的制度,必将被古老习俗的科学合理化和精心设计出的开发自然环境的新的科学方法所代替。这需要对通古斯人进行普遍的教育,使他们全都成为林业和农业的大学生,或者由一名政府官员对他们实行监督,因为科学的教育并不能阻止他们不去对自然财富,特别是对毛皮兽进行掠夺或开发利用。我们已知道,西伯利亚通古斯人在皈依基督教后,至少是部分地丧失了规定保护森林和动物的理论和道德基础(通古斯人的经济制度),因此通古斯人为了大量满足毛皮商的需要,开始对他们的毛皮财富进行了真正的劫掠,如果不改变他们的宗教观念这是不可能发生的。警察法规自然也随着这一过程建立起来。通古斯人即使不成为基督徒,而成为孔夫子信徒、佛教徒,或甚至成为唯物主义的无神论者,对于规定他们的社会和经济活动的神灵制度和习俗来说也不会再继续保持强有力的地位了。让所有通古斯人都受到大学教育,自然实际上是不可能的,即使做到也会产生同样的结果,除非他们所有的人都已教育好,离开他们固有的环境,进入与他们的教师同样的行列,担负起低级官员、工程技术人员和实业家的职务。这里我想指出,通古斯人所具有的观念对他们的社会组织和经济制度的影响,没有前者,后者就不能存在,相反也是同样的。确实,他们形成了某种具有一定平衡关系的复合。复合的部分变化不能不对整个复合产生有害的影响。这样的部分变化,时常会造成整个制度的全面改变,如果不是永远地,也会是经常地转变到另一种状态,并随之而丧失民族独立和以前单位的灭亡,比他们人数更多的邻族的整个灭亡,就是这一过程的结束。

第一章 通古斯人对自然环境的适应

1. 通古斯人居住地域的地理叙述:南方和北方后贝加尔、满洲。
2. 通古斯人的经济活动:狩猎、驯鹿饲养、其他家畜的饲养和其他形式的经济活动。
3. 通古斯人对周围动物界的适应:通古斯人与动物界的竞争、狩猎。
4. 地区分类。

第一节 通古斯人地域的地理叙述:北方和南方后贝加尔、满洲

本书所论及的通古斯各集团居住的地域包括后贝加尔、阿穆尔州和滨海州的部分地区,[①]蒙古的一部分,即呼伦贝尔和满洲的黑龙江省。根据地形、气候、动植物的区系等各种特征,可以将这一广袤地域区分为不同的地区。为了使读者对本书的主题有清楚的了解,我将对这一地域自然环境的轮廓和通古斯人对它的适应作概要叙述。

就地方的一般特征而言,不论后贝加尔还是满洲,都可以明确的分为两

---

① 在本书中,我将使用旧的地理名称。这些名称至今仍在科学和地理学术语中出现,在各种地图上也未曾更改。事实上,地理名称的改变时有发生,如在中国,随着王朝的更迭,地理名称也发生变化。近来在苏维埃控制下的领土上也发生了这种情况。但是这些新名称由于它们变化无常,使人不易在图籍中找到。再者,有些名称时常需要加以解释,因而给有关地理学记述的阅读和理解增加很多麻烦。

种截然不同的类型:即林区(Taiga①,通常是覆盖着原始森林的山区)和草原。林区是后贝加尔北部的特征,而草原则是后贝加尔南部的特征。南部的最北界,约以北纬53°线为限。北部可以分为三大地区——西部巴尔古津林区、中部涅尔秦斯克林区和石勒略河与额尔古纳河之间的东部林区。贝加尔湖(海拔约1500英尺)以东有一条高大山脉,大致向东北方向伸延,其山峰耸立,高达7000英尺以上。山脉的南部称为哈玛尔大板,那条一直伸延到巴尔古津林区的山脉名为伊卡特山,它的山峰高达6500英尺以上。这条山脉与贝加尔湖之间另有一条高度较小的山脉,所以巴尔古津河的河谷和流域为这两条山脉所环绕。巴尔古津河河谷(中游)海拔约1600英尺。从伊卡特山以东高度逐渐降低,在维季姆河与阿拉玛特河最低处约2500英尺,在这两条河靠近雅布洛诺夫山脉处高原复又升起。山中隘路高达4000英尺。高原在东南复又降低,在涅尔查河(北纬53°)处海拔只有1800英尺。这一带高原除了它的西北角绵延着伊卡特山脉的一条余脉名为穆亚山脉(俄名穆依斯基山脉),在东北角有雅布洛诺夫山脉的一条横向支脉覆盖着一大片区域以外,一般来说,它的南部略高于被维季姆河水系切开的北部,并且愈往北愈低。西北一带沿上安加拉河流域也呈现着某种下降。这片高原称为维季姆台地。这个名称取自维季姆河的河名,它是这一带水系的主要河流。台地海拔高度约达3000英尺,总的是向北方倾斜,对着维季姆河谷从东向西、从西向东呈下降趋势。台地的西缘以伊卡特山和穆亚山脉为界,东缘是雅布洛诺夫山。一组较小山系大致沿东北方向穿过高原。西北角的广大地域为山脉所占据,有几个小湖散布其间。其中最大的是巴翁特湖(约12.5英里长、10英里宽)和奥伦湖。有些湖直到一九一四年尚未勘察过。

除了东西两角外,后贝加尔的典型景观是这样的:覆盖着森林的低矮山

---

① 我使用的林区"台加"(Taiga)一词,是俄国地理学叙述中的一个术语。正如"琼格勒"(jungle)一词用以指热带森林一样,"台加"系指某种特定地理条件为特征的地区,即西伯利亚的原始森林。除了"台加"林区外,关于后贝加尔地区的地理学文献还是丰富的。在第一次世界大战开始以前,关于这一地区的几种出版物就已发行了(如前赤塔殖民局官员,A. N. 克留科夫所作的一般叙述)。对这一地区的若干部分曾进行过一次详细的地形学和地质学考察,还曾对广大地区进行过其他各种调查。一九一四年,我在为我的著作《关于后贝加尔的通古斯人》准备出版时,曾使用了这些出版物中的几本。但不幸我的著作上所列的书目,在我的原稿上却告阙如。因此现在所作的叙述,我经常使用的是我的旧笔记,部分引用的是已出版的材料,而大部分材料是我个人观察的结果。

脉,两坡之间是小河和溪流,它们形成了宽约六英里的河谷。河谷如此低洼,给人一种印象,好像它是由周围山脉在受到剥蚀作用后,流下来的液体所充填起来的。河岸很低,河水经常改变方向,从河谷的一侧移向另一侧。汛期,河水泛出河岸,有时淹没河谷。有些河岸上长满了灌木和通常是桦树以及落叶松的树丛。河流与山峦之间是平地和沼泽,在这些沼泽里,稍微结实些的土地上,有一片片的灌木和树林形成的小绿洲。攀登这些丘陵式的山脉通常非常困难,不能快行,因为有巨大的腐朽倒木,还有分崩离析的山岩和长满绿苔的有水的溪谷,特别是在花岗岩中形成的溪谷,山坡上也覆盖着倒木、苔藓和地衣。北坡常比南坡干燥,因为夏季短暂,南坡还未来得及完全融化,到十月初就又已冻结。夏季在南坡上行走通常是非常困难的。雅布洛诺夫山脉的隘路经常是干燥的,而其他山脉的道路一般则是沼泽地。这种山谷的景观往往由于狭谷中堆满了山石和倒木而有所不同。

清澄的空气,低平的太阳,这种多少有些忧郁的景观,只有在鸟兽偶尔出现时才显出一点生气,死一般的寂静笼罩着这一带荒原。

冬季来得很早,它使景色为之改观。河流为冰层覆盖,河谷和山岭上是一片皑皑白雪。这虽给行路人带来方便,但生活却更加寂静,景色比夏季更加单调。

维季姆河将这一片大地,划分为两个不等部分。西部较大,由巴尔古津林区构成,而较小的一部分,即涅尔秦斯克林区,是由雅布洛诺夫山脉、涅尔查河谷(下游除外)和奥洛克玛河上游组成。巴尔古津林区,除了维季姆河附近一小部分外,比具有广阔草原的涅尔秦斯克林区地势较高,并多山。而位于涅尔查河和额尔古纳河之间的第三个小林区地势较涅尔秦斯克林区尤低。

维季姆河是北部后贝加尔地区最大的河流。它发源于伊卡特山东坡,流向东北,最初名为维季姆坎河,与奇纳河汇合后,折向西南,才改称为维季姆河。在这里又接纳了两条重要支流,扎扎河与吉季米特河,然后形成一个弓形河弯,再次转向东北。在接纳右侧支流卡兰加河后,向北流汇入勒拿河。维季姆河上游是典型的山区河流,但从扎扎河汇入后,流速变缓了。从卡兰加河河口以下可以通航。在巴尔古津林区,维季姆河有几处山间湍流,湍流以上是浅滩,那里骑驯鹿或马匹几乎可以在任何地点过河,但是与右侧支流尤玛尔申河汇合后,就不行了。除了上述两大支流流域外,再加上穆亚河与奇帕河,形成巴尔古津林区的西北角。穆亚河在穆亚山后,而奇帕河从西南流来，接纳了阿玛拉特河和它的几条支流。维季姆河右岸最重要的支流是康达河与尤玛尔申河，它们是从涅尔秦斯克林区界内的雅布洛诺夫山脉北坡流出的。卡兰加河的流向与维季姆河平行。在雅布洛诺夫山脉以东，涅尔查河与它的最重要支流涅尔楚坎河相汇，流向南方，然后折向东南汇入黑龙江的上源——石勒喀河。在东南角，位于涅尔查河与石勒喀河之间，可以看到勒拿河的重要支流奥洛克玛河的上流。位于石勒喀河与额尔古纳河之间的第三个林区面积较小，其间的溪流自然分别流入这两条大河。

三条大河的不同流域形成了后贝加尔的北部：上安加拉河与巴尔古津河属于叶尼塞河流域。它同勒拿河流域由高大的山脉相分隔，雅布洛诺夫山脉又将勒拿河流域、叶尼塞河流域同黑龙江流域分开。在后贝加尔南部，维季姆台地将勒拿河流域与叶尼塞河流域分开。因此色楞格河是属于叶尼塞河流域的，它及其支流切割了哈玛尔台地。勒拿河流域切断了雅布洛诺夫山脉的扩展，使其伸向黑龙江流域。

在巴尔古津和涅尔秦斯克两林区内，不同河流的流域形成了不同的地区。前者可以分以下地区：区1，维季姆河的上游和奇纳河；区2，巴翁特湖地区；区3，阿玛拉特河略低地区；区4，穆亚河地区；区5，吉林达河与基季米特河地区。两个不同地区从北方加入巴尔古津林区：上安加拉河地区和卡拉尔河地区。西方有一单独的地区位于贝加尔湖和山脉之间，它将维季姆间流域与叶尼塞河分开。在涅尔秦斯克林区可以区分为五个地区。区1康达河与尤玛尔申河；区2卡兰加河；区3涅尔查河与涅尔楚坎河；区4尤玛尔申河上游，卡兰加河和赤塔河；区5奥洛克玛河。再加上一个单独地区，即石勒喀河与额尔古纳河之间的第三林区。

北方后贝加尔地区的气候，可以说是严酷的，但由于各个地区的海拔高度不同也有所差别。比如涅尔秦斯克林区的气候较巴尔古津林区温和，而阿拉玛特河地区的气候也相对的温和。在维季姆坎和奇纳高地，冰雪一直持续到六月上半月，而夜间到七月还有霜。只有在七月才有点象是夏季。不耐冻的蚊、虻、小虫等，不常见到。七月末或八月初，夜间就很冷了，并开始结冰。有时八月下半月就已下起了头场雪，维季姆河十月中就冰封了。在伊卡特和穆亚山区，夏季尤为严酷，那里深谷中的冰雪永不融化，尽管我认为那里还不是冰河。大风从东北和西南吹来，夏季西南风有时带来雨天。位于海拔较低的各地区则温和得多。因此，比如在大阿玛拉特河（北纬54°，海拔2600英尺）地区，夏季从六月中持续到八月末，有七十天的无霜期，亚麻可以在这一期间种植。① 六月份通常很温和,但从七月上半月,雨季就开始了,断断续续的直到九月下半月。暴雨就发生在这一期间。短暂多雨的夏日之后,接着就是短暂、干燥而愉快的秋季,然后是寂静无风的冬天,温度最低下降到零下52℃(－85℉)。这还是在温和的阿拉玛特河地区,要是在山区气温还要低。除了在穆亚河地区和山区以外,雪并不大。在涅尔秦斯克林区,气候的变化是由于海拔的高度,也受纬度的影响。雅布洛诺夫山似乎与伊卡特山相似,但在涅尔查河谷(北纬53°),如克克尔村和阿吉玛村,可以种黑麦。

植物区系的不同也因气候而定,各河流下游谷地最适于放牧。例如维季姆河(上游除外)、吉林达河、基季米特河、阿玛拉特河,尤其是巴尔古津河和直到阿吉玛河口的涅尔查河以及它们的各小支流,都是这样。各河支流沿岸通常覆盖着稠密的灌木。因此这些河流时常称为玛列克塔〈marekta〉,来源于"玛尔"(mar),义为稠密的灌木。这些河谷附近的矮小的丘陵,通常覆盖着白桦,有时也杂有松,还有枞、白杨、山梨,间或也有些落叶松。当登上维季姆台地的高原时,混交林一下子就变成了落叶松林,而在最高的山脉上落叶松又复减少,灌木重又出现。在维季姆坎河和奇纳河地区,落叶松森林很贫弱,它与各种灌木在进行着争取生存的竞争。从维季姆台地下来进入巴尔古津河谷,植被的变化尤为显著。伊卡特山部分为灌木覆盖,落叶松很贫乏,有些地方只有苔藓和没有任何植被的山岩。下到伊卡特河河谷,就进入了最佳的落叶松森林。再往下就为松树和桦树林所取代。在伊卡特河口,灌木覆盖着河谷,巴尔古津河谷提供了最优良的牧场。从雅布洛诺夫山脉东坡下来,也会看到同样的变化,但不那么显著。

从生产的观点来看,维季姆台地是贫瘠的。在当前的交通工具条件下,由于各河向北流,森林采伐业自然不可能发展。进入林区的俄国人在毁灭森林,他们把森林烧光。故意纵火当然是对森林最大的威胁。在大火之后,长时期内最好的木材林也不能再提供任何木材,只有贫弱的桦树和灌木。在很长的距离内常常完全见不到优良的森林。对森林的破坏,部分是由于偶然的原因,部分是由于金矿区俄国人有意纵火。通古斯人对如何保护森林了解得很清楚,他们采用的办法虽较原始但很有成效,比如在他们离开营地时,从不留下未熄灭的火种。而俄国人则不考虑后果,认为反正对他们没

---

① 根据地方当局移民部门的实验。

有什么关系,往往留下余烬。另一方面,金矿的所有者,须向通古斯当局按每棵树交纳一定的税金,而倒木比活着的树上的税少得多。他们燃烧大量木材用以烤化夏季仍未化开的产金河流的矿床。为了少付税金和取得干燥的木料,他们故意纵火,一次就可毁灭好几百平方英里的森林。于是绝大部分森林白白烧掉,没有任何收益。有时候,俄国移民焚毁森林只是为了"没有树,风景才好"。因为这些移民习惯于欧洲东南部的草原地区,希望自己的新环境有同样的景色。

除了在巴尔古津河流域小规模的铜矿外,金矿是北方后贝加尔地区唯一发达的产业部门。金矿或黄金产地,在维季姆坎、奇纳、锡皮坎、小阿拉玛特和其他各河流域是很多的。然而一九一二年从巴尔古津林区交给政府机关的仅有 768 公斤黄金,价值不到一百万金卢布。[1] 绝大部分工人是中国人,生产的方法通常非常原始——用一种木板海沙,这种方法在美洲金矿区也是很著名的。二三个商行使用机器挖掘和淘沙。

如前所述,由于气候条件难以从事农业生产,俄国人的拓殖没有成功。但有些布里亚特家庭进入了阿拉玛特河地区,那里却可以饲养牲畜。狩猎是当地居民唯一重要的生产事业。对这个问题,以后将再讨论。

动物的地理分布依地区特征而定。我仅列举那些对当地居民有生产意义的动物。其中最重要的是马鹿、犴、驯鹿、胞子、麝、野猪、狐、灰鼠和紫貂。马鹿除了皮和肉以外,它的角是珍贵的药材[2]。这种动物,在整个北后贝加尔地区,特别是在伊卡特山和雅布洛诺夫山坡地和凯沃达河流域(阿玛拉特地区)到处可见。它以前在奇纳河和锡皮坎河流域是非常多的,但由于俄罗

---

[1] 这个数字似较实际产量为低。因为从雇佣的工人数字来看,产量必然远高于此。政府部门收价较低,黄金可能外流。

[2] 雄马鹿每年换一次角。到四月底旧角脱落,在五月至八月期间新角生长,以备在九月中旬争夺雌鹿时使用。到那时双角的表皮脱落,变得非常坚硬。用做中药的鹿角必须是硬化过程尚未完成的新角,它们仍然裹着一层绒状的嫩皮。六七月间最优的茸角是已经长成但尚未硬化的。中国人对这种药材非常珍视,一副新鲜的大茸角,他们肯付 600 甚至 1200 金卢布。这种药物对老年人的性虚弱和脑力衰退最有疗效。据我所知,欧洲人尚未对这种药材的药物学特性做过研究。它的效果使某些民族的学者认为好像是具有魔力。我认为不是这样的,而是新角中含有某种化学成分刺激着正当动物发情前新角的成长。它很可能是有内分泌腺的分泌物。它对中医妇科也有某些作用。

斯和汉族人口的增加,它只留在猎人不常到的地区。① 这种动物最喜爱的地方是有良好牧场和盐碱土壤的小河畔。② 犴并不像马鹿那么多,它多见于在覆盖着灌木和富于盐碱土壤的大河河谷中。这种动物还喜欢几种水生植物。也可在湖畔见到它,卡兰加河、维季姆河和凯沃达河尤其受到犴的喜爱。犴的皮肉俱佳,猎犴的目的即在于此。

野驯鹿为数不多,也不重要。在盛产苔藓的地区,可以见到它们。如在维季姆坎河流域,巴翁特湖附近和在穆亚山中。有关这种动物的详细情况,将在讨论驯鹿饲养一节中再谈。

狍子是最普通的动物。除岩石山中以外,到处可见。它特别喜爱有良好牧场的广阔谷地,而且多不离开森林的边缘。狍子给通古斯人提供做衣服和斜仁柱覆盖物等各种用途的皮张,它的肉通古斯人也最爱吃。

麝为数不多。虽然各地都可见到,但它更愿意栖息在岩石山中。麝香很珍贵,但它的皮较小,通古斯人也不爱吃它的肉。

野猪大都生活在覆盖着灌木的大河河谷,但也栖息在森林中。在维季姆河附近、阿玛拉特河流域和乌勒杜尔加河(涅尔查河的右侧支流)河谷野猪很多。

狐狸和灰鼠很多,尤其是灰鼠最多,它们到处可见。鼬喜欢开阔的地方。猞猁和貂喜爱岩石多的地方,猞猁特别喜欢洞穴。紫貂现在(一九一三年)可以在穆亚地区和奥洛克玛地区见到,但在其他地区,如上安加拉河与贝加尔湖沿岸地区已很稀少。这种动物即将灭绝,因此,政府在某些期间禁止狩猎。这里的紫貂是西伯利亚最好的品种之一。

熊、狼和野兔到处可见。狼喜欢草原,熊喜欢森林。獾和水獭很少。特别稀罕的黑狐,可以在穆亚地区找到。一九〇一年曾在穆亚地区猎取过一只虎,它可能是由于某种偶然事故从原栖息地满洲跑过来的(这件事是通古斯人告诉我的)。③

有几处河谷蛇很多,有些是毒蛇。像库林达、库利、库利坎等地名都是

---

① 为了保护这种动物的生存,通古斯猎手们并不常猎杀雌兽和幼兽,而俄国狩猎者却不管将来如何,在他们焚烧森林时,猎取遇到的所有动物。自然这种动物很快将会灭绝。

② 所有鹿类都非常喜爱盐碱土壤,在夜间来到这些地方。这种土壤称为"塔拉",因此有些小河就以此命名,被称为塔拉、塔拉奇等。通古斯人还用人工方法使土地盐化。冯·米登道尔夫、拉德和若干其他旅行家都曾记述过这一点。

③ 雅库茨克州也曾有过类似事例的记载。参见谢罗舍夫斯基,前引书第194页。

从"库林"(kulin)(蛇)一词派生的,用以表示这些地方有蛇。通古斯人在迁移中通常要避开这些河谷。正因为如此,他们的营地都要经过仔细选择。

河流和湖泊里的鱼不多。在通古斯人的活动中捕鱼并不是一项重要的生产事业。最常见的鱼是:鲑鱼和扁鲑鱼,有时也有鲟鱼。

鸟类在通古斯人的生活中不起重要作用。可以见到树鸟、雷鸟、高山鹧鸪、天鹅、雁和各种鸭类,其他可供食用的鸟类栖息在巴翁特湖附近。

* * * *

除了靠近贝加尔湖的山区——哈玛尔大板——和雅布洛诺夫山脉以外,南后贝加尔是蒙古草原的延伸。后贝加尔的各草原由几条河流滋润着:东后贝加尔有属于黑龙江流域的各河,西后贝加尔有属于叶尼塞河流域的各河。从草原到林区情况是逐渐变化的:丘陵增高了。起初树很少,但向着林区方向,桦树开始覆盖着北坡,不久落叶松出现了,山谷变得多沼泽和荒凉,野兽多了起来。海拔变高了,除石勒喀河和额尔古纳河深谷以外,高度不低于 2000 英尺。南后贝加尔的气候自然比北方温和得多。土地适于耕耘,尤其是在过渡地带,早在俄国人进行殖民以前,那里已开垦了。草原并不都是适合于农耕的,但对牛马的饲养则极佳,因此牧业成为当地居民——蒙古(布里亚特)人、通古斯(蒙古化的)人和俄罗斯人唯一重要的生产事业。野兽自然不多,因此只靠狩猎为生是完全不可能的。

可以明确区分两种主要的类型——草原和由草原向林区的过渡地带。比如在石勒喀河以东部分就呈现出这样一种过渡性特征。在石勒喀河与额尔古纳河中间地区的南部,乌达河以北地区的西部也属于这种类型,而鄂嫩河地区和色楞格河地区则属于标准的草原类型。

* * * *

满洲在很多方面与后贝加尔相似。[①] 位于额尔古纳河与大兴安岭之间的地区,称为呼伦贝尔,属于蒙古所有,也应算作满洲的一部分。这一地区从地理学的观点来看,不过是东部后贝加尔三种特有类型的延续,南部是草原,中间是过渡带,北部和东部是林区。

---

① 关于满洲和蒙古的一部分,著名的呼伦贝尔的地理文献,在经过若干调查后已经丰富起来。但调查还不够完备,有些地区还从来没有人访问过。由于我的图书不在,现在不能列出完整的书目,某些考察人员和他们的著作将在以后提到。缅希科夫、斯莫勒尼科夫和希尔科夫曾对汉人居住区,从经济学和统计学观点作过调查。他们是以中东铁路代表的身份对黑龙江进行调查的,有些参考材料是从他们的著作中引用的。

概略地说,在呼伦贝尔可以明确划分为两大部分:一部分是三个主要林区;另一部分较低,其中一部分为草原,一部分为只适于农耕的田野。大兴安岭将蒙古高原和后贝加尔从满洲低地分开。这条山脉始于满洲台地,占据着满洲的西北部。满洲台地是维季姆台地的自然延续,而由流入黑龙江的额尔古纳河和石勒喀河的相当深的河谷,将它同后贝加尔隔开。满洲台地是由古大兴安岭山系和可能是沿纬度方向比较晚近形成的伊勒呼里阿林山脉,①及其延续小兴安岭山脉,这三部分形成的。这个台地的东缘是位于额尔古纳河与大兴安岭的最高山脉之间的高山。这一台地自然比维季姆台地小得多。从这里分出有几条山脉——大兴安岭向南方绵延、伊勒呼里山走向东南,而在这两者之间是多布库尔、诺敏和其他各山脉。在北面,盘古、阿尔巴吉和其他各小山脉向北方蔓延,与横向的雅布洛诺夫山支脉相接,形成黑龙江河谷。伊勒呼里山先向东南,而后改称小兴安岭并转向南方,而后形成弓形,转向东方,在距松花江河口不远处向东北伸延。在转弯处,黑龙江冲开小兴安岭,形成自己的河谷。

在满洲台地的中部,有激流河(俄语名称为贝斯特拉亚河,该名亦为驯鹿通古斯人所采用),即牛录河(满语名称,为满洲通古斯人所采用)。这一带高度在海拔 3000 英尺以上,比西部邻区为高。满洲台地的东缘各隘路海拔 4000 英尺以上,激流河的深谷只有 2300 英尺,而在它的河口只有 1500 英尺。我称之为金山的山脉形成了满洲台地的西缘,它起于北纬 51°,沿东经 121°30′线向北延伸,约在北纬 57°处被激流河河谷切开,继续北延又被黑龙江切开,在那里与雅布洛诺夫山相遇。沿金山耸立着几座高峰,②海拔均达 4000 英尺以上。这条山脉的隘路高度约 3500 英尺,通道上的沼泽长满灌木丛。满洲台地的北缘以几座高峰和几条山脉的连结点为标志,有八条河流由此发源。这一台地的东缘是大兴安岭,即这条山脉与伊勒呼里山的连结点。高原的南缘由位于大兴安岭和金山南端的一组山峰③所形成。在这个台地的峻峭处有几条河流流出,即根河、甘河、莫尔道嘎河等等。在满洲的这一带有三条重要的河流,应该予以叙述,即额尔古纳河、黑龙江和嫩江。额尔古纳河发源于大兴安岭的西坡,它起初名为海拉尔河,先向西流,

---

① "阿林"是满语的"山脉",为了避免不同语言中同样词汇重复,最好称这条山脉为"伊勒呼里山"。在地理名称中,有时三个词合用,而这三个词语言不同,意义都相同。
② 当地俄罗斯人方言称之为戈列茨(golec),来自"戈雷"(golyi),义为裸露的、无树的。
③ 最高峰之一称为锡那亚戈拉(俄语,青山)。

然后转向东北改名为额尔古纳河,在北纬53°处与石勒喀河①相汇。嫩江从大兴安岭与伊勒呼里山形成的拐角处流出。它流向东方,然后转向南方,注入黑龙江的支流松花江。② 额尔古纳河(俄语称之为阿尔贡河,是从它的蒙语名称额尔贡和满语名称额尔古纳转化而来的)的河源是海拉尔河(蒙语名称),它与呼伦贝尔的达赉诺尔湖之间有一水道相通。因此,当额尔古纳河与海拉尔河水位高时,水向湖内流。在早期,额尔古纳河似乎源出于蒙古,因为克鲁伦河是注入达赉诺尔湖的。果真如此,那么黑龙江以前的河源就应该是克鲁伦河,它与额尔古纳河加在一起,远比鄂嫩河与石勒喀河为长。

---

① 石勒喀河上游是由两条河形成的,即较长的鄂嫩河与较短的音果达河。两条河都发源于雅布洛诺夫山东坡,因此黑龙江的实际上源现在是鄂嫩河。以前,认为黑龙江的上流是克鲁伦河,但现在它与额尔古纳河已不相连。

② 事实上,松花江并不真正开始于从吉林长白山流出的那条河,而嫩江才是它的主源。嫩江比松花江的上游又长、又深,总的来说大得多。从黑龙江接纳松花江处以下,满族人称黑龙江为松花江。松花江是由满语"松阿哩"而来,显然它的地理学意义有一个历史发展过程。事实上,松花江是黑龙江的支流,而它的上游又是嫩江的支流。一般说来,满洲和后贝加尔南部的河流名称经常搞乱,这是由于历史上不同的民族集团相继兴起的原因。黑龙江的实际上源鄂嫩河是蒙古名称,在与音果达河相汇后,取了一个北方通古斯语的名称石勒喀,义为"狭"、"压"、"峡"。通古斯人也用此名称称黑龙江。它表明从语言学角度可以得出如下结论:它是由北方通古斯人从上游发现的,而南方通古斯人只知道它的下游是从松花江延续而来。所以,满族人并不是从北方来的,他们在松花江沿岸居住很长时期以后,才发现黑龙江和嫩江。因此在原通古斯语中没有黑龙江和嫩江的共同名称,也因此没有对黑龙江的共同名称。满族人将这条河从额尔古纳河口至松花江河口一段称之为萨哈连乌拉,即黑色的河,汉语译为黑龙。同样在达斡尔语中称之为克阿穆尔,也即黑色的河。除非蒙语中曾对该河称过"阿莫尔",那么俄国人以及通过俄国人,其他地理学者才将此河名称从克阿穆尔切去头部,派生出"阿穆尔"。俄国人在黑龙江两岸遇到的首先是达斡尔人以及在达斡尔人统治下的某些通古斯人。因此"阿穆尔"一词与来自拉丁语"阿莫"、"阿玛尔"的"阿莫尔"(爱神)毫无关系。因为俄国人在十七世纪还不熟悉神话学。然而在十七世纪中叶,俄国人是用北方通古斯语名称"石勒喀尔"称呼黑龙江的。居住在松花江河口,黑龙江下游两岸的当地居民称黑龙江为"玛穆古"、"曼古"等,这肯定不是通古斯语,而可能是古亚细亚语。在满语中称松花江为"松尔乌拉(口语)"或"松阿哩乌拉(书面语)",早期俄国人称之为"松加尔"。这个名称也同样用来称呼"牛奶路(银河)"。这个词似乎来自"苏"(参见扎哈罗夫著作)——牛奶(蒙语"苏"即牛奶)(在通古斯语中奶是"乌昆",银河为"多津尼奥克托"——鸟的路)。事实上,这条河的河水不是透明的,而是像"奶"一样。从满族对松花江、嫩江和黑龙江的名称来看,可以设想他们是从松花江的河源向北逐步发现黑龙江流域的,而这条河的沿岸起初是由古亚细亚人,甚至是由蒙古人的祖先占据着的。先是嫩江(与松花江合流后称为松花江),最后是黑龙江,从那里他们向上游和下游扩展,并将其下游仍称为松花江。

而海拉尔河那时只不过是克鲁伦河的一条小支流,可能是在最近期间,克鲁伦河才与额尔古纳河断绝了联系。① 从满洲台地有以下各河注入额尔古纳河:根河及其两条重要的支流——得耳布尔河与哈乌尔河、莫尔道嘎河(玛列克塔河,俄国人误称为玛里特卡、玛里勒卡)及激流河(贝斯特拉亚河)。② 据我对激流河的考察结果,它总长约250英里,比过去的计算要长得多。激流河发源于满洲台地的北部,大约在北纬52°,东经125°处。它的流向先与台地的东缘平行,然后转向西行,在称为吉里奇的山峰附近贯穿块状山脉。然后与金山相遇,转向北方,与金山平行而流,直到横穿该山,奔向额尔古纳河。因此,可以把它形成的三大曲线分为三部分,通古斯人分别给以三个名称:上游称为西嘎查河,即由"西吉"(茂密的森林和树丛)派生的名称;中游称贝斯特拉亚即俄语的"激流"或满语的牛录即"箭矢";下游称乌吉克塔,即"狭窄"、"岩石间"(河流经山岩之间形成狭谷)。整个河流,俄罗斯人和驯鹿通古斯人称之为"贝斯特拉亚",满族和满洲通古斯人称之为牛录河。此河支流繁多,有名称的支流就有六十五条,还有一些支流没有名称。其中最重要的支流是上、下乌鲁吉气河与金河。③ 金河发源地与莫尔道嘎河源相距不远。

在激流河流域以北,有两条大河发源于该河河源附近:阿尔巴津河(俄语、通古斯语称为阿尔巴吉)和盘古(旁加)河。先由金山的一条余脉把它们和额尔古纳河分开,再由一条山脉(阿尔巴吉山?)及一座高峰(戈列斯)同盘古河分开。盘古河与呼玛河(库玛尔河)由另一山脉(旁乌山?)隔开。激流河以东是呼玛河(在通古斯语与满语中称库玛尔河)流域。呼玛河有两条相等的河源:以别拉佳支流的名称命名的呼玛尔别拉雅其④与同样以其支流名称命名的呼玛尔道沃科奇。⑤ 两源合流后,形成呼玛河。这条河的流向几次交换:先向东北流,再向东流,后与黑龙江平行向东南流。呼玛河总长约260英里。它有许多条支流(最少在五十条以上),其中主要的是:右侧支流塔加河,长约100英里,流于呼玛河与嫩江上源之

---

① 据一六七五年来到这一地区的斯帕法利称,额尔古纳河从此湖流出。
② 一七一四年,地质学者波列沃依曾对此河下游进行过考察。据我所知,他的报告尚未发表。
③ 这些都是通古斯语名称。所有这些支流长度都在60英里以上。
④ 发源于根河河源附近。
⑤ 发源于激流河河源附近。

间;左侧支流卡马兰(卡马拉)河,长约 60 英里,接近激流河支流上乌鲁吉气河的河源。呼玛河海拔高度各地不一,从两源汇合处的 2,303 英尺,到该河下游奥罗顿的地方只有 1,073 英尺。奥罗顿位于距黑龙江(奇尔杰沃村)50 英里处。该河的特点也不统一,上游同其他林区的河流相似,但从两源汇合后,流速变缓,河谷变宽,从塔哈河口处变成像草原地带的河流一样缓慢,随着河流的下泄,植被和景观的变化也很显著,它使人回忆起已经叙述过的伊卡特两坡的情况。后贝加尔各谷地的东坡和西坡同满洲的情况多少是相类似的。①

嫩江发源于伊勒呼里山和大兴安岭(?)的南坡,但尚未进行过考察。②它的上游同呼玛河一样,但从墨尔根以下的中游情况就不同了,它逐渐变成像草原上的河流。有几条支流从大兴安岭东坡流出,其中应予注意的有以下几条:多布库尔(达普库尔)河、甘河、诺敏河与雅鲁河,还有一些其他较小的支流。大的支流为大兴安岭山系的各支脉所分隔。它们的山坡并不很陡峭,林区逐渐扩展。这些河流形成不同的区域:区 1,呼伦贝尔的北部,包括海拉尔河上游、根河、得耳布尔河、哈乌尔河和部分莫尔道嘎河;区 2,激流河及根河、甘河、嫩江、呼玛河、阿尔巴吉河和盘古河的诸河源;区 3,呼玛河、阿尔巴吉河和盘古河(不包括它们的上游),以及伊勒呼里山以南;区 4,嫩江上游、甘河、多布库尔河、诺敏河和雅鲁河(不包括它们的河源)。

在满洲的这一部分,气候差异很大。满洲台地在很多方面与维季姆台地相似,只是气候略为温和,呼玛河下游适于某些谷物生产。嫩江河谷,即使是它的中游墨尔根地区也适宜于农业。据我的观察,在呼伦贝尔山区六、七月份的温度是很低的,在七月一日和二日就记录到有白霜。在激流河流域更冷。

---

① 在这两个地区我曾在同一季节(一九一三年和一九一五年的初秋)进行过观察。
② 据陆军中校伊奇茨基报告(一九〇三年?)称,他在考察中未能发现嫩江河源。据我所知,从那时以来还未曾进行过考察。据说斯托兹纳尔领导的一个德国探险队曾于一九二七年着手进行考察。

呼伦贝尔六月——七月	最高	最低
上午七时	21.7℃	9.7℃
下午一时	28.5℃	10.5℃
下午九时	19.0℃	8.0℃

九月十二日下午一时气温下降到3℃,而在夜间树上、草上和地上厚厚地铺满了白霜。九月中旬上午七时和下午九时温度通常在摄氏零度以下,九月十二日记录到初雪。在呼玛河谷温度自然较高,据记录初雪在十月三日。该河上游于十月底冰封。

按照气候和地形条件的不同,植物群也有差异。在与后贝加尔维季姆地区相似的地区,有同样的树木和苔藓,而其他地区则与阿玛拉特相似。在嫩江中游自然与后贝加尔所观察到的有所区别——那里比后贝加尔地势低得多,纬度更靠南。

满洲的动物群与后贝加尔北部略有不同。满洲的西部与东部有明显的不同,虽然在满洲台地(区2)有苔藓,但满洲缺少野生驯鹿。在区1和区4的南部出现了羚羊,羚羊在草原上是很多的。犴只有在区2和区3才有,在大兴安岭以东和伊勒呼里山以南有虎和豹。这些野兽也可在呼玛河与根河见到。熊在大兴安岭到处可见,紫貂大都栖息在满洲台地的最高部分。灰鼠在落叶松茂密的地方很多,[①]特别是在区2和区3。呼玛河下游以野猪和狍子多而闻名,但麝则很稀罕。在鸟类中,值得一提的是可以在区1和区4见到鸨。

除了区4外,森林采伐业都不发达。采金业在整个地区很普遍,但这项作业没有固定的组织。在呼伦贝尔北部(吉拉林河流域,即莫尔道嘎河附近的俄国人称呼的吉拉林河)以及阿尔巴吉河与盘古河流域,有些金矿正在开采。十九世纪八十年代,在满洲西北部靠近黑龙江的杰尔土加地区,以产金和所谓的"共和国"而出名。[②] 这个"共和国"是冒险家们的一种独立组织,他们有自己的政府,自己的法官和独特的习惯法。他们不承认外部的权力

---

① 灰鼠主要以落叶松的果实为食。如果松果丰富,灰鼠的数目就多;如松果少,灰鼠也就罕见。松果的丰歉有周期性的变化,灰鼠数目也相应变化。灰鼠自然随着松果丰歉而迁移,通古斯人也随之追踪移动。

② 此即中国人所谓的"漠河金矿"。有关的详细情况,参见俄国财政部所编的《满洲通志》(日译本,一九〇七年东亚同文会出版),第479页以后。(日译者注)

机构。绝大多数冒险者是俄国人，为数达一万二千人。他们还吸收了中国人、美国人、法国人和犹太人等各种人参加他们的组织。在中俄双方取得协议后，这个"共和国"于一八八六年被中国军队摧毁。

呼伦贝尔地区的南部具有完全不同的特征。已经说过，那里是南后贝加尔以及蒙古地区的自然延续。有几条小河流经其间，草原上优良的牧草最适于牛、马的饲养。这一地区的情况已经有过几次记述了。[①]

满洲的东部位于嫩江、黑龙江、乌苏里江和松花江以南的地方自成一个地区。这一地区大部分为小兴安岭所占据。从小兴安岭山脉发源的河流不长，但为数很多。北部有两条河比较重要，即逊河和科尔芬（库尔平）河。松花江贯流于满洲的东部，它有两条重要的支流：从北方流来的呼兰河和从西方注入的汤旺河，这两条河为小兴安岭的一条高大山脉所分隔。松花江以东，吉林省境内，位于松花江和乌苏里江之间是一处重要性较小的区域。其南端靠近兴凯湖，在满洲的这一部分可以划分为以下几个地区：区1，位于小兴安岭北坡和黑龙江中游之间的地区；区2，与松花江相连的汤旺河；区3，呼兰河以南的地区；区4，介于松花江和乌苏里江的东部地区。

满洲的这一部分，气候比满洲台地温和得多。松花江和黑龙江河谷虽然夏季较长，有时很热，但冬季很冷。小兴安岭与这些河谷比较起来，夏季自然较短，也较凉爽。黑龙江河谷比松花江较冷，然而这几条河到十一月份才结冰。植物繁茂，出现了新的灌木和树林。野生动物也不同，没有犴和野生驯鹿，麝很稀少，野猪和狍子很多，马鹿不像在其他二三个地区那样多见。在区4出现了一种鹿科的新种——杜勃夫斯基鹿，虎豹很多，有不同种类的三种熊，獾和貉非常多，灰鼠和紫貂的毛皮不是最好的，猞猁和狐狸很普遍。然而这些动物还不能满足营养的需要。渔业在经济活动中起重要作用，特别是在黑龙江和松花江沿岸更是这样。

第二节 通古斯人的经济活动

一、狩猎

除了那些适宜于牲畜饲养、农业和驯鹿饲养的地区外，在所有地区，通

[①] 最优秀的记述是斯特列尔比茨基所作。其他还有鲍尔吉姆斯基、克鲁泡特金公爵和巴拉诺夫上校等人的著述。

古斯人的主要职业是狩猎。通古斯人猎取各种能够食用和提供毛皮的动物,遍及整个通古斯地域,各个集团都以猎取灰鼠作为每年收入的主要部分。但是在各个地区,灰鼠也不都是同样的。如在巴尔古津林区和满洲台地的高处,质量很好,而在涅尔秦斯克林区和满洲的东部则质量很差。如前所述,对紫貂的猎取仅限于某些地区:除了在穆亚地区和满洲台地的高处外,这种动物已经不多。众所周知,它在以前远比现在众多。如在十八世纪满洲通古斯人必须向中国皇帝进贡貂皮。在上一世纪中叶,他们已经不能靠狩猎获得足够的貂皮去进贡,而不得不向邻人购买。[①] 同样情况也发生在后贝加尔地区,在那里已取消用貂皮作贡品,而改交现金给俄国当局。现在(一九一七年)紫貂已经受到禁猎政策的保护。紫貂质量的差别也很大——每张从五美元到七百美元不等。狐狸、猞猁和其他毛皮兽数目不多,因此重要性不大。

　　猎取这些动物的方法,因猎物的不同而各异。对紫貂几乎都是用各种各样的套子和夹子,而猎灰鼠则用一种发射球形子弹的小口径枪。为了市场需要,毛皮不能被子弹损伤。通古斯人常常只向这种动物的头部射击。在满洲,通古斯人也用棍棒捕杀。从九月中到十月末,在灰鼠迁移时,通古斯人也跟着迁移。猎狐狸用夹子,而对熊和猞猁则用枪。

　　对各种鹿的猎取是所有通古斯人经济体系中的另一重要部分。通古斯人真可以说是猎鹿的能手。猎鹿的方法通常是用枪,但在满洲东部也使用夹子、陷阱等。各种鹿类是通古斯人食品的基本来源。但如前所述,有几种鹿已经很少了,如野驯鹿仅限于北方后贝加尔的 1、2 和区 4,犴在满洲东部罕见。鹿类的皮用以制作衣服、斜仁柱的覆盖物、各种口袋和褥垫等等。若干皮张在市场上出售。在罕有鹿类的地区,通古斯人使用非通古斯人固有的材料,即鱼皮等。家养的驯鹿皮也象其他大鹿类的皮张一样,用于同样用途。

　　通古斯人用枪猎取野猪和熊,以取得肉和皮。在有些地区,如在涅尔秦斯克林区,呼玛的较低地区和东满的区 1,这些野兽用来代替鹿类。

　　下列表格提供了巴尔古津地区狩猎的年产量:

[①] 如居住在西满洲区 3 的通古斯人。参见马克前引书。

	灰鼠	紫貂	狐	猞猁	熊	狼	狍子	麝	犴	鹿	野驯鹿	野猪	*	野驯鹿	野猪
1906	12385	2	47	6	7	10	500	222	35	65	2	7	65	2	7
1907	17645	10	41	3	8	10	813	734	61	133	22	44	133	22	44
1908	19565	5	47	10	5	14	789	573	45	101	21	47	101	21	47
1909	37000	10	59	7	12	11	1143	1075	97	172	23	29	172	23	29
1910	30720	3	62	13	11	17	906	833	122	179	19	42	179	19	42
1911	13310	13	41	9	10	10	712	804	146	171	55	46	171	55	46

　　从本表可以看出主要的毛皮兽是灰鼠。麝、狍子、犴和鹿，提供肉和皮张。值得注意的是，从表中可以看出，猎获量逐年增高，最高额是在一九〇九年。其原因是十九世纪九十年代末鹿类中发生了某种传染病。其中大多数，包括家养驯鹿都死了。没有驯鹿，通古斯人就不可能狩猎了。灰鼠捕获量在一九〇九年增加，以后又下降，原因有二：一是这种动物的周期性增减（据通古斯人的说法，我认为周期为六年）。二是没有驯鹿，猎手们不能远离营地。我从这些资料里大致计算出一九一一年由鹿类动物和野猪、熊等提供的肉（去掉皮、骨）年产量为75000公斤，即每人66公斤。显而易见，没有其他补充食品单靠这些肉食是不足以维持生命的。补充食品的来源有二：一是家畜驯鹿，下面将要说明，这也是很不够的。二是从俄国人那里获得的大量面粉。家畜驯鹿，作为一种食物储备，在这些地区是极不稳定的。因此面粉和其他食品已成为基本供应来源之一。事实上，在一九二八年的市场年度报告中，可以看到共销售了1600公斤面粉，320公斤盐，320公斤糖，176公斤奶油，其价值占交易总额的52%。从此以后，面粉的供应量大为增加。在上述传染病流行的年代里，通古斯人是专靠面粉生活的。这些事实说明，驯鹿饲养不能供给通古斯人必需数量的食品和做衣服用的皮革。在这种经济条件下通古斯人就不得不与俄国人经常贸易。

　　随着火器的传入，通古斯人的狩猎方法也改变了。事实证明，枪支远比弓箭和扎枪有效得多。随着这种技术革命，猎获品是增加了。由于同邻人贸易的增长，在上述时期内，通古斯人需要的肉和毛皮的数量也增加了，因而动物的数量自然会下降。必须从邻人那里购买火器和火药，这也成为通古斯人贸易的新的重要组成部分。

　　如前所述，狩猎给通古斯人提供了为他们的衣服、斜仁柱和旅行用具所需要的一切。这些成为形成他们物质文化诸要素中最本质的部分。因此，不同地区动物的差异，必然会出现民族志学复合的差异。动物的缺乏意味着物质文化的完全改变。事实上，当动物缺乏时，通古斯人的生活依靠是：(1)渔业，这对居住在松花江和黑龙江沿岸的居民具有重要意义；(2)在适宜的地方饲养牲畜；(3)在土地肥沃的地区从事农业。除此之外，如有动物可猎时，仍保留着狩猎的习惯。

二、驯鹿饲养

在饲养家畜这一重要生产事业中，最主要的是饲养驯鹿，虽然这个题目应当在探讨通古斯人的物质文化时单独地、详尽地加以叙述，但在这里先做一初步概述是必要的。不如此，对通古斯人的历史和社会制度，就难以理解。

驯鹿是什么时候被驯养的以及已经驯养了多久，通古斯人现在已不知道。他们认为，从通古斯人一开始存在，即从人类一开始存在，他们就知道有驯鹿。

北后贝加尔的成年雄驯鹿略小于后贝加尔的马。驯鹿的蹄，前后各有两趾，后趾较前趾略小。前后趾都可以活动，所以当它们踩在沼泽地上的时候，足趾的支撑力很强，这使它们能够在不坚实的沼泽地上来去自如，而马匹就不行了。雌鹿比雄鹿瘦小。

驯鹿的头顶上长有巨大的角，有时可以达到15公斤以上。角有两种不同类型——锄形角和带有一些尖枝的角。有些鹿生有两种类型的角，据通古斯人称，这是由于两种基本类型的鹿杂交的结果。幼鹿在开始生角的第一个秋天，角长20公分或稍长。五岁雄鹿的角在重量和大小上达到最高峰，在此以后逐年下降。雌鹿的角一般较小，但停止产仔后，就同雄鹿的角一般大了。驯鹿的双角很少完全对称。通常一支杈向前伸出直到鼻子以上，左右两角的支杈数目也不相同。驯鹿在四月上半月脱角，不久新角萌生，缓缓成长，直到八月初，角上包裹着一层厚厚的嫩皮。到九月初，嫩皮自动脱落或在与灌木厂树干摩擦时被蹭掉。有时嫩皮未干，可以看到角上的血流到头上。

驯鹿的毛色，从白色、烟色、褐色到黑色浓淡不等。鹿的脊背和腿上的毛色总是比胁部略深，而腹部和腿的下部通常是白色的。沿着喉部直到前胸生长着美丽的白色长毛，这些毛决不能剪掉。据通古斯人说，如果剪掉，

北方通古斯的社会组织（节选）

驯鹿就会死亡。这种毛用来作装饰材料是非常受珍视的，为此妇女把它们一根根拔出来。不同的毛色和毛色的深浅，在通古斯语中都有专门的名称。驯鹿的毛质量很高，但不长。如果不仔细察看，被狼咬伤了也看不出来。春天脱毛，通常是一片片脱落。但在初秋，鹿毛又长得和平常一样了。

驯鹿主要以食苔藓为生。苔藓称为"拉沃克塔"（lavukta）〔毕、库、涅、巴（通古斯集团名称缩写，见附录略语表，下同。——译者注）〕、"拉乌克塔"（laukta）（奥罗奇、涅·施、涅）、"拉别克塔"（labekta）、"拉贝克塔"（labykta）（通·施）、"拉维克塔"（lawikta）（安），在雅库特语（佩）中称为"拉贝克塔"（labykta），有些方言（满、尼）径直称之为"恩科"（ogko），即牧草。这些苔藓经常铺满高山，尤其是山的北坡。因此林区内，有时像地毯一样铺满了苔藓，驯鹿不吃其他种类的苔藓和地衣。苔藓可以在雪下很好的保存下来，因此驯鹿在任何季节都可以觅食。除了苔藓外，驯鹿还吃蘑菇、树木和灌木的嫩枝，但这些东西不多。没有苔藓，驯鹿是不能生存的。事实上，在短时间不吃苔藓后，驯鹿就变瘦弱了，而在吃过一个时期质量好的苔藓后，又肥壮起来。野生驯鹿的情况也是这样，但其他鹿类则不需要这种特殊食料。因此，驯鹿的地理分布，仅限于产苔藓的区域。

驯鹿在林区的用途是无可比拟的。它可以用来骑乘、驮载。它的脚步平稳、轻松，没有任何粗暴的行动，所以骑乘者不致感到疲劳。它是那样的轻捷，那样的与林区相适应，骑乘一头好驯鹿，一天可行走五十英里以上，而在同样条件下，一匹马是超不过三十五英里的。如前所述，驯鹿可以毫无困难地在沼泽地里行走，也可穿越灌木丛，踏过碎裂的山岩和倒木，它非常不易跌倒。它一岁以后就可以驮载，[1][2]约可驮三十公斤；成年雄驯鹿可以驮六十五公斤以上，甚至八十公斤。而成年雌驯鹿可以驮三十到五十公斤。只有穆亚地区那里的雪好，才用驯鹿拉雪橇。[3]

---

[1] 这些资料是我从巴翁特管理处找到的档案中抄录的（见下文第二章），数字是直接向全体猎民询问后汇总的。通古斯人提供情况的正确性是不容置疑的，因为他们通常是不说谎话的，特别是在狩猎问题上，他们也没有理由回避真实情况。通古斯人对猎取动物的数字知道得非常确切。我认为遗漏的数字不会很大，改变不了猎业的真实状况。因此本表的数字是相当可靠的。

[2] 马匹第一次开始驮载的年龄比驯鹿迟。在林区马匹能够驮载的重量很少达到八十公斤。

[3] 我不知道在卡拉尔地区是否使用雪橇。

驯鹿的性格非常温顺。愿意与人亲近，特别是同那些对它亲切使役，同它讲话，照看它，常关切它的人更是如此。只有在第一次给它鞴鞍和驮载时，它才试图逃避。年青的驯鹿必须由四五个男人，迫使它保持平静。但这种情况也很少。每当驯鹿首次驮载时，它弯下腰，叉开腿，表示不胜负荷，但走不到几百米，就如同成年驯鹿一样，行走得很好了。雌驯鹿性格比雄驯鹿尤为温顺，特别是在求偶季节，更是这样。而那时雄驯鹿变得暴躁，不允许驮载或骑乘。驯鹿外貌优雅，但它的声音对欧洲人来说却非常难听，特别是仔兽的低沉的啼声更是刺耳。

野驯鹿——素格焦（sogdo）在很多方面与家畜驯鹿相似。只有在维季姆河上游，巴翁特湖附近和穆亚地区才可以见到。野驯鹿的毛色都是灰褐色，只有深浅的不同——没有白色或黑色的。鹿角左右对称，也不像家驯鹿那样有那么多种形状。野驯鹿体格较家驯鹿更大、更重，发育得更好。按通古斯人的说法，这是由于它们的采食场较好。在交尾季节，有些野生公驯鹿闯入家驯鹿群中。通古斯人说那些混血种的驯鹿，不能用来驮载、骑乘和繁殖，只能用它们的肉和皮。因此它们总是被宰杀。这种混种仔兽不肯接近营地，经常离群而去。据通古斯人说，家驯鹿的仔兽如果离群，与野驯鹿合群，情况也会如此。在有了那一段经历后，它们就不能用来驮载和骑乘。野生与家畜驯鹿之间的杂交，尽管范围很小，显然是在继续进行着。但通古斯人却从来不曾有意识地使家驯鹿与野驯鹿杂交，相反地，他们把所有杂种全部宰杀掉。

家畜驯鹿和其他鹿类，尤其是野驯鹿都容易受到各种致命疾病的损害。最危险的疾病是疥癣，[①]炭疽热和肺炎[②]等流行病。九十年代，由于疫病的流行，成百的驯鹿死亡，使这些地区的通古斯人几乎丧失了他们的全部牲畜。[③] 一九一二和一九一三年，在涅尔秦斯克林区有几百头驯鹿死于疥癣。据通古斯人称，在白驯鹿角的下部，生长出一种组织（黑驯鹿从不生长）。这种组织有恶臭，长得很快，成为一大片。驯鹿患这种病，身体就会衰弱，但如

---

① 佩卡尔斯基和茨维特科夫（所著书第25页）所描述的，在鄂霍茨克和阿扬地区发生的驯鹿疾病似乎同这种疾病类似。

② 仅据我所知，在一九一三年对驯鹿的疾病尚未正式确定，但在几次专家的考察中，曾做过调查。比如赤塔传染病检疫所曾于一九一三年在涅尔秦斯克林区做过考察。

③ 这种病的症状非常特别，开始时肚腹肿胀，牲畜站立不住，几小时后死亡，没见有治愈的。人易受传染，接触疫畜后发病，也很少有痊愈的。

及时将角割除,很少死亡。①

对驯鹿最大的危险是狼,在秋、冬两季,由于狼害,驯鹿群常常丧失百分之五十,尤其是幼畜更易遭殃,因为成年牲畜比幼畜强壮并有经验,能够更好地保护自己。狼向驯鹿进攻时,先咬它的腿和唇;等它疲乏后,就很容易把它咬死。通常太阳一落山,狼就发起进攻。有时甚至在凌晨时接近通古斯人的营地。② 我曾经观察过一群驯鹿,它们在两周内就减少了三分之一。每天夜晚当驯鹿从采食场匆匆忙忙回到营地时,许多驯鹿的腿和唇都已受伤。狗并不和狼斗,但通古斯人在危险来临时就可以先听到狗的吠声。那时他们走出营地,对空鸣枪示警。③ 通古斯人用马钱子碱毒杀狼,但狼并不轻易去吃下了毒的肉,而很多狗却被毒死。狼很少袭击马和人。

驯鹿常为偶然事故所伤害。最常见的事故是被尖树枝刺穿肚皮,这发生在驯鹿奔跑时,踩到树枝的一端,另一端跳起,刺入肚皮。

如前所述,由于这些情况,在巴尔古津和涅尔秦斯克林区,驯鹿是不多的,而且头数的变化也很大。据通古斯人说,同过去相比,驯鹿的头数下降了。但是我并不认为通古斯人的这种说法是正确的,安加拉地区通古斯人有时每户有二百头以上的驯鹿。④ 在卡拉尔地区,驯鹿的数目比安加拉河通古斯人的更多。在这些集团中,饲养驯鹿自然成为他们的主要生产活动。巴尔古津和涅尔秦斯克林区的通古斯人,按户平均的驯鹿头数比安加拉和卡拉尔地区少。最富有的人家也超不过六十头。上世纪初(一八〇四年左右),巴尔古津林区的 73 户通古斯人中共有驯鹿 534 头——每户平均 7.3 头,而在一九一二年 161 户共有 1708 头,即每户平均 6.7 头。⑤ 一九一三年在涅尔秦斯克林区通古斯人中的平均数字,我想是会比往年低的,因为疥癣

---

① 通常将角剖掉,尽管角的硬化过程尚未结束。如果在割角以前,这种组织已经扩散,驯鹿变得虚弱,就会死亡。

② 有一次在白昼,一群狼向我的营地发动攻击。我认为它们是犯了错误,因为当时我们那里并没有驯鹿。在我开枪后,它们就立刻逃走了。

③ 通古斯人一般不愿用枪把狼打死。有些观念使他们不敢用火器对付狼。参见鲍戈拉斯的《饲养驯鹿的楚克奇人物质文化概述》,第 44 页;《楚克奇人》,第 82 页。

④ 这是一九一三年的情况。

⑤ 应该指出,在这两个实例中,按户平均的男劳动力数几乎是一样的,即一八〇四年有 80 个男劳动力,一九一二年有 187 个,按户平均分别为 1.10 和 1.17 个。一八〇四年可能统计得不完全,并未将所有家庭包括在内,但这并不影响这些结论。

的流行给驯鹿带来巨大灾害。① 传说也同通古斯人的这种说法不一致。考虑到狩猎、气候条件和关于财产的观念的一般特征等,可以推论在这些通古斯人中驯鹿饲养从未有像在卡拉尔通古斯人中那样重要。卡拉尔通古斯人主要以驯鹿的肉和乳为生。

在驯鹿为数不多的地方,他们只有在真正处于饥饿的情况下,才以驯鹿为食。通古斯人在举行某些仪式,如婚丧嫁娶、萨满教的祭典和祛除疾病时才宰杀鹿。但这种情况并不很多。再者,在驯鹿患病、在偶然事故或狼害中受了致命伤时才被宰杀。驯鹿的皮,也同其他鹿皮一样可以用来制革。

驯鹿的乳是很有名的。它的乳虽然脂肪含量不高,但又甜又浓,像优质奶油一样。一头雌驯鹿在喂过仔畜后,每日可挤 300 到 600 立方厘米的奶。驯鹿的奶很少做奶茶用,而多用于煮麦粥,主要供幼儿食用。

除了阉割和屠宰外,照看驯鹿是妇女的职责之一。因为通古斯人经常两三个家庭一起迁移,驯鹿合成一群,实际上是自己去寻找牧场和饮水。在行队到达目的地时,驯鹿通常离开营地,到几英里外的地方去觅食。有时它们当天回来,也有时好几天才回来。在例外的情况下,也有不回来,而必须去寻找的时候,因为通古斯人并不跟群放牧。② 从交配季节以后到第一批仔畜出生前,即从十月十五日左右到五月十五日左右,情况一直如此。在快要产仔时,妇女必须特别照看雌驯鹿。因为雌驯鹿有离开畜群到远离营地的地方去产仔的习惯。如前所述,如发生这种情况,仔鹿有时会变成半野性的。雌鹿产仔后,不离开仔鹿,也不离开营地,在头二三个月,仔鹿还不习惯于跟随通古斯人迁徙,时常回到人已迁走的空营地。有时幼鹿离群去同野驯鹿在一起,但这种情况很少发生,通古斯人并不特别加以注意。

在炎热的夏季,驯鹿深受蚊虻之害。这时通古斯人在营地里点起烟火,鹿群尽量凑近烟火。如果可能的话,甚至站立在烟火中。有时驯鹿经受不住昆虫的侵扰,闯进斜仁柱去寻求庇护。这时它们一点也不怕人,卧在火堆

---

① 近来,季托夫曾经访问了涅尔秦斯克林区的通古斯人,发现某些集团,我认为他们似乎是从北后贝加尔其他地方迁来的。据他的材料说,有 69 户,418 名男女,1232 头驯鹿,游牧于维季姆河中游。卡拉尔地区的通古斯人似乎包括在这一集团中,每户平均有驯鹿 17.95 头。另一方面他还提到,他曾遇到许多没有驯鹿的家庭,因此这一平均数字是过大的。在混尔查河流域游牧的通古斯人(8 户,109 头驯鹿,即每户平均 14.6 头)未包括在上述数字之内。所以可以推测出有些集团已带着许多驯鹿移到南方。见下文第二章。

② 在卡拉尔通古斯人中,对大群驯鹿,有牧人跟群放牧。

旁；有时很难把它们赶出去。在游牧季节，当几百只蚊虻吸吮鹿血时，驯鹿像发疯似地窜入树丛，企图用双角来保护自己，有时倒在地上打滚，以致损坏了驮载或把骑乘者摔下来。因此，在游牧季节，通古斯人避免在白天行走，特别是从上午九时到下午三时之间。如有可能，他们就迁移到高山凉爽的地方。大约在七月十二日蚊虻出现最多，白驯鹿和白马受蚊虻之苦比深色的更为严重。

九月初鹿角必须割掉。割角时使用一种鹿角柄的小铁锯。为了不使流血过多，他们在靠近锯口下方紧紧用绳勒住。流血时，则用烧红的烙铁烙一下伤口，即可止血。锯角后，总是留下一小段。这种手术看起来并不很痛，牲畜也不需有人按住不使移动。为了保护驯鹿，避免发生偶然事故，这样做似乎是非常必要的。事实上，当驯鹿带着巨角在灌木丛和缠结的树林中奔跑时，角很可能折断，损伤头盖骨。而在交配期雄驯鹿格斗时，彼此用角厮杀。① 再者，在驯鹿奔跑时，不自觉地将角在背上晃动，因而损伤驮载的东西或骑者。

在交配季节，雄驯鹿常将几头雌畜赶出营地。这特别危险，因为遇到野驯鹿时，可能将家养雄驯鹿打败，将雌鹿带走。也可能会受到狼的袭击，在这个季节，狼是很凶恶的。因此，妇女们在青年男子帮助下，用小松树围成一个鹿圈。鹿圈称为"库列"（巴、涅，安），② 分别将雌驯鹿和仔鹿赶进鹿圈。如仔畜在圈内，当雌驯鹿奶涨得厉害回到营地时，通古斯人就把它们放进圈内去喂仔鹿。仔鹿吃完奶后，被赶到牧场，雌鹿则留在圈内。仔畜回来吃奶时，又把它们放入圈内。喂完奶，雌驯鹿被放出去自由采食。当雌鹿在圈内时，雄鹿围着圈跑，在有两头或两头以上的雄鹿时，它们就开始格斗。如前所述，在这一季节里雄鹿像疯了一样，有时用蹄子和剩余的鹿角刨地。如果它疯得太厉害，通古斯人就用一种木制装置套在鹿颈上，这样就会妨碍它奔跑或搔地，它的活动就会减少。在这期间，有时分派一个男子去照看驯鹿，

---

① 在鹿类中，当两只雄鹿的角缠结在一起分不开时就会死掉。这种情况并非完全罕见。

② 参见科列（kore）（毕）〔科列（kore）（达斡尔）〕，库列（kure）（涅）——庭院；库列（kure）（满语）——牲畜圈；库列干（kuregan）（兴），库尔干（kuegan）（毕），科里干（korigaa）（乌鲁，卡）〔库列（kure）（布里亚特，卡）〕——牛、马圈，但浩里干（korigan）（满语）〔参见浩里姆比（xorimbi）——置于盒中，如将鸟放在笼中〕——牲畜圈，呼伦 II 克里彦（xuren II kurijen）（蒙古语，鲁）——栅栏、围墙。这个词显系借自牧业复合。

赶它们去饮水。

　　这一季节延续到十月十五日前后。以后驯鹿又恢复了正常生活。对驯鹿的唯一照顾是给它们寻找适宜的采食场,并保护它们免遭狼害。在妇女们去采集野菜时,她们通常把全部驯鹿都带上,并且带一个约十四岁的男孩扛着枪。男孩子的任务是把狼吓走。

　　到秋季,鹿群是由未阉割的雄鹿——锡鲁(siru)(涅、巴、满驯、安、伊)〔但在图,作科尔贝(korbe);①在拉,作奥伦(oren)(?)〕——和若干雌鹿——纳米(nami)(涅、巴、满驯)、纳米昌(namicau)(图、拉),②小仔鹿——翁格诺孔(ongnokon)(巴、涅、满驯、安),以及乔诺库(conoku)(满驯)(从秋季直到春季)和耶夫坎(jevkan)〔埃姆肯(emken)、洪尼汗(honnixan)(图)、恩坎(enken)(拉)〕,一年以上的幼鹿——埃夫坎(evkan)(涅、巴、满驯)、埃乌坎(ewkan、eukan)(安、图);③两岁以上已到生殖年龄的年青雌鹿——穆勒塔坎(multakan)(涅、巴);④同年的雄鹿——萨查里(sacari)(巴、涅、满驯),⑤和已阉割的雄鹿——吉勒嘎(gilga)(巴、涅、满驯、乌、卡)所组成。⑥ 如果某家没有成年雄驯鹿,就将自己的驯鹿加入其他户的鹿群,通常是几家协议共同饲养一头成年雄鹿。

　　一个鹿群中有各种不同年龄和性别的驯鹿。各种头数大致如下:两三头雄鹿、二十五头雌鹿、三十五头仔鹿、二十五头去势雄鹿、十二或十三头刚成年的雄鹿和雌鹿。这说明在达到性成熟以前,有百分之五十以上的仔兽死亡。它还说明,为了使母畜怀胎,几家牲畜必须合起来,因为每户平均只

----

　　①　这个词似乎仅指"雄"。

　　②　雌麝也称为纳米(n'am'i)(满驯)。词根纳姆(nam)似乎意思是"雌",参见纳姆坎(n'amkan)——雌犬、雌狼。

　　③　在满洲驯鹿通古斯人中对幼麝也这样称呼。

　　④　我不大肯定地将这个名称与季托夫记录的安加拉通古斯方言相比较。据他的记录穆勒塔坎(multakan)是指"一岁的犴或二岁的雄驯鹿"。萨塔里(sat'ari)(参见萨查里sacari)是"二岁雌驯鹿;萨迪里坎(satirikan)、萨塔里坎(satrikan)诗歌中指小的词——姑娘的象征"。我认为他是错了。再者在库玛尔千方言中,萨查里也是与"雄性"相联系的,即"两岁的雄野猪"。萨季里坎,萨塔里坎或许应该与一些其他词根相联系,即如阿萨特＋坎(asat＋kan)(库、涅、曼、卡),阿萨尔＋坎(asar＋kan)(兴)〔参见阿西汗(asixan)(满语)〕意思是"姑娘"(大体从十五岁到二十岁)。在通古斯语中增加了ar或ir以后,可能就造成了第一个元音a的脱落,因为重音是在坎上(−kan)。

　　⑤　我认为,在涅吉达尔方言(施)中,意思是去势的"驯鹿"。

　　⑥　可能来自莫(mo)——木、杆、树。

有 6.7 头,而成年雄鹿很少。

在年青的雄驯鹿已经达到能够交配的年龄时,就要进行阉割。阉割是在交配季节开始以前,九月下半月进行。先在两棵树中间架上一根横杆,用皮绳将驯鹿吊捆在横杆上。四个人捉住驯鹿的四条腿,另一个人将驯鹿的睾丸咬掉。咬掉的睾丸放置在吊驯鹿的那棵树的洞穴内。近来传入用小刀进行阉割的方法,但并不受欢迎。

在雌驯鹿颈下佩带着一种铃铛,便于仔鹿寻找母亲,也便于通古斯人寻找畜群。

驯鹿非常喜欢吃盐,通古斯人就用盐来吸引驯鹿。妇女们总是随身携带一小袋食盐,口袋上挂着几片狍子蹄做的饰物,驯鹿听到它的声音就被招引过来。驯鹿也非常喜欢人尿。这是人招引鹿的最古老的方法。事实上,当驯鹿猜到一个男人要去小便时,就紧紧跟着他,彼此争斗着,有时将他推倒。

在挤乳时,雌驯鹿安静地站立着。虽然驯鹿并不躲避,但挤奶的女人还是要将僵绳紧咬在齿间。在游牧期间,总是将走在后面的驯鹿的缰绳,拴在前面驯鹿的鞍子上,形成一长串。领队的女人骑在第一头驯鹿背上。仔鹿随便跟着走,有时因仔鹿失踪,弄得非常麻烦。

通古斯人对驯鹿非常和善。他们从不用鞭子或棍棒驱赶驯鹿,紧紧使用命令式的词句,像"莫特!莫都!!"(mot! modu)(涅、巴、满驯)"莫特!莫特!"(mot! mot!)(安),意思是"快,往前走!"。[①] 还有"噢!噢!",意思是"来!来!"。每头驯鹿都有自己的名字,也都很清楚自己的名字,一听到呼唤,立即做出反应。一群鹿中没有两头鹿是重名的。[②] 一般通古斯人并不像阿扬地区通古斯人那样在驯鹿身上打上财产标记,[③]而是从它们的毛色、角和其他特征上辨认,也从名字上辨认。在通古斯人中,很少有买卖驯鹿的。只有在同外族交易,极为罕见的情况下,才出卖驯鹿。一头雌驯鹿约值

---

① 可能来自莫(mo)——木、杆、树。

② 给神灵专用的驯鹿所起的名字不同于普通驯鹿。例如普通的名字有:布古迪坎(burudikan)、奥格迪兰(ogdilan)(源出 ogdi——大)、阿洛查翁(alocawun)、昂吉坎(oorikan)、吉勒邦金(giIbaggin)、乔姆琼金(comdorjgin)等。特殊的名字有:陶格迪兰(tordilan)、诺温贡(novogrun)、努克图坎(nuktukan)(花鹿)等等。以上名字没有一个是形容词,全都是真正的名字。

③ 见佩卡尔斯基和茨维特科夫前引书,第 37 页。

四十卢布,一头雄驯鹿约值二十五或三十卢布。一头五个月的仔鹿约值五卢布。必须同时将笼头移交给买主,买主用外套的边缘接过来(我认为这是俄国人的风俗)。在通古斯人需要一头驯鹿时,肯定会有同族人送给他一头,交换和赠送驯鹿,是极为常见的。

通古斯人对驯鹿极为尊重。它作为人与某些神灵之间的媒介,在宗教仪式中起重要作用,死者的灵魂借助于它前往另一世界。专门用来驮载"神像"的驯鹿,不能用于其他任何使役。在通古斯人的民间传说中,驯鹿也占据着极其重要位置。[1] 绝不可用枪打死驯鹿。

宰杀驯鹿有三种不同方法。一种是首先用棒把它打昏在地,然后用尖刀在它的头盖骨与第一节颈椎之间,刺入颈部。抽出刀后,插入一尖木棍。第二种方法是用刀刺入心脏。第三种方法用于祭典中,也是最困难的,将鹿横卧在地,用刀在胸部切开一口,将手伸进胸腔,捏紧大动脉,牲畜立即死亡。用这种宰杀方法,牲畜不流一滴血。

以上是关于后贝加尔通古斯人驯鹿饲养的记述。

满洲通古斯人对驯鹿的饲养仅限于激流河流域很小一部分地区——区2。他们的驯鹿另有一些特点。

满洲通古斯人的驯鹿远比后贝加尔地区的小。毛色从白色到深褐色,没见到有黑色的。驯鹿载重不能超过五十公斤。男人太重,驯鹿驮不动,所以他们是骑马的。因为他们的驯鹿比较弱小,所以对三岁驯鹿专门有个名称——伊克塔纳(iktana),它可以让妇女骑乘,称四岁驯鹿为诺嘎尔卡纳(nôrarkana),除了太重的男人外,所有的人,无论男女都可骑乘。如果一岁的驯鹿已经相当强壮,可以驮载轻物。两岁的驯鹿可以供儿童和不太重的妇女骑乘。野驯鹿在满洲台地不存在,而仅限于该地以北地区,主要是阿穆尔州内的穆亚河流域,特别是在雅库茨克州的维柳伊河和阿尔丹河流域。

据这些通古斯人称,最好的家畜驯鹿是在奥洛克玛地区(涅尔秦斯克林区)和维柳伊河流域,那里的驯鹿不同于满洲台地的。[2] 满洲的驯鹿,比后贝加尔贵得多,一头好的雄驯鹿值一百二十卢布,比一匹好马的价格还高。

这里的驯鹿同后贝加尔的一样,受着同样疾病的危害。还患有一种特

---

[1] 对这个问题,待本书论及通古斯人的宗教信仰时再谈。

[2] 满洲的驯鹿来自雅库茨克州,因此从它的来源来说是同奥洛克玛河和维柳伊河地方的驯鹿有关联的。它现在的状况可能由于环境不适宜所致。

殊的疫病,先在腿上长肿瘤,扩展到腹部后立即死亡。夏季为了预防驯鹿不患某些疾病,通古斯人对鹿的脾脏进行穿刺。他们还选采植物煎成汤药,①鹿奶的产量比后贝加尔地区的高——有仔鹿的母鹿可产奶八百立方厘米。每户平均有鹿的头数与后贝加尔相似。

从后贝加尔和满洲驯鹿饲养的叙述中可以明显看出,在通古斯人的经济体系中,这一经济事业只具有次要意义。在只有驯鹿,没有马的地方,驯鹿用来驮载和骑乘。在饥饿时,驯鹿也供食用。

可能除了穆亚河邻近地区以外,后贝加尔地区和满洲台地,尤其是后者,并不适宜于饲养驯鹿,驯鹿逐渐死光。因此通古斯人若不从适宜于饲养驯鹿的地区购入驯鹿,定期更新驯鹿家系,他们就不能在这些地区生存下去。

与其他地区的驯鹿饲养相比,可以指出后贝加尔与满洲的驯鹿是一种家畜,而且不需要驯化。通古斯人不使用绳索。从驯鹿的一般行为来看,它是已经驯养了许多世纪的动物。驯鹿驯养的整个复合与通古斯人的文化紧密相关,如当他们迁入不利于驯鹿饲养的地区,一旦丧失驯鹿时,他们的文化也立即发生变化。在通古斯人所讲的传说中,他们的生活都是有驯鹿的。事实上,在这些地区没有驯鹿,他们就无法生活。

从几位作者的最近著作来看,②关于驯鹿饲养起源问题的讨论还远没有能够最后解决。从现在观察的情况看,驯鹿饲养的复合可能有不同的来源:第一,将养狗的经验用于饲养驯鹿,这可以从挽具的使用上推测出;第二,饲养牛、马的经验,这或者可以从挤奶、骑乘等使役方式中看出;第三,驯鹿是由原住居民经过若干代的饲养逐步驯化的。自然这并不排除从狗和牛马饲养者学来的经验。饲养驯鹿的经验也可能成为牛马饲养者的借鉴。关于驯鹿家畜化和驯化最初的中心地点,可能同我们今天所观察到的有所不同。因为从最初发明驯鹿饲养以来的几千年间,气候已发生了变化,现在不适宜驯鹿的地方,以前可能是最适宜的。如果将驯鹿饲养同现存的某些民族集团联系起来,可能是最冒险的,因为其中有些民族集团,如北方通古斯

---

① 遗憾的是由于天气已冷,我未能采集到这些植物。
② 参见西列利乌斯《关于驯鹿的驯化方法和时间》,劳费尔《驯鹿及其驯化》。胡特对这篇文章做了评论。也请参见拙著《北方通古斯人的迁移》补注四。在我写这条注释时,胡特的文章《关于收养驯鹿的笔记》不在手边。维克隆德《论驯鹿的饲养》这本书我是从胡特的注释中才知道的,还有约赫森的早期著作《吉里亚克人》和鲍戈拉斯的《楚克奇人》。

人在来到西伯利亚以前,那里的原住民可能早就饲养驯鹿了。

从何时开始饲养驯鹿的问题仍然在探讨中。如劳费尔所强调的,在中国史籍中提到驯鹿饲养的年代是公元 499 年,当然,这项由劳费尔首次发现的资料证明了中国人所了解的驯鹿饲养的时间。在西列利乌斯的著作发表后,开始饲养驯鹿的时间大大提前了。他申明至少在芬兰,驯鹿的饲养,可以追溯到新石器时代,比中国的资料要早得多。通古斯人是什么时候开始饲养驯鹿的,仍然是一个有待探讨的问题。但对我们来说,重要的问题是通古斯人对驯鹿的饲养具有非常复杂的形式,在他们的语言中对驯鹿饲养有着极为丰富的词汇。当然,这些词汇,可能同驯鹿的复合一起是通古斯人从西伯利亚的原住民那里借来的。① 对这个问题我将在讨论通古斯人的物质文化时再谈。

三、其他家畜的饲养和经济活动的其他形态

在北方通古斯人未来到他们现在占用的地域以前,这些地方就已经有人在饲养牛马了。在饲养驯鹿的通古斯人中,饲养马的经济意义不大。一般来说,只有满洲台地的通古斯人大量使用马匹。在后贝加尔,大多数马匹是在九十年代末,驯鹿疫病大流行后留下来的。在激流河地区不饲养马匹,但从居住在额尔古纳河两岸的俄国人那里购入。显然在林区的马并不像草原地区那样有用。通古斯人还不习惯贮存干草供牲畜过冬,甚至就是在夏季,在某些地区,如维季姆坎和穆亚地区,马匹自己也找不到适合的食料而靠吃灌木和树的嫩枝过日子。马的毛很短,不能很好地保护自己,它受蚊虻的危害远比驯鹿为甚,在这个季节除了夜间以外,它不能正常采食。因此马匹失去了采食的最好季节。在炎热的气候中被使很,也不能在夜间放出去吃草。实际上,这些马匹未到冬季就已经精疲力尽了。饲养驯鹿的通古斯人不了解这种动物,他们像对待驯鹿那样,不会照看它们。鞴鞍、驮载和骑乘以及照看的方法,通古斯人是直接从蒙古人、布里亚特人那里学来的,或间接通过游牧通古斯人和俄罗斯人学来的。

对居住在不能饲养驯鹿地区的通古斯人来说,马的饲养具有最重要意

---

① 参见鲍戈拉斯《欧洲北部和美洲的古代氏族迁移》(1927 年)。饲养驯鹿几乎不可能会起源于像萨彦岭那样的地区,因为那里并不适宜于饲养驯鹿,并在许多方面同后贝加尔和满洲相似。的确,现在饲养驯鹿的各中心是远离萨彦岭、维季姆河和满洲各地的。

义。在以前饲养驯鹿,现在已经定居的通古斯人中,将马分为两类,即夏季用马和冬季用马。夏季用的马,不用于冬季。或者因为膘情不好,或者因为夏季在不适于养马或没有好牧草的地方狩猎而过度劳累,到秋季已疲劳不堪。保存下来用于冬猎的马匹,在夏季不使役并让它们能在夜间采食。它们在秋初已经壮实起来,能够在灌木中生活一段时光。但经过几周狩猎后,它们就精疲力尽,必须用干草饲养一段时间,然后才能再度短期使用。照看马匹是男人的职责,但妇女也帮助割草。① 每户平均有马不超过五六匹。

在后贝加尔过渡带,从布利亚特人学来的养马,与养牛一起形成了游牧通古斯人经济体系的基础。在满洲山区(区1、3和4),还有在小兴安岭地区(区1、2和4),养马与其他地区的驯鹿饲养一样具有同等重要意义。但是这些地区完全不适宜于正常地饲养马匹,马匹在冬季甚至有时在夏季同样深受收草缺乏之苦。在满洲的区3和区4,小兴安岭的区1和区2,通古斯人用肉喂马,先是一点一点地,使马习惯于加盐的肉干,然后使它习惯吃生肉。靠这种食物为生的马匹养得非常强壮,可以在任何季节用于狩猎。据通古斯人称,习惯吃肉食的马匹可以活到二十五岁,在各个方面都比喂干草的马更好,更强壮,更能够经受狩猎季节的困苦。按户平均的马匹数通常很少,不能满足正常的游牧需要。由于没有足够的马匹,这些地区的通古斯人大量使用小船,有时步行狩猎。在呼伦贝尔地区(区1)和小兴安岭(区1)有些户马匹很多。

在以上两个地区对马的照看是妇女的职责之一。如同驯鹿一样,马匹也喜欢盐和人尿。用于使役马匹的新术语,包括像"马鞍"这样的词,是借自达斡尔族、满族和蒙古族的,与饲养驯鹿的通古斯人相比,这些通古斯人对马有较好的了解,他们本身也更适于对马的使役。奇怪的是,在通古斯人的萨满教和民间传说中,马匹都不占任何重要地位,当然直接借用的情况除外。但有些马匹也专用于驮载"神像",有些马匹则专供神灵使用。这些风俗是从非通古斯集团借来的。在有些地区,如呼伦贝尔和小兴安岭(区1),如同蒙古人的做法一样,将马匹放在马群中而无牧人照管。虽然马匹不如驯鹿那样受狼害之深,但也常受狼的袭击。在这些地区也做耳记,有些记号与在阿扬地区饲养驯鹿的通古斯人中见到的相似。

---

① 刈草是通古斯人从俄罗斯人那里学来的。布里亚特人也将干草垛成垛,而蒙古人则只是将他们的马匹散放到草原上,让它们自己去采食。

对马的饲养，不言而喻地会使通古斯人的组织发生非常重大的变化，即马匹饲养者必须有某种固定的场所供冬季和夏季停留，以贮备干草。由于这种组织上的变化，马匹饲养者通常都有固定的游牧间隔期，即夏季沿河流的上游游牧，冬季沿河流的下游移动。在某些地区，例如在涅尔秦斯克林区，马匹饲养就意味着在村落定居，因为马匹即使在夏季也经受不住林区的严酷条件。

因此，在通古斯人居住区，养马并不是最重要的。这些地区的气候和其他条件不利于养马，马匹只能起到以前驯鹿所执行的机能。只有在适于这种动物的地方，如在草原和过渡带的部分地区，马匹才能真正起到重要作用。

在通古斯人中，养牛比养马更为次要。牛是由布里亚特人和施牧通古斯人从草原地区传入涅尔秦斯克林区的。近来，在涅尔查河的一条右侧小支流，阿吉玛河的河谷，有少数家庭从饲养驯鹿，开始变为饲养牛。尽管有些家庭有了两头到十一头牛，但是由于自然条件，牛的饲养起不到重要作用。在小兴安岭地区，牛的饲养仅限于住在定居村落的很少数家庭。① 值得注意的是，在这些地区，正像早期满洲居民和现在朝鲜人所做的那样，牛是用来光着背骑乘和驮载的。牛的数量自然不多，因为少量的牛就足以满足农业的需要和提供补充的食品供应。所有关于养牛的词汇，部分借自满族和达斡尔族（蒙古族）。养牛比养马的地理分布更加有限。在林区和半林区的条件下，养牛自然意味着定居生活。

养狗在通古斯人各集团的生活中，具有一定意义。狗用来保护人，防止狼的袭击，还用于猎取狍子、野驯鹿和马鹿，也可以跑去"阻止"这些野兽逃走。还有一种不同种类的狗用于猎取灰鼠：狗可以找到灰鼠栖息的树。② 另有一种专门训练猎取紫貂的狗，这种狗很稀有。对狗并不给予特别照顾，它们能够怎样生活就怎样生活。在营地里它们起着清扫员的作用，它们舐小孩屁股，代替使用手纸。③ 除非是夏季肉吃不完的时候，通古斯人不给狗

---

① 这些通古斯人挤牛乳是从蒙古人和俄罗斯人，也或许是从驯鹿通古斯人学来的，因为满人是不挤牛乳的。

② 有些人知道如何立即识别出这种树，这种人被认为是"运气好"。

③ 恰巧一次我见到一个年青大学生。他的教授命他去考察通古斯人所采用的卫生措施（在距西伯利亚铁路约十英里的一个村落）。这位年青人看到这种做法——通古斯人中讲卫生的唯一方法——大吃一惊（参见下文第六章）。

喂鲜肉。但它有权享用骨头、皮和扔弃的肉。猎灰鼠季节是狗最高兴的时候，因为通古斯人除非饥饿，不吃灰鼠肉，而把它们喂狗。在使用狗作牵引役畜的通古斯邻族各集团中，情况就不同了，他们对狗小心照看。尽管如此，同狗的饲养者近傍居住的通古斯人，除非改变了他们的全部复合，他们是不会采取这种方法的。[①]

在后贝加尔的过渡带以及在小兴安岭地区的区1和区2，几乎没有养猪的。据通古斯人称，不能养猪的原因是，狗经常咬死猪崽。据说养羊也遇到同样问题。当然，只有生活多少是处于定居的状态才有可能养猪。

在后贝加尔的过渡带已经有农业。当地通古斯居民已经丧失了他们原来的复合，而正处于变成俄罗斯化的状态，并已同非通古斯集团杂居和混血。满洲的气候条件，使得通古斯人居住区的农业很少有实用价值。着手向区3和区4进行农业移民的尝试已经失败了，这不仅是因为通古斯人的保守性，而主要是由于这些地区的气候条件。只有在小兴安岭地区的区1（我想还有区2），才有农业。那里有少数家庭从事农业。可是在这些家庭里，农活是靠雇工（主要是汉人）来干的。显然，从事农业就意味着在村落或至少是在农田上定居。

在通古斯人居住地区的其他职业中，必须提到的是打草。这在后贝加尔、巴尔古津林区广泛经营，那里的非通古斯居民需要干草喂马。因为狩猎并不总是能取得成功，而驯鹿的饲养又不能完全满足他们的需要，通古斯人被债主逼迫去打草，并按一定价格出卖以偿还债务。[②] 有些家庭打草已成为他们的最主要的收入来源。这项劳作最少需要持续两个月，而这个时期正是狩猎的好季节。有些通古斯人已将他们的活动转移到金矿区的宿营地，他们在那里做临时工，兼做一些狩猎和打草。但是采金对通古斯人并没有多大的吸引力。

用桦树皮制作的各种筐篓，皮制的囊袋、手套和靴以及其他皮革和毛皮制品已经在他们正规收入中占有重要地位。这种新兴的生产事业有时夺去了通古斯人通常的衣着材料。这时他们就要从外族人手中购买纺织品自用——在后贝加尔买自俄罗斯人，在满洲买自汉人。主要是在初秋从事的

---

① 在果尔德人和乌德赫人中也是如此（参见拙著《北方通古斯的迁移》）。
② 有趣的是，价格总是事先定好，而干草的重量自然就会成为通古斯人同债主之间讨价还价的焦点。债主当然是不愿始干草过磅秤的。有时根据债主的估计一垛干草重两蒲特（约三十二公斤），但经过争论后就可能达到四蒲特（约六十四公斤）。

采集浆果、蘑菇和坚果这一不重要的生产事业也已成为通古斯人收入的一部分。

在通古斯人已经与外族各集团直接接触的地区,所有这些生产事业已经发展到一定规模。虽然它们没有成为通古斯人的主要职业,但现在已不能消除或减少,因为它们在通古斯人的经济体系中已经占有相当地位。

第三节　通古斯人对周围动物界的适应

一、与通古斯人竞争的动物

以上是有关通古斯人对自然环境①适应的论述。下面对人与作为人的竞敌出现的其他动物之间形成的特殊关系做一些说明,不然以上论述就是不完备的。如前所述,狼有时迫使通古斯人改变他们的住所。熊在某些地区为数太多,危及人类,通古斯人则迁往他方。如在根河的右侧支流冷布路河河谷,有六头以上的熊形成一群,它们对人袭击,迫使通古斯人立即迁往他乡。在我访问激流河地区的前一年,在该河一条小支流的河谷内有两个男人为二头熊所害,从此通古斯人就不再去那个地方了。可是我只是在小兴安岭地区才对这个问题做了最充分的调查。据通古斯人称,有三个互相竞争的集团:人、虎和大熊。② 如果一只虎占据了某一小谷地,人和熊就不会再来这里打扰它。如果有人来到这个地方宿营,那只虎就会咬死他的马,到他的帐幕附近吓唬妇女、小孩,但很少把他们弄死。如这个人迁往附近另一谷地,虎就不再来加害他的家庭和马匹。虎也不去由大熊占据的谷地。属于熊的地方,很容易从它的窟穴周围树木上的特殊记号识别出来。③ 熊在它的窟穴一定距离的树木上轻轻咬出记号。据认为,一个人住到由大熊占据的谷地是不好的。当一个人迁入它的范围,熊也会采取虎那样的做法。另一方面,熊也不会前往由人、虎或其他熊占据的地方。熊在一二岁的时候

---

① 自然环境是指并非由民族单位所创造的环境,它不同于人所创造的次生环境(如家畜、社会文化、物质文化等),也不同于其他民族单位形成的民族环境(参见《民族单位和环境》)。

② 在满洲的这一部分,有三种不同的熊:大熊、棕熊和小西藏熊。

③ 大熊的巢穴通常是固定的,每年它都要回到那里,蛰居过冬。通古斯人在猎熊时,可以从树上的记号找到它的巢穴。

同它的母亲一起生活。当一个熊单独生活时,它必须寻找一个空着的地方。虎和熊时常争夺同一块地方。按照它们的习惯,熊在树木尽可能高的地方咬出一个记号。如果虎能够用爪子够得着树上熊留下的记号以上,它就用爪搔上一个记号。熊看到这个记号后,就必须决定是离开,还是坚持留在原地的权利。如果它想留下,第二年春天它就会回来。如果它的嘴能咬到虎留下的搔痕以上,它就再咬上一个印记,如果它够不到就走开。在同样的情况下,虎也照样行事。如虎又在熊咬的印记更高的地方搔上记号,那么这个问题的解决就要延期到来年。第三年,大约在同一天,两个对手重复以前的做法,如果谁也不愿意放弃这个地方,它们就要搏斗。如果虎在第一次进攻中取胜,扑倒对方,虎就能战胜敌手,把熊咬死。如果不成,熊就能慢慢地但肯定能战胜对方,把虎弄死。经过这次决战,领土要求的问题就获得最终的解决。①

但是对棕熊来说,情况就不同了。这种动物经常占据大熊刚离开的地方。棕熊从不为自己的权利同大熊、人或虎进行搏斗。不承认任何规则,也无固定的领地。其他动物有时也迫使人离开自己的场所,如蛇就经常使通古斯人迁移。对这些关系的深刻了解和忠实遵行,是一个人和平生存的最重要条件。因为与所有的虎和所有的熊为敌,实际上是不可能的。对这些规则,动物也是遵守的,不然它们也生活不下去。人与熊和虎相遇是很平常的,但他们之间彼此相斗则是很罕见的。当一个未带武器的人遇到虎、熊时,它们通常并不伤害他。② 在一头熊吃浆果时,通古斯妇女就常常同它肩并肩地进行采集。③ 人与其他两种熊的关系则没有什么规则可循。

林区生活的这些关系,迫使通古斯人首先要彻底了解每一个谷地,了解是什么野兽栖息在其中。他必须了解他可以到哪里去活动而不至招惹其他

---

① 我提供的这个情况,是我听好几个通古斯人对我讲的。由于这种争夺领土的特殊方式,导致一种狩猎的特殊方式。通古斯人如果看到一棵树上有两种记号,他们就会在第二年再来,年复一年,直到看到熊和虎在搏斗。我认为,它总是发生在四月下半月,至于在哪一天,通古斯人是知道的。这两个野兽,通常都被猎手猎杀。

② 阿尔谢尼耶夫在他所著《穿越乌苏里地区》一书中记载:他曾看到他的向导,一位果尔德人在同一只虎"对话"以前,将他的枪放在一旁。对城市居民和没有经验的猎手来说,同老虎"对话"简直是神话,但这种做法确实存在,并且或许是有道理的,如若不然,当地居民是不会这样做的。

③ 有这么一个例子,我听说有一只熊,可能是对自己的安全不怎么放心,走近一个女人,唾了她一脸吐沫,就走开了,没对她有任何伤害。

动物,正像他同其他民族集团相处的关系那样。以上提到的在激流河地区发生的事件,是因为那些通古斯人是新来的,对当地情况还不了解,而不是像小兴安岭地区通古斯人那样熟知本地情况。但这并不是说,就没有虎和熊彼此相斗的情况。这种例子就是在中立的谷地也还是有的。当然这些动物遇到持有优良武器的人会受到惊吓,但那时它们往往正处于饥饿状态。正像人违犯规则杀死这些动物一样,这些动物也有时违犯规则伤害人。通古斯人称这种动物"疯了"、"傻了"。据通古斯人说,一个曾经被熊伤过的人,或他正在使用的武器曾经用来猎过熊,再遇到熊时,熊立刻就可以辨认出来。对这些现象,通古斯语中有专门的术语。在这种情况下,熊总是先向他发动攻击。因此一个曾经受过大熊攻击的人,决不会再去可能遇到那头熊的地方。大熊对铁也是非常敏感的,它厌恶枪支、矛等各类武器,从很远就可以嗅出来。如果它凑巧寻到或从人手中夺到这类武器,就会立刻把它们毁掉。据通古斯人说,虎不如熊那么聪明。

人和动物之间关系的另一种形式是协同和共柄。关于人与家畜之间,有组织的、固定的实例已经讨论过了。在其他关系的实例中,最典型的是人与渡鸦之间的关系。渡鸦能敏锐地看出一个人是不是去打猎,如果一个人出来未带枪支,它就置之不理。如果他带着枪支,渡鸦就发出怪叫,向某个方向飞去。如果这个人相信这个鸟是吉兆,跟着它走,就会发现猎物。人打到猎物后,将一部分肉和内脏给它吃,它就飞下来,接受它的那一份并发出一种特异的啼声——通古斯人称之为"笑声",来表示它的喜悦。通古斯人不了解这种现象的本质,只认为这种鸟是一种吉兆。但是没有疑问,这种鸟从高处能比人更好地发现猎物,引导他直接找到它。再者,渡鸦并不总是能给猎人领路的,"运气好"的猎人就得到这个预兆,"运气不好"的就得不到。他不相信渡鸦,也不跟着它走。因此很自然,渡鸦不同不跟着它走的猎人协作。

以上记述是通古斯人观念中的动物的习性与特征。这些记述并没有把问题说得详尽,也没有把我所掌握的材料用完,但已足够清楚地说明人与动物之间所建立的这种关系,同通古斯人与其他民族集团所建立的关系完全一样。像我们在满洲所观察到的这种关系也只能存在于人口非常稀少的情况下,人口如果众多,与动物之间的关系将会有所不同。如果俄罗斯族和汉族人口增多限制了狩猎区域,剥夺了通古斯人狩猎权利,那么同样的情况也会发生,因为只要外来人口不变,就不得不承认通古斯人对他们狩猎地区的权利。我认为如果熊与虎的数目大量增加超过一定限度时,同样的情况也会发生。就像在有些地区时常发生的那样,它们肯定会将竞敌赶走。冷布路河的熊就做出了这样的事例。在小兴安岭猎区所建立起的这种平衡是不寻常的,可能是由于并不常久有效的诸因素的特殊结合。汉族猎人进入这一地区后,将要改变动物与通古斯人之间存在的平衡,因为汉人不了解现存的规则,他们占据属于动物和属于通古斯人的猎区,而不承认那些动物或通古斯人的权利。动物将不相信这些新来的人,将同他们斗争,以后准备迁走。这就是在这样一个长期存在着某种平衡的地区当人口过剩时,将发生的事例。

二、狩猎

通古斯人对其环境的适应的另一特点,是猎取其他动物。如前所述,通古斯人极为注意保护为之提供食物和住所的森林和依之为生的动物。一般来说,通古斯人除非必要决不多杀野兽。在其他民族集团中,将狩猎做为一种游戏,或只是一种风俗习惯的做法,①在通古斯人中是见不到的。除了在需要的时候,通古斯人没有猎杀动物的兴趣。因此,除了人类的天敌以外,他们的狩猎是受旨在保护动物的延续的习俗所制约的。他们这样做,完全不是出于感情的动机。长期的狩猎经验,使得通古斯人确信,采取保护方法是必要的。毫无疑问,得出必须采取这样一种方法的结论,是需要经过多少世纪的观察,才能进行推理并铸入于习俗的模式中。这有时被解释为自然现象体系,有时被解释为欧洲民族志学者所谓的"宗教"现象体系。

与其他民族集团的交往,特别是部分由于需要的自然增长,而造成的经济制度的改变和特别是由于土地被外民族集团(主要是俄罗斯人和汉人)所占,而造成猎区的缩小,已经迫使通古斯人违犯固有规则,不再保护动物的种和地区。为市场而狩猎,已激烈地改变了通古斯人的生活,他们开始泛猎而不顾自己的将来。火器的采用对已经发生的变化,起了极大的作用。有趣的是,这些变化已经成为吸收了新思想的青年一代与不愿改变旧习俗的老式人物之间争论的话题之一。这些争论通常是不得要领的,因为他们习俗中的实际的、本质的部分,本来是为了确保他们的生存和自然环境的,而他们对这一点却时常缺乏具体的了解。"我们的祖先就是按旧习俗生活的,

---

① 清朝皇帝的狩猎、欧洲运动员的狩猎等应该归入这一类。

所以比我们过得好"这种理由太公式化了,说服不了年青人。动物行将绝灭,随之以狩猎为生的通古斯集团也将绝灭。对这一点,例如俄国政府就早已料到了,并已提出确实可以延缓的措施。这一问题的实际解决,所应采取的措施,一般来讲,对这一过程做如此规定的可能性,已超出本书主题之外,我将在另一有关通古斯人的著作中,再行讨论。

这些事实已足以说明,通古斯人在与自然环境建立关系的过程中,他们的生活具有各种不同形式——有时完全是自觉的,有时则是不自觉的。这些习俗,自然不仅仅是习俗,在各种因素的互相作用下,也就影响着通古斯人的行为,他们的性格和心理状态。

录自《北方通古斯的社会组织》,内蒙古人民出版社,1985年

关于"家庭"的汉语词汇

丁 山

中国古代没有撮口韵,凡撮口韵ㄩ(国音字母)皆读开口ㄚ(国音字母)。居今读撮口,在古代也是读开口,与家相同。眷与居的声母相同,所以两个字的意思也差不多。《说文》:"家,居也。"《左传》:"男有室,女有家。"《周礼》注:"有夫有妇,然后为家。"可见家字的本义,就是聚集父子、兄弟、夫妇一类有关系的人同居。自黄帝制俪皮为礼,定下婚姻制度,那个时候大约就有家字了。眷字本义与家庭无关,因为"眷恋"的意义,引申为父子、兄弟、夫妇互相眷恋,互相爱护,含有家庭的意味,所以有"家眷"的名词。"家眷"也就是家庭。居字不知道造于何时,其本义与家全同。堡字原是城郭的别称,是保护人民的。其意思范围比"家眷"广。满人借保卫之意为家庭,所以名家为堡。

录自《北方通古斯的社会组织》,内蒙古人民出版社,1985年